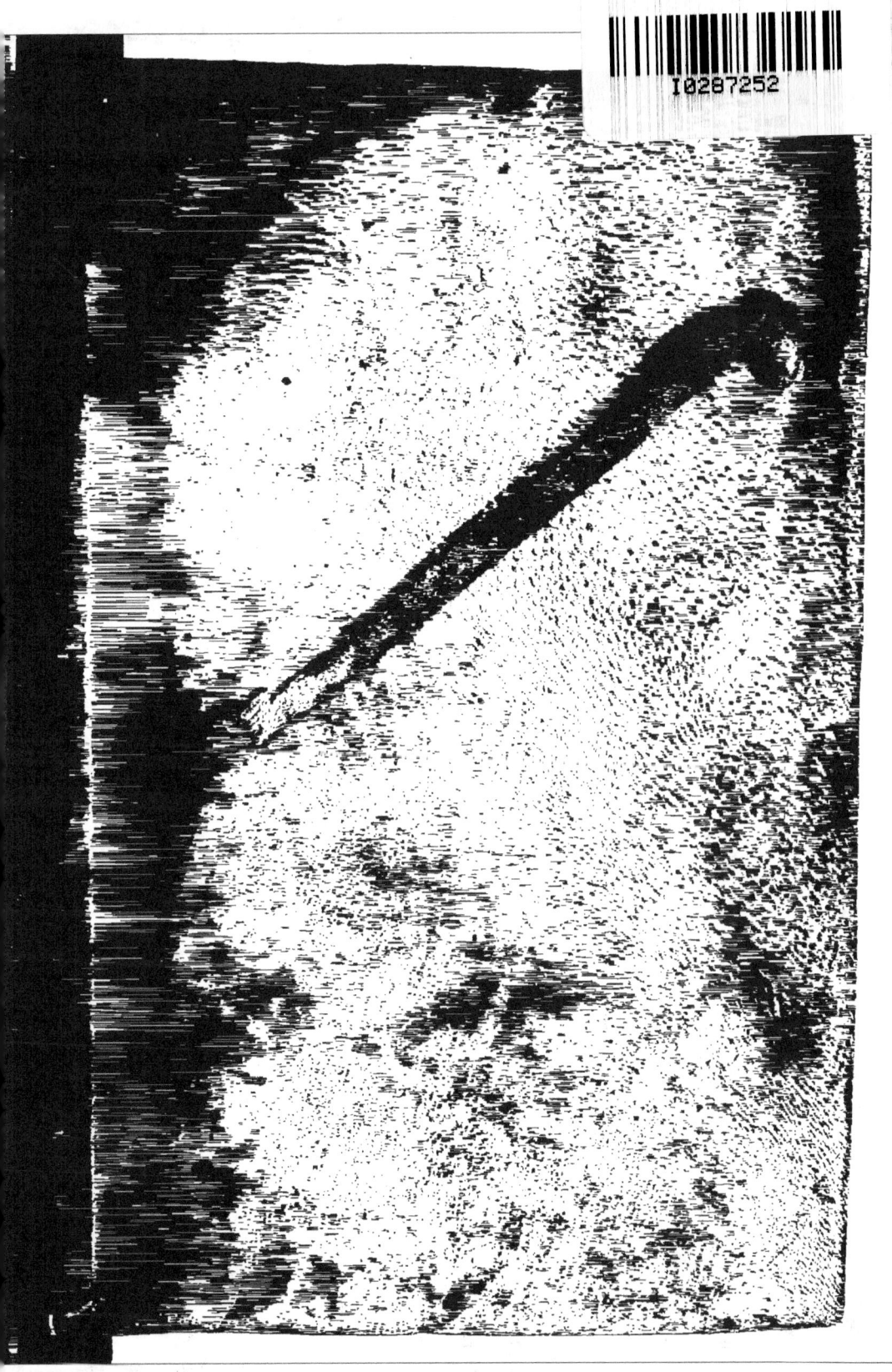

24.2.87

Non microfiché

car éd. 1921

demandée -

J. Oltramare

*E Deyre

(après ne 976.)

4888

2012-55823

LES POLITIQVES CHRESTIENNES:

OV

Tableau des Vertus Politiques considerées en l'Estat Chrestien.

DIVISÉ EN TROIS LIVRES.

Reueu, corrigé, & augmenté du Panegyrique du Roy S. Louis, par E. MOLINIER, Tolosain, Prestre, & Docteur.

DEDIÉ A MONSEIGNEVR l'Illustrissime & reuerendiss. Cardinal de la Valete, Archeuesque de Tolose.

Psal. 2. Erudimini qui iudicatis terram.

TROISIESME EDITION.

A PARIS,

Chez MARTIN COLLET, tenant sa boutique au Palais, en la gallerie des Prisonniers.

M. DC. XXXI.

Auec Priuilege du Roy.

A MONSEIGNEVR ILLVSTRISSIME ET REVERENDISSIME Cardinal de la Valete, Archeuesque de Tolose.

MONSEIGNEVR,

Voicy vn petit poussin d'Aigle que son pere presente au rais du Soleil leuant, pour faire espreuue si sa vigueur est esgale à son courage. Il tient de l'Aigle puis qu'il ose voler si haut, & que les vifs esclats de ceste nouuelle pourpre qui vous fait reluire comme vn Astre naissant de l'Eglise de France, le frapent sans l'esblouïr ; mais s'il rencontre l'œil redoublé de vostre censure, au lieu qu'il implore l'œil doux de vostre benignité, ie preuoy desia son infortune, & confesse que la temerité aura perdu l'enfant, & l'amour aueuglé le pere. Toutesfois en ce desastre l'vn prendra son excuse du peu

ã ij

d'experience, l'autre de la Nature, tous deux du Zele & deuotiõ enuers vostre nom. Mais ils attendẽt quelque chose de mieux & se promettent que l'Orient de vostre gloire ne sera pas moins benin que celuy du Soleil, qui ne se monstre iamais ardãt, ny bruslant quand il se leue, mais tousiours doux & fauorable, ne semãt que roses & que perles au mõde. Et ce qui renforce leur hardiesse & leur esperance, c'est que Tolose, qui vous recognoist cõme son Pasteur legitime, estãt la mere de l'Autheur, l'œuure ne seble pas tant vous estre dõnee, cõme vous estre rendue, puis que les loix ordonnent que l'arbre suiue le chãp, & que les fruicts soient des dependances non seulemẽt de l'arbre, mais encore du fonds. Ainsi le champ estãt vostre, l'arbre & le fruict sont à vous. Que si le fruict n'est pas du tout bien assaisonné, ny à vostre goust, l'arbre commis à vostre culture, receuant, comme dit l'Apostre, l'arrosement de vostre main, & de Dieu la croissance, fructifiera peut-estre à l'aduenir plus heureusement à sa gloire, & à vostre seruice, si vous daignez l'accepter de celuy qui desire l'estre à iamais,

MONSEIGNEVR,

Vostre tres-humble, & tres-obeïssant seruiteur, E. MOLINIER.

AV LECTEVR.

TV auras possible sujet de t'estonner, amy Lecteur, de voir que i'adiouste ce petit auorton à l'engeance importune de tant de liures, qui tousiours, cõme les soldats de Cadmus naissent & s'entrechoquent, paroissent & defaillent en vn mesme moment. Et certes il faut que ie t'aduoüe que ceste pensee m'auoit presque conseillé de commettre vn parricide, & d'estouffer comme les Lacedemoniens mon propre fruict en son berceau. Car aussi bien puis qu'il est comme ces enfants aduancez, qui selon la regle des Medecins, ne sont pas vitaux, il luy eust peut-estre mieux valu receuoir la mort que l'attendre, veu principalement que les peres ont toute puissance de vie, & de mort sur les enfans de l'esprit, & qu'en ce seul cas vn meurtre volontaire peut preuenir auec honneur vne mort ignominieuse. Mais la pieté pa-

ã iij

AV LECTEVR.

ternelle, qui prend conseil pour les enfans, a reprimé ce premier mouuement, & m'a persuadé qu'il estoit & plus humain, & plus conuenable de l'exposer, que de le tuer. Or soit que la raison m'ait bien conseillé, soit que l'amour propre m'ait deceu, ie n'en charge pas mes amis comme on fait communément, s'il y a du mal, ils n'ont pas commis la faute, ie ne veux pas qu'ils en portent le blasme, ie l'expose à ton iugement, & l'abandonne à ta misericorde. D'auanture qu'il luy arriuera comme à ces enfans exposez, à qui le hazard est plus fauorable que la prouidence des parens, & en qui la fortune resleue les miseres de la naissance. Mais en quelque sorte que Dieu en vueille disposer, ie le done à sa gloire, & à ton seruice, & le dessein qu'il a de se rendre vtile à ceux qui le recueilliront, luy fera comme i'espere meriter en leur endroit, si ce n'est loüange, pour le moins grace & pardon.

Le sujet qu'il traicte n'est pas nouueau quant à la chose, mais bien quant à l'inuention, ordre, style, & moyen de traicter. Et afin que ie te rende raison

Le sujet de ce liure.

AV LECTEVR.

...on but, & que tu sçaches ce que tu dois ...tendre de moy en ceste œuure, & cóme ...y procede, ie parle icy de la Politique, ...omme Ciceron parle de l'art Oratoire ...ses liures de l'Orateur, où il traicte ...ustost de l'Eloquent, que de l'Eloquen-...e, & de l'ouurier que de l'art: Ainsi mon ...biect en ce discours n'est pas propremét ...Politique, mais le Politique, non la ...tiere, mais l'homme, non la forme ...u les loix, ou le reglement des Estats, ...ais les vertus & qualitez propres à celuy ...i les gouuerne par son conseil, ou par ...dministration de la Iustice sous l'autho-...té du Souuerain, Or dautant que Dieu ...la derniere fin de l'home, & que par ...nsequent tout ce qui touche l'homme, ...me & le corps, le spirituel & le tem-...rel, doit égalemét viser à Dieu, & pour ...viser prendre la regle, & la conduite de ...diuine loy, ie considere les vertus Po-...ques auec l'ordre, habitude & rapport ...elles doiuent auoir à ceste fin derniere, ...que la societé, soit Ecclesiastique, soit ...des hommes, ne doit tendre qu'à la ...bien heureuse des Saincts, & qu'en ...ain l'Ecclesiastique tasche de les y con-

AV LECTEVR.

duire, si la ciuile les en égare.

Le nom.

Le subject luy donne le nom de Politiques Chrestiennes; car les Philosophes Payens qui ont traité de ceste matiere, n'ayant pas cogneu Dieu, comme la derniere fin de l'homme, voire ayant estimé qu'il n'y pouuoit auoir entre ces deux infiniment distans, ny amitié ny correspondance mutuelle, ils n'ont pas aussi rapporté à ceste fin la societé ciuile, ny ce qui dirige ceste societé; tellement que les Chrestiens qui cognoissant, & adorant le vray Dieu, & ayant appris par sa reuelation son grand amour enuers eux, & comme il est leur centre & leur beatitude, doiuent tout referer à luy, ne peuuent en ce suiect trouuer és liures des anciens Sages vne regle entiere & parfaite, mais ont besoin de deriuer leurs principes d'vne plus haute source, & prendre leur niueau de leur object, s'ils veulent tirer vn droict alignement. Et puis, comme dit l'Apostre, Iesus Christ est l'vnique pierre fondamentale que nous deuons mettre, ce qui se doit entendre non seulement en ce qui touche la foy, mais encore en ce qui regarde les mœurs, la vie, l'administration

Arist. Non est amicitia inter Deum, & homines.

AV LECTEVR.

...charges, & la conduite des affaires. L'ordre & la diuision.
...ordre & la diuision du discours suit la
...& la qualité du suiet. Et comme la
...litique ne consiste qu'en action, &
...toute action, il faut trois choses,
...ce qu'on doit faire, le vouloir, &
...ouoir faire; aussi ie diuise toute mon
...en trois parties, dont la premiere
...des qualitez qui forment la suffi-
...pour cognoistre ce qui est neces-
..., ou profitable pour le bien public;
...seconde de celles qui perfectionnent
...probité, & l'integrité pour vouloir
...bien cogneu; La derniere de celles qui
...oustent la vigueur pour le produire.
...sapience, l'amour, & la puissance de
...gouuerne tout en l'Vniuers, la lu-
...miere, la chaleur, & la force du Soleil
...pirent l'ame, & la vie en tout ce mon-
...Elementaire, la sagesse, la bonté, & le
...ouoir sont les trois mouuans en la Poli-
...ce sot les trois traicts du foudre de Iu-
...ce sot les trois pointes du trident de
...eptune, ce sont les trois lys qui decorét Funiculus triplex dif- ficile rum- pitur. Le stile.
...rmes de nos Roys, c'est la triple cor-
...dit par le Sage, qui se rópt difficile-
...Quant au stile ou genre de proceder,

Av Lecteur.

i'ay voulu suiure le iugement de l'Orateur Romain, qui dit, que la façon de parler, ou d'escrire la plus efficace, & la plus agreable, c'est de ioindre l'eloquence à la sapience, les paroles persuasiues aux raisons fermes & solides: & c'est de la sorte qu'ont procedé tous les Anciens, non seulemēt les Ethniques, mais aussi les premiers Peres de l'Eglise Grecque & Latine. La façon purement Scholastique est vtile & bonne en d'autres sujets, mais elle sembleroit en cestuy-cy trop pointilleuse & trop peu ciuilisee; l'Oratoire qui n'a qu'vne pompe de paroles agencees, tend plus au faste qu'à l'instruction: mais quād toutes deux ayant quitté l'vne sa pointe & sa rudesse, l'autre son fard & sa curiosité, contribuent vnies en vne mesme oraison, l'vne les nerfs, l'autre les ornemēts, l'vne la force, l'autre les graces natiues, l'vne ce qui profite, l'autre ce qui delecte, elles donnent conjointes ce que separees elles ne peuuēt dōner, les fleurs, & les fruicts, le plaisir, & l'vtilité. Or ie suis bien loing d'auoir attaint à ce poinct, mais pour le moins i'ay tasché d'en approcher, & ce m'est assez de gloire d'auoir

AV LECTEVR.

cogneu & suiuy la meilleure façon. Ceux qui n'ayment que les rapsodies des rapports, adaptations, similitudes, & authoritez entassees, qui formét non vn corps, mais vn monstre de discours, ne trouueront pas icy peut-estre dequoy contenter leur esprit; car ie leur confesse dés l'entrée que ie n'ay pas employé mon temps à chercher les lieux communs, ny à fueilleter les tables des liures pour enfler mon volume des despoüilles d'autruy: Les authoritez precises & necessaires pour la preuue de mon dire m'ont semblé suffisantes, laissant les superflues à ceux qui ont plus de loisir pour transcrire les Autheurs entiers, & faire voir tous les iours au monde la metempsycose ou transmigration, non des ames de corps en corps, mais des liures de papier en papier, ou bien imiter cét Empereur Romain, qui s'attribuoit les simulachres des Dieux en leur ostant seulement le chef & le tiltre pour y substituer le sien.

 Au reste, ie ne defendray pas ceste œuure des langues des Zoiles & médisans, comme on faict ordinairement, veu que ce seroit vne vanité couuerte d'vn pre-

AV LECTEVR.

texte, de crainte de se persuader que si peu de chose fust digne d'estre attaquée, ou vn jeu fait à plaisir de se forger des ennemis, & comme és theatres, les armer pour les combatre. C'est trop presumer de soy, & vsurper non sur les corps, mais sur les esprits vn Empire plus violent que celuy des Tyrans, que de vouloir contraindre la liberté des iugemens, pour les soubmettre, & les captiuer au sien. Approuue cét écrit qui voudra, le reiette qui voudra, que chacun demeure libre en son sens, & qu'on me laisse libre en la bonne & honneste intention qui me pousse à contribuer mon petit effort à la gloire de Dieu, & au seruice du public.

SONNET SVR CE TABLEAV
des Vertus Politiques.

A SEIGNEVR L'ILLVSTRISSIME
et Reverendissime Cardinal de la Valete.

Les biens à qui les Dieux se rendant fauorables,
Affranchissent le nom de la loy du trespas,
Pas en nombre si grand sont en vous remar-
quables,
Que ce qu'on peut faire est de suiure vos pas.
Or sçachant bien qu'à vos vertus aymables,
On ne sçauroit rien comparable icy bas,
Dans ce tableau fourny de traicts inimitables,
Vous en fait un present qui ne perira pas.
Car puis que l'art iamais n'égale la nature,
Et qu'il est hors de nous de monstrer en peinture
Vne chose comme elle est auec égalité :
L'éclat de qui le nom rend cette œuure eternelle
(Puis que de vos vertus la figure est si belle)
Pourra conceuoir quelle est la verité.

EN FAVEVR DE MONSIEVR
MOLINIER, TOLOSAIN,

Sur ceste œuure par luy dediée à Monseigneur le
Cardinal de la Valete.

SONNET.

Père des bons esprits, second honneur de France,
Toy seul que l'on iuge un miracle parfaict,
Ie me suis seize ans le Pere qui m'a faict,
Boire à la fontaine où regne la science ?
Ay-ie gloire prisée, pucelle d'excellence.

A raison d'vn PYBRAC, que le temps a defaits
Or pour vn MOLINIER, qui sa trame refait.
D'abondant ie te loüe au gré de l'eloquence.
Es deux stiles diuers l'vn fut des mieux appris :
L'autre du mesme honneur par le mesme heur epris
Au iugement de tous se rend tout admirable.
Mais qu'est-il de besoin de prouuer son renom ?
Fait-il pas voir assez comme il est estimable
D'auoir esleu pour Phœbe vn du sang D'EPERNON ?

     CL. GARNIER.

A MONSIEVR MOLINIER
sur ses Politiques

SONNET.

Tandis que ce grand Dieu qui forma l'Vniuers
Du souffle merueilleux de sa saincte parole,
Auecque ses Herauts heureusement t'enrolle,
Te faisant esclaircir ses mysteres couuerts.
I'annonce quant à moy sur l'aisle de mes vers,
La gloire & le renom d'vne mortelle idolle,
Ordinaire suiett de la jeunesse folle,
Qui ne sçauroit dompter ses mouuemens peruers.
MOLINIER entre nous est ceste difference,
[Tes] discours pieux bien receus de la France,
[…] vn tres-grand profit que chacun n'entend pas.
[…] nes sans te perdre vne infinité d'ames,
[Et] moy dont les esprits ont d'assez doux appas,
[Ie] me perds en seruant la plus belle des Dames.

     G. COLLETET, Paris.

Quò me fata.

SONNET.

Sur l'excellence de ce Tableau Politique.

Quand ie voy des vertus ce parfait exemplaire,
La doctrine m'y rend confus d'estonnement,
Mais vn si beau discours m'embrasse tellement
Que n'en pouuant parler, si ne m'en puis-je taire.
Puis qu'vn si bon sujet n'est que trop salutaire,
Conformons-y nos mœurs & nostre iugement,
Tous contens du desir d'imiter seulement,
Car en vain auroit-on desir d'aussi bien faire.
Ie blasme Pytagore en ce qu'il estimoit.
Qu'vne ame apres long-temps d'autres corps animoit,
Pour moy sans balancer, ie l'exempte de blasme.
Or tant de raretez au discours de l'Auteur,
Me font voir qu'Aristote a pris place en son ame,
Ciceron en sa bouche, & Platon en son cœur.

Par GEORGES LE MOYNIER.

Extraict du Priuilege du Roy.

LE ROY par ses Lettres patentes, dattées du 27. Feurier 1621. seellées du grand seau de cire jaune, & signées par le Roy en son Conseil, Goupeau : A permis à Martin Collet, Marchand Libraire à Paris, d'imprimer, vendre & distribuer par tout son Royaume, pays, terres, & seigneuries, vn Liure intitulé : *Les Politiques Chrestiennes, ou Tableau des vertus Politiques, considerées en l'Estat Chrestien : Diuisées en trois Liures par E. Molinier, Tolosain, Prestre & Docteur.* Et defenses sont faites à tous autres Libraires, & Imprimeurs de ce Royaume, de les imprimer, ou faire imprimer, sans le congé & consentement dudit Collet, pendant le temps & terme de dix ans entiers & accomplis, à peine de confiscation des impressions qui en seront trouuées contrefaites, & d'amende arbitraire : A la charge de mettre deux exemplaires à nostre Bibliotheque publique. Auec tous les despens, dommages & interests, ainsi que plus amplement est contenu & declaré esdites lettres de Priuilege.

Nous souz-signez Docteurs en la Sacrée Faculté de Theologie, certifions auoir leu vn liure intitulé, *Les Politiques Chrestiennes, ou Tableau des vertus Politiques, considerées en l'Estat Chrestien :* composé par E. Molinier Tolosain, Prestre, & Docteur & n'y auons rien trouué qui soit contraire à la doctrine de l'Eglise Catholique, Apostolique & Romaine. Faict à Paris ce 20. Feurier 1621.

H. BACHELIER.

I. BAVDIL,

LES POLITIQVES CHRESTIENNES.

LIVRE I.
DES VERTVS QVI FORMENT LA SVFFISANCE POLITIQVE.

CHAPITRE I.

Preface & diuision de tout le sujet en trois membres & parties.

ON dit qu'vn ancien Philosophe discourant en vne assemblée publique deuát Hannibal, de l'art Militaire, & des

A

vertus d'vn grand Capitaine, rauit tous les autres en admiration, mais ne remporta de luy que la risee. Ie deurois craindre en vn pareil sujet vne semblable mocquerie, si i'entrois en cette lice, poussé par le mesme motif d'vne vaine ostentation : Mais le desir de profiter & non de paroistre estant le premier ressort qui donne mouuement à ma plume, ie prieray tous ceux qui pourroient s'estonner du peu de conuenance que le tiltre de ce traicté semble auoir auec la condition de l'Autheur, de ne regarder pas celuy qui escrit, mais de considerer ce qu'il escrit, veu qu'il ne seroit pas raisonnable que le nom de l'ouurier aportast à l'œuure vn preiugé de defaueur, & de disgrace. Outre que si l'on sonde la chose de plus pres, il n'y a pas tant de difproportion entre l'vn & l'autre, comme il pourroit sembler: car à fin que ie laisse à part que le traicté de la Politique appartient au Iurisconsulte, est permis au Philosophe, & conuient au Théologien, qui contemple la premiere cause, regle & mesure de toutes choses; ie diray seulement en general, que la consideration Theorique, & vniuerselle des vertus soit Politiques, soit œconomiques, soit particulieres, est honneste & bien seante à tous ceux qui ont la faculté pour en pouuoir ou raisonner, ou discourir, quoy que la pratique des Politiques n'appartienne qu'à ceux qui ont outre le sçauoir, l'authorité, l'vsage, & l'experience. La Police ne donne les charges, les charges l'exercice, & l'exercice l'experience qu'à peu de personnes: mais

A ij

Dieu a donné la raison à tous, & l'estude acquiert la science à plusieurs, & ce que ceux-là mettent en œuure és rencontres fortuites des affaires particulieres, ceux-cy le contéplent és principes immuables, és causes premieres, és veritez vniuerselles. Doncques s'il est loisible de discourir de la nauigation non seulement aux pilotes qui ont manié le timon parmy les vents, & les tempestes, mais encore aux Geographes qui ne veirent iamais la mer qu'en carte, ny les orages qu'en peinture; s'il est permis de parler de la Musique à ceux qui n'ont iamais ny gouuerné, ny chanté seulemét en vn chœur de Musiciens; & si plusieurs disputent auec loüange de la Medecine, de la Geometrie, de la Peinture, & de l'Architecture, qui ne toucherent jamais ny reigle pour compasser vne pierre, ny pinceau pour appliquer vne couleur, ny compas pour tracer vne ligne, ny malade pour le soigner; pourquoy trouuera-on estrange, que ceux qui viuent loing des affaires, en repos & tranquillité, employent leur loisir à considerer les qualitez requises pour les bien regir, puis que de tous les arts & disciplines liberales & mecaniques, quoy que l'action n'appartienne qu'à peu, la contemplation peut appartenir à tous? Or pour entrer dans la matiere: comme le Docteur sainct Thomas a dit grauement, que les hommes n'ont rien faict de plus grand que d'auoir dressé les Communautez, les Republiques, & les Empires; aussi ne peuuent-ils faire rien de plus admirable que de les bien administrer; & si l'establissement des Estats est le chef-d'œuure de l'humaine industrie, aussi certes le droit & iuste gouuernement d'iceux se peut appeller à bon droit le coup d'essay de l'humaine sagesse. Comme la prouidence de Dieu qui se monstre en la conduite particuliere des choses plus petites, reluit auec beaucoup plus d'esclat en l'administration vniuerselle du monde; ainsi la prudéce de l'homme qui paroist en la droite códuite de soy-mesme, se fait voir dauantage au gouuernement d'vne famille, mais esclate auec eminence en la direction generale de tout le corps de la societé ciuile. Car le bien est d'autant plus grand que plus il est capable de s'estendre & de se respandre, & les choses mesmes corporelles nous monstrent

CHRESTIENNES.

cefte verité; La veuë qui s'eftend à plus d'obiects eft plus aiguë, la main eft plus puiffante qui iette fes coups plus loing, le gouft mieux temperé qui peut difcerner les differences de plus de faueurs, le feu plus actif qui peut brufler non feulement le bois, mais les matieres folides, & l'eau mefme fon contraire, comme on dict du feu du tonnerre: la lumiere plus viue, & plus claire qui fe communique dauantage: bref toutes les chofes corporelles qui ont plus d'eftenduë en leur action, ont auffi plus de vigueur en leur puiffance; Le mefme fe peut remarquer és chofes fpirituelles, car l'entendement eft plus vif qui penetre plus de veritez, la memoire plus forte qui conferue plus d'efpeces, l'efprit plus capable qui eft plus vniuersel, la sapience plus grande, qui embrasse plus de raisons, & la prudence plus diuine, qui peut pouruoir à plus d'affaires ; ainsi la vertu qui ne s'employe qu'à la conduite d'vne vie priuée, est inferieure à celle qui regarde le reglement de plusieurs : mais celle qui embrasse le gouuernement du public, doit surpasser toutes les autres, & auoir d'autant plus de force, qu'elle doit dauantage estendre son action. Mais pour traicter ce subiect auec plus d'ordre & de clarté, auant que passer plus outre, ie veux mettre pour base & fondement de tout ce discours, vne diuision generale de la vertu Politique en trois membres & parties, qui comme trois diuers estages esleueront ce petit edifice à sa perfection. Ces trois membres sont trois rangs, &

trois ordres de qualitez requises pour perfectionner la vertu Politique; les vnes donnent la suffisance & la capacité, les autres la bonté & la probité, les autres la vigueur & la grace, Celles du premier rang instruisent l'entendement, pour cognoistre ce qui est bon pour le public: celles du second disposent la volonté pour vouloir, aymer, & chercher le bien qu'on cognoist: celles du troisiesme adioustent la force, & l'efficace pour pouuoir executer, & produire au iour le bien qu'on cognoist, qu'on veut, & qu'on ayme. Sçauoir, vouloir, & pouuoir le bien, sont les trois perfections de Dieu, moteur & gouuerneur du monde, & entre les hommes celuy qui a plus de part en ces trois perfections, c'est celuy qui approche plus de Dieu, &

qui est plus digne, comme plus capable de donner par ses conseils mouuement à l'authorité qui administre les Empires. La Sapience, la Prudence, & les vertus qui en dependent rendant vn homme suffisant & capable, luy acquierent la premiere de ces trois perfections: la iustice & ses compagnes le rendant bon & entier, luy donnent la seconde, l'authorité, le bonheur, la force, le courage & l'eloquence, l'armant & l'ornant, & pour persuader, & pour executer le bien, luy adioustent la derniere. Ces trois sortes de qualitez feront les trois liures de ce traicté : commençons par celles du premier rang, & premierement par la Sapience.

Chapitre II.

De la Sapience Politique.

LEs Anciens ont longuement disputé si le Sage se deuoit mesler des affaires publiques, mais ie ne voy pas le fondement de leur doute, car il faut ou que le Sage s'en mesle, ou que les fols perdent tout; il faut ou que l'œil conduise le corps, ou que les pieds l'esgarent; ou que le Soleil esclaire la terre, ou que les tenebres l'offusquent. Ce qu'est le Soleil au monde, & l'œil au corps, le Sage l'est en la societé ciuile, & ayant receu de Dieu, & plus de Sapience pour gouuerner, & plus de lumiere pour conduire les autres hommes, puis qu'à la cognoissance appartient de diriger, & à l'ignorance de

Sapience & raisō meusuet & gouuernet tout au mōde en l'homme, és ouurages de l'homme en la

science & en l'art: & partāt c'est un grand desordre, & contre nature, quand l'ignorance & la temerité gouuernent en la Police.

suiure la direction. Voyons-nous pas en la Nature, que Dieu qui est la premiere raison, est aussi la premiere regle, la premiere loy, & le premier ressort du mouuement de toutes choses, qui en leur ordre si bien disposé, en leur cours si reglé, en leur paix si constante, en leur rapport & liaison si admirable, font voir aux plus aueugles, & sentir aux plus insensibles, qu'vne souueraine Sapience les gouuerne? Voyons-nous pas que soubs ce premier entendement increé, qui est le premier moteur, les intelligences creées meuuent les Cieux, & sont comme les ames, non vnies, mais assistantes & dirigeantes, qui donnent comme vie à ces grands corps, qui reglent leurs reuolutiós, qui compassent leurs cours, & font tomber le branle de leurs contraires mouuemens aux accords d'vne si iuste cadence, qu'Aristote a recognu qu'vne telle harmonie en vne telle côtrarieté, ne pouuoit pas proceder du rencontre temeraire, mais de la sage conduite de quelque esprit intelligent? Voyós-nous pas en l'homme que la raison, ou conduit, ou doit côduire la volonté, l'appetit, les sens, les membres, l'ame, le corps, les passions, les affectiós, les habitudes, les vertus, les pensees, les paroles, les actions, tous les ressorts, tous les mouuements, & toute l'œconomie de cet abregé du monde? Voyons-nous pas que la raison de l'homme gouuerne tout ce monde inferieur, dirige les autres animaux, apaise la fureur du Lyon, surmonte la force de l'Elephant, atteint la vistesse de l'Aigle, domte la rage du tygre, bride ſa fougue du cheual, arreſte l'ardeur du taureau, applique à ſon vſage les beſtes plus farouches, & ſe rend comme raiſonnable par direction, ce qui eſt irraiſonnable par nature ? Voyôs-nous pas qu'en toutes les parties de la ſciéce & de l'art, la raiſon eſt le premier mouuant, & que c'eſt elle qui diſpoſe les mots en la Grammaire, les clauſes en la Rhetorique, les cadences en la Poëſie, les argumens en la Logique, les raiſons en la Naturelle, les vertus en la Morale, les loix en la Ciuile, les meſures en la Geometrie, les nombres en l'Arithmetique, les tons en la Muſique, les drogues en la Medecine, les pierres en l'Architecture, les couleurs en la Peinture, les materiaux en toutes ſortes d'ouurages ? Choſe merueilleuſe que la raiſon de l'hôme communique aux choses mortes, aux pierres, au bois, au fer, vne espece de raison, en leur donnant vn si bel ordre en ses ouurages, qui comme ceux de Dedale, se mouuét insensibles, viuent inanimez, & portét irraisonnnables la raison de l'ouurier? Si doncques la raison meut & gouuerne tout en la Nature, en la science & en l'art, faut-il pas aussi qu'en la societé ciuile la raison dirige tout, & que le sage qui est en ce grand corps comme la raison, & l'ame intelligente par sa sagesse, & y soit l'ame mouuante par ses conseils? Faut-il que la raison estant la motrice és plus petites choses, en la plus importante la folie, & l'imprudence donnent le mouuement? que l'ambition preoccupe la place que la Sapience deuroit tenir, & que la temerité rauisse le timon, que la raison deuroit conduire? *J'ay veu vne grāde vanité sous le Soleil*, dit l'esprit de Dieu dans l'Escriture, *les fols esleuez sur le Tribunal, & les Sages assis par terre.* C'est voir le matelot à la poupe, & le Pilote à l'auiron. Mais encore vne mediocre sapience ne suffit pas à ceux qui doiuent donner par leurs conseils la paix aux peuples, & par leurs iugemens maintenir la iustice au monde : car il faut que ce qui communique quelque bien, le possede eminemment, comme Dieu l'estre, le premier mobile le mouuement, le Soleil la lumiere, le feu la chaleur, le musc la bonne odeur, le sel la pointe, la fontaine l'eau. Ce qui se veut respandre doit estre bien remply, & redonder à soy-mesme pour pouuoir suffire aux autres, comme

la

la Nature esleue premierement les plantes & les animaux à leur estre parfait, auant que former en eux la semence pour cõmuniquer leur estre par la propagation: Ainsi la Sapience doit auoir bien meury & perfectionné vn iugement, auant qu'il soit capable de produire la semence des sages conseils d'où germe le bien, & le repos des Estats.

Que la Sapience Politique est rare, & quelles parties sont requises pour la former.

Chapitre III.

OR la Sapience, selon Aristote, en ses Ethiques, estant vn excellente cognoissance des choses, & sur tout des choses plus hautes, & plus vniuerselles, qui doiuent estre le niueau, la regle, & la mesure

B

18 LES POLITIQVES
des plus basses & des particulieres,
comme sont celles qui se rencontrent és affaires ciuiles, il faut pour
atteindre si haut, vn esprit capable,
vn iugement puissant, vne forte
nature, vn plus grand estude, vne
tres-grande experience, qualitez
qui separées n'estans gueres communes, conioinctes sont encore
plus rares. La Nature sans l'estude
est d'autant plus dangereuse qu'elle est plus forte; & comme sans la
culture, la fecondité d'vn champ
ne luy sert que pour ietter plus
d'espines, qui estouffent la bonne
semence; ainsi sans l'estude qui cultiue le naturel, la force de l'esprit
n'ayde qu'à produire de plus fortes passions, qui offusquent la raison, & l'empeschent de voir clair
és affaires. Il est vray que l'experiēce & la probité peuuent en quel-

Premierement la science.

que sorte reparer ce defaut, mais non iamais parfaictement ny suffisamment: car tousiours sans la science l'experience demeure aueugle, la probité foible, l'vne & l'autre fautiue. La probité veut le bien, mais ne le cognoist pas: l'experience le cognoist, mais seulement par les euenemens qui sont particuliers, & se changent tous les iours, & non par les principes qui sont immuables, vniuersels & appliquables à toutes les occurrences, si bien que l'experience sans la science, marche tousiours ou auec crainte, ou auec temerité: mais la science qui void les choses en leurs sources, & en leurs causes infaillibles, parfait la Nature, guide la probité, esclaire l'experience, & la faict marcher tousiours auec asseurance, pour n'estre pas crainti-

B ij

ue, & auec cognoissance pour n'estre pas temeraire.

2. vn fort naturel.

D'autre part aussi l'estude sans vn fort naturel, est à charge plustost qu'à vsage, comme les viandes solides à vn estomac debile, qui l'accablent de leur faix, au lieu de le nourrir, & d'ordinaire les esprits sont comme les terres, qui fortes poussent le bon grain; foibles, ou l'estouffent, ou le changent en yuroye. Le bon naturel, & l'estude ioincts ensemble, ouurent le chemin aux grandes actions: mais auāt que l'exercice les ait appliquez à l'vsage qu'ils doiuent auoir, ils sont comme les outils entre les mains, ou comme les raisons en l'esprit d'vn ouurier, qui a l'art, mais n'a pas la pratique: tellement que sans l'experience, ces deux qualitez, quoy que recommanda-

3. l'experience.

bles, ne suffisent pas encore pour former ce qu'on appelle Sapience, qui est vne excellence & perfection de la cognoissance des choses. On acheue d'apprendre l'escrime sur le theatre, la peinture sur le tableau, & comme disoit Platon, la poterie sur le pot, le bon naturel dispose l'estude, forme l'experience, parfait l'homme, & ces trois parties heureusemeut coniointes, font le vray Sage, requis au gouuernement des affaires. Et comme trois choses sont requises pour le labourage, la fertilité de la terre, la bonté de la semence, & l'industrie du laboureur; de mesme en nostre suject ces trois pieces sont necessaires, vn bon esprit, vne meilleure instruction, & l'art acquis par l'vsage. C'est pourquoy comme en la Milice bien ordonnee, les soldats ne sõt iamais éleuez aux plus hauts degrez, qu'ils ne soiét pluftoft paſſez par les plus bas, afin qu'ayãs appris l'exercice és plus petites charges, ils viennent tous formez aux plus importantes: de mefme és Eſtats bien policez, on ne commet iamais les plus hautes dignitez qu'à ceux aufquels les plus baſſes ont acquis l'experiéce. Ainſi les anciens Romains ne montoient pas au Cõſulat tout d'vn ſault, mais par degrez: l'Ædilité, le Tribunat, le Pontificat eſtoient les marches pour y monter, & comme les eſcoles d'honneur où l'on formoit aux affaires ceux qu'on vouloit rendre capables de l'adminiſtration d'vne ſi grande Republique. Car les fautes des Potiers qui ne trauaillent que ſur la terre, & ſur l'argille, ne ſont pas fort dommageables, mais celles des Medecins qui exercent leur art sur les corps humains sont pernicieuses, & du tout irreparables. Ils apprennent à nos perils, dit elegamment vn Ancien: ils font leurs experiences par nos morts, & leur apprentissage ne casse pas des pots, mais couste la vie aux hommes. Es petites charges les fautes sont legeres, & se peuuent facilement guerir; és grandes, elles sont de consequence, & le plus souuent hors de remede. Il n'est pas loisible d'y faillir deux fois, le premier coup est mortel. Et partant la police bien reglee doit imiter la Nature, qui procede en ses ouurages lentement, & peu à peu, & qui de la graine faict sortir le germe, du germe le sion, du sion l'arbre, de l'arbre la fleur, de la fleur le fruict: ainsi la police doit esleuer les grãds hommes de degré en degré, afin qu'ayans fait leur essay'és plus petites choses, ils fassent leur chef-d'œuure és plus grandes, comme les Orfevres, qui essayent leur art sur l'estain, ou sur l'argent, auant que trauailler sur l'or, & sur les pierres precieuses.

Que la vraye Sapience Politique doit estre prise du Ciel & de Dieu, contre les Machiauelistes.

CHAPITRE IV.

LEs plantes ont leurs racines attachées à la terre, mais elles prennent leur vigueur & leur force des influences du Ciel. La Sapience Politique regarde la terre, & le reglement des affaires ciuiles: mais elle doit prendre sa regle du Ciel, & ses raisons des decrets eternels de la Sapience de Dieu. Car le bon esprit, la science humaine, & l'experience ne la forment qu'à demy, si la loy diuine n'acheue de luy donner l'estre & la perfection. Les choses humaines sont sa matiere; mais les veritez diuines luy doiuent donner la forme, comme les pierres precieuses ne tiennent que leur matiere de la terre, mais prennent leur forme & leur beauté du soleil. Ceci est tres-necessaire à tous, & neantmoins desiré en quelques-vns, qui n'empruntent assez souuent leurs maximes que de la terre, leur sapience que de la chair, & leurs propositions que de ce qui tombe sous les sens; comme si les raisons diuines ne deuoient pas estre la regle des humains, si la terre ne deuoit pas prendre sa lumiere du Ciel, si Dieu n'estoit pas Dieu de l'Estat, aussi-bien que de l'Eglise; si l'ame seulement deuoit recognoistre sa loy, & le corps suiure la concupiscence, s'il estoit permis, comme disoit le Prophete Elie, de clocher des deux costez, icy du costé de Dieu, & là du costé de Baal, & si vn conseil pouuoit estre, ou iuste contre la verité premiere, ou vtile contre Dieu, ou stable côtre la Toute-puissance. *Dieu reprouue tels conseils, ils ont songé des conseils qu'ils n'ont peu establir: il n'y a pas de conseil contre Dieu*, dit l'Esprit de Dieu dans l'Escriture. Dieu le dit, la Nature le crie, la raison le monstre, & si nous ne sommes aueugles, l'experience de tous les Estats, & de tous les siecles l'a verifié.

Exemples pour donfirmer ceste veri- Pharaon par vne fausse maxime se voulut bander contre Dieu. Qu'en raportera-il? les fleaux, & le naufrage. Les Roys d'Israël entreprindrent souuent d'establir l'Idolatrie. Quel fruict de leurs desseins? la ruine, & la desolation. Aman Conseiller du Roy Assuerus proposoit à son maistre, sous pretexte du bien de l'Estat, d'exterminer le peuple de Dieu. Quelle issuë pour luy-mesme? le licol, & le pouteau. Antiochus s'efforça d'effacer le culte du vray Dieu. Que gaigna-t'il? les vers, la mort, & le desespoir. Herode poussé d'vne vaine crainte, prit vn mauuais moyen pour se maintenir. Qu'aduança-t'il? la gloire de Iesus-Christ, & sa propre confusion. Les Iuifs pour vne peur recherchee de la venuë des Romains, & de la perte de leur Estat, crucifierent leur Messie. Qu'en arriuat'il? Ils pensoient asseurer leur ville, & ils auancerent sa destruction: ils auoient pris les Romains pour excuse de leur forfait, & Dieu les prit pour instrument de sa iustice. Les Empereurs par le conseil de leurs Vlpians, de leurs Sages, & de leurs Iurisconsultes, ont suscité mille & mille persecutions, sous couleur du bien de l'Empire, contre l'Eglise naissante. Qu'ont fait tous ces deluges de sang contre ceste Arche ? Ce que fist le deluge des eaux, contre l'Arche de Noé. *Les eaux se sont multipliees*, dit la Genese, *& l'Arche s'est esleuée*. Qu'ont fait tous ces conseils de tant de Sages mondains côtre le dessein de Dieu, esprouué sa force, monstré leur foiblesse, & auancé son ouurage. Iulian poussé de fureur renouuelle la guerre plus sanglante, & deffendant les escoles aux Chrestiens, fauorisant les Iuifs, rebatissant leur temple, releuant les Idoles, honorant la Magie, & la superstition, employant tout ce que peut ou inuenter la prudence, ou machiner la malice; il pensoit d'auanture, comme ces Geans des fables, chasser Dieu du monde, pour y regner tout seul. Funeste catastrophe de ses conseils peruers! vn coup soudain, impourueu, & incognu l'emporta, tirant l'ame de son corps, & de sa bouche ceste confession publique de la vanité des desseins, qui se dressent contre Dieu: *Tu as vaincu Galileen.* Voyez, & parcourez tous ceux qui en l'administration des Estats, & des Empires se sont ou detraquez de la loy de Dieu, ou bandez contre Dieu, pour suiure la fole Sapience de Machiauel, vous remarquerez tousiours que leurs conseils ont esté non seulement vains contre

Dieu, mais encore pernicieux à eux mesmes, & qu'ils ont produit de grandes ruines, des mal-heurs insignes, & des fins lamentables, digne moisson d'vne si mauuaise semence.

Raisons pour preuuer le mesme.

CHAPITRE V.

DIEV est l'Autheur des Estats, il en veut estre le directeur: sa prouidence en est la baze; il veut que sa loy en soit la regle; il en a ietté le fondement, il est ialoux que la sapience humaine vueille par de folles maximes luy en rauir la conduite. D'où peut venir leur cōseruatiō, que d'où procede leur establissement? Qui peut conseruer l'estre, que celuy qui l'a dōné? Dieu a fōdé les Empires, il a estably les Royau-

Dieu est le fondateur des Estats.

CHRESTIENNES.

mes, il a sacré les Roys, il donné la Majesté à leurs personnes, la vigueur à leurs loix, la force à leur iustice, la terreur à leurs armes, iusques là que leurs loix quoy que téporelles, tirent mesme de l'authorité que la loy diuine leur donne vn effect spirituel, lient les consciences, dit l'Apostre, & obligent à la peine eternelle. Car quoy que les hommes soient esgaux naturellement, si est-ce neantmoins qu'estans naiz pour viure en societé, la societé ne pouuát se maintenir sans la paix, la paix sans l'vnion, l'vnion sans l'ordre, l'ordre sans la distinction, la distinction sans la dependance, la dependance sans l'authorité, la mesme Nature qui a fait les hommes esgaux, les a obligez quand & quand à se sousmettre à vn Chef, & se demet-

& partāt il en doit estre le directeur: & faut que sa loy soit la regle de leur conduite. Raison deduite au long & par demonstratiō, & par autorité.

tre de l'esgalité pour euiter la confusion. Or c'est vne maxime certaine, & receuë de tous les Sages, que toutes les inclinations vniuerselles, & generales de la Nature, viennent de Dieu. C'est vne inclination vniuerselle de la Nature humaine de se soubsmettre à la côduite de quelqu'vn pour maintenir l'ordre, & la société : la conduite presuppose l'authorité donnée à celuy qui est constitué pour conduire les autres, & partant par vne consequence necessaire, la puissance téporelle vient de Dieu, puis qu'elle emane par le droict des gens, de la loy de Nature. Ceste demonstration naturelle est confirmée par l'authorité de l'Escriture : *Il n'y a puissance qui ne procede de Dieu*, dit l'Apostre aux Romains. Dieu mesme en la creation ne forma ne forma pas plusieurs hommes à la fois, qui eussent plustost remply la terre: il n'en fit qu'vn tant seulement, iusques là, qu'il ne fit pas ensemblément l'homme, & la femme de la terre, mais tira premierement l'homme de la terre, & puis la femme de l'homme; pour montrer, comme a remarqué diuinement sainct Chrysostome, qu'il vouloit establir la domination, la Principauté & la monarchie entre les hommes, & les rendre tous subiects à vn Superieur, les faisant tous sortir d'vn seul, afin que tous en dependissent. Apres il constitua tousiours luy mesme des Princes temporels sur son peuple esleu, premierement les Patriarches, puis les Ducs, puis les Iuges, & en fin les Roys, sa prouidence finissant par la Royauté, comme par la forme plus parfaite du gouuernement, ainsi que la Nature qui procedant peu à peu en ses ouurages, faict premierement de la vapeur de la terre le Mercure, puis du Mercure l'argent, & en fin de l'argent l'or, qui est la couronne, & la perfection des metaux. Depuis, Iesus-Christ estant venu au monde a confirmé par sa parole la puissance temporelle, commandant de rendre à Cesar ce qui est à Cesar, & les Apostres nous ont enjoinct, sous peine de damnation, de payer au Prince temporel l'obeyssance, le tribut, le respect, l'honneur, & les prieres: le tribut, parce qu'il deffend nos vies & nos biens de la violence; l'obeissance, parce qu'il tient sa puissance de Dieu; le respect, parce qu'il est son ministre; l'honneur, parce porte son image; les prieres, parce que pour nous deffendre il a besoin de son assistance. La loy diuine & Euangelique nous oblige à luy rendre tous ces deuoirs, l'obeyssance pour son authorité, le tribut pour ses charges, le respect pour son ministere, l'honneur pour sa dignité, les prieres pour sa necessité.

Que s'il est ainsi que la Nature, la raison, la loy, & l'Euangile nous monstrent si clairemét que Dieu a fondé & estably les Estats, qu'il les maintient & les deffend, & en a vn soin si particulier, faut-il pas aussi que les Estats se reglent au niueau de sa loy, afin que comme sa prouidence les a bastis, sa verité les conserue, sa discipline les esleue, & sa iustice les fasse fleurir? Faut-il pas que d'où se deriue leur

C ij

commencement, de là procede leur durée, & que ces plantes celestes, qui ont tiré leur racine du Ciel, en tirent aussi l'influence, pour en tirer la vie ? Puis que la puissance de ceux qui les regissent emane de Dieu, il est necessaire que la Sapience qui dirige ceste puissance soit prise de la loy de Dieu. D'où sort leur authorité, doit sortir leur conseil, afin que d'où sort leur origine, sorte leur stabilité, & qu'en la police comme en la Nature, d'où vient la production, vienne la conseruation. C'est vne maxime du Philosophe en sa Metaphysique, que chaque chose tire sa nourriture d'où elle a tiré son estre. L'animal qui a tiré son estre des elemens, en tire son aliment: l'arbre qui a pris de la terre sa naissance, en prend sa vie;

Ex eisdem nutrimur ex quibus sumus.

CHRESTIENNES.

le fruict qui doit à l'arbre son origine, luy doit sa maturité, la mere esleue l'enfant qu'elle a produit, le Soleil donne la perfection à l'or qu'il a formé: ainsi puis-que les Estats tiennent de Dieu leur estre, ils en doiuent attendre leur croissance; & puis que sa prouidence a donné l'inspiration à ceux qui les ont establis, sa verité doit donner la lumiere, sa lumiere la loy, & sa loy la reigle à ceux qui les regissent. *O Dieu*, disoit Dauid, *donnez vostre iugement au Roy, & vostre Iustice au fils du Roy.* Vous luy auez faict part de vostre puissance, faites luy part de vostre Sapience; son authorité procede de vostre establissement, que sa conduite vienne de vostre lumiere. *Vos iustifications sont mes conseils*, disoit le mesme, ie prends ma re-

C iij

gle, d'où i'ay pris mon pouuoir, à fin que ie tire ma conseruation d'où i'ay tiré mon estre. Aussi recognoist il apres, que les conseils qu'il prend de la loy de Dieu sont le fondement de sa grandeur, & la baze de l'obeyssance que le peuple rend à ses loix, & aduouë que ce n'est pas son industrie, ce n'est pas sa prudence, ce ne sont pas ses forces, ce ne sont pas ses armes, ce ne sont pas ses tresors, ce n'est pas l'esclat de sa magnificence, ce ne sont pas toutes ces suites pompeuses de sa Maiesté Royale, mais c'est Dieu mesme, de qui la prouidence conserue és cœurs de ses subiects le respect qu'ils doiuent à son authorité. *C'est Dieu*, dit il, *qui assuietit mon peuple sous moy*. Et certes qu'vne si grāde multitude d'hommes si differens en humeurs, en

Qui subdit populum meum sub me.

CHRESTIENNES.

nions, en affections, en interests, s'vnissent & s'assemblent pour se sousmettre à vn homme, obeyr à ses loix, suiure ses mouuemens, depédre de sa volonté, commettre à la iustice leurs moyens, leurs honneurs, & leurs vies, qu'vne telle submission se maintienne parmy la superbe naturelle aux hommes, vn tel respect parmy des humeurs si reuesches, vn tel ordre parmy le desordre de tant de contraires passions, vne telle vnion en vne telle antipathie, qui ne void clairement que ce n'est pas vn œuure de l'humaine sagesse, mais vn chef-d'œuure de la diuine prouidence; Si l'ordre qu'on void en vniuers a monstré aux Philosophes, comme dit l'Apostre aux Romains, la conduite d'vne Sagesse souueraine, i'estime que l'ordre si admirable qu'on voit és Estats & Republiques, ne la montre pas moins, & que si l'harmonie qui resulte en la Nature de la contrarieté des mouuemens des Cieux, des qualitez des elemens, & des corps elementaires, ne peut venir que de la direction d'vne supreme Sapience: la paix & l'accord qui resulte en la police d'vne telle diuersité d'humeurs, d'affections, de rencontres, d'euenemens, & de changemens, ne peut proceder d'vne moindre conduite. Tout ce que la grandeur, la puissance, les loix, les menaces, la crainte, les recompenses, les peines, tout ce que les inuentions de l'humaine prudence hors de Dieu, peuuent ou arracher des hommes par la force, ou en tirer par la douceur, est contraint, non volontaire, fardé, non veritable, fragile, non permanent. La Nature de l'homme est si noble & si genereuse, qu'il n'y a que Dieu seul qui le puisse vrayment assuiettir, *Constituez vous mesme, ô Seigneur,* dit David, *un Legislateur sur les hommes, afin qu'ils cognoissent qu'ils sont hommes.* C'est Dieu seul qui peut humilier l'esprit des hommes, rabatre leur fierté, dompter leur cœur, & leur faire recognoistre leur condition, & le respect qu'ils doiuent à celuy qu'il a estably sur eux, qui tient sa place, qui represente sa personne, qui porte son image. Et partant la vraye Sapience de ceux qui par leurs conseils donnent le mouuement aux Princes, & par les Princes aux Estats, c'est de prendre leur mouuement de Dieu, leur regle de sa volonté, leur conseil de sa parole, comme aussi, veritablement il n'y a ny de vray conseil, ny de vraye lumiere, que celle, qui comme dit sainct Iacques, emane du Pere des lumieres. *Toute Sapience se deriue de Dieu*, dit l'Escriture, le ciel est l'origine de toute lumiere, & corporelle & spirituelle, le Soleil est la lumiere de l'vne, Dieu la fontaine de l'autre: l'œil, qui ne prend sa lumiere du Ciel, est en tenebres, & l'entendement qui ne prend la sienne de Dieu, suit le mensonge. *Vains sont tous les hommes qui ne se reglent pas selon la science de Dieu*, dit l'Esprit de Dieu dans l'Escriture: le monde a beau les estimer sages, Dieu les appelle vains. Quels conseils peuuent sortir du mensonge & de la vanité, ou pour le bien, ou pour l'honneur des Empires? Ce qui n'est pas, com-

… ment peut-il ou donner, ou conserver l'estre? La solidité peut-elle venir de ce qui n'a pas la subsistance? la fermeté de ce qui est sans fondement? l'honneur de ce que la verité condamne? le bien de ce que Dieu reprouue?

Suite du mesme subject.

CHAPITRE VI.

LA raison ne peut seulement entendre ces propositions, & Dieu disoit à son peuple par la bouche de Samuel, lors qu'il leur parloit de l'establissement de leur Estat, *Ne vous fiez pas en des choses vaines, qui ne vous seruiront de rien, & ne vous pourront deliurer, parce qu'elles sont vaines.* Tout le

1. Reg. cap. 12.

vray bien des hommes & particulier & public, depend de la sage conduite des bons conseils, les bons conseils de la vraye Sapience, la vraye Sapience de Dieu: & puisque selon la maxime du Philosophe, on ne peut donner vn iugement asseuré des choses, qu'en considerant le rapport, la liaison, & l'attache qu'elles ont auec les causes premieres, Dieu qui est la premiere cause, doit estre le premier obiect, & la premiere regle de tous nos iugemens, & de tous nos conseils, si nous voulons guarentir nos iugemens de l'erreur, & nos conseils de la temerité. Aussi tout ce que les hommes ont estably iamais, de bon, & de iuste en la loy temporelle, ils l'ont pris de la loy eternelle, ou imprimee en eux par la Nature, ou deduite par la raison, ou cognuë par l'inspiration, ou manifestée par la reuelation: ce qui s'esgare de ce principe est injuste: ce qui est injuste, est violent: ce qui est violent, ne peut auoir le nom de loy. D'où sainct Augustin au liure de la vraye Religion, donne cét aduis, & instructio aux hommes d'Estat: *Celuy*, dit-il, *qui conseille, propose, ou establit les loix temporelles; s'il est homme de bien, & de iustice, il consulte premierement la loy eternelle, de laquelle il n'est loisible à personne de iuger, à tous commandé de la suyure, afin que selon ses regles immuables il voye ce qu'il doit, eu esgard aux dispositions & necessitez du temps, ou commander, ou prohiber.* Aduis qui est tiré du commandement que Dieu faisoit aux Roys, & Iuges d'Israël, d'auoir tousiours sa loy deuant les yeux par la lecture, & dans

Cap. 31.

le cœur par la meditation, comme le Roy Dauid qui disoit à Dieu, *Vostre parole sert de lampe à mes pieds, & de lumiere à mes voyes.*

Et c'est le fondement solide de la plus haute loüange qu'on puisse donner au vray Sage Politique, qui pardessus la capacité naturelle de son esprit, & la Sapience humaine acquise par l'estude, & par l'experience des affaires, adjouste la diuine, qu'il prend pour premiere regle de ses mouuemens, raisons, maximes, conseils, arrests, & actions. Il ne faict pas comme les Architectes Lesbiens, dont parle Aristote, qui accommodoient la regle aux pierres, semblables à ceux qui accommodent Dieu aux affaires, & la Iustice au temps, il accommode, & alligne les pierres à la regle, les affaires à Dieu, le temps

CHRESTIENNES. 47

la Iustice. Il imite les pilotes, qui dans la main au timon, leuent les yeux au Ciel, pour prendre du Pole la conduite de leur vaisseau: ainsi à mesme temps qu'il manie le gouuernail des affaires ciuiles, il tient les yeux fichez sur les veritez eternelles, & sur la loy diuine, dont il prend sa direction. Et comme le Pontife de l'ancienne loy tiroit les responces, & les oracles qu'il rendoit au peuple, d'vne pierre precieuse qu'il portoit sur sa poitrine, qui luy representoit miraculeusement par la couleur tantost rouge, tantost noire, tantost pasle, tantost blanche, bref changeante selon les occurrences, la volonté de Dieu: de mesme ce vray Sage préd ses conseils, & ses resolutions de la loy de Dieu ; Topaze precieuse, ainsi que l'appelle Dauid, non penduë à sa poitrine, mais attachée à son cœur. *O Dieu! i'ay caché vos paroles dans mon cœur*, dit-il auecques Dauid. Là il trouue és raisons eternelles la vraye regle des choses qui passent au temps, & contemple és veritez immuables l'idée constante de ce qui est subiect au changement & reuolutions: d'où prenant ses mesures, il regle apres l'inconstant par le constant, le coulant par le stable, le temporel par l'eternel, la figure du monde qui passe par la verité de Dieu qui demeure eternellement.

Des moyens de conseruer & augmenter en l'ame la lumiere de ceste vraye Sapience.

CHAPITRE VII.

MAis pour conseruer & augmenter en l'ame la lumiere de ceste vraye Sapience, qui est la mesure, & la regle de toutes choses, il est necessaire de se seruir de l'auis du Sage, & mesnager tellement son temps, que l'action en laisse au moins vne petite partie à la consideration & contemplation. Qui oste quelque peu de temps aux affaires pour vacquer à soy, il se rend plus capable de la Sapience, dict l'Esprit de Dieu par la bouche du Sage: car afin de passer sous silence que se bailler tout aux autres, &

Qui minoratur actu percipit sapientiā. Eccles. 38.

D

ne iouyr iamais de soy mesme, se donner à tous, & s'oster à soy seulement, receuoir tout le monde au sein de sa sollicitude, & n'en exclure que la pensee de son propre reglement, c'est l'vne des folies qui se commettent au monde soubs le nom de sagesse, veu que comme disoit sainct Bernard, *Celuy ne peut estre sage, qui ne l'est à soy mesme*; Ie diray seulement, qu'il n'y a chose qui apporte plus de preiudice à l'action que de vaquer à l'action sans repos & sans relasche. Premierement comme l'œil corporel ne void pas les obiects qui le touchent, mais ceux dont il est vn peu separé, ainsi l'entendement qui est sans cesse plongé dans les affaires, n'y void pas si clairement comme celuy qui s'en escarte quelquefois, & les regarde de

Non est sapiens qui sibi non est D. Bern. l. 2. de consd. c. 3.

CHRESTIENNES.

oing par la consideration. Apres, comme on dict que le bruit des eaux du Nil rend sourds tous les peuples qui habitent auprés de ses cataractes ; comme l'Orateur Romain en son liure du songe de Scipion, a pensé que le resonnement harmonieux & musical qui resulte des mouuemens diuers des globes celestes, n'est pas entendu de nous, parce que le son en est si fort, si vif & si violent, que nos oreilles en sont estourdies; ou bien encore comme ceux qui nourrissent des vers à soye, empeschent auec le bruit du fer ou de l'airain, que ces petits animaux n'entendent l'esclat du tonnerre, quand le Ciel gronde espouuentablement; de mesme ceux qui sont continuellement parmy le tumulte, & la tempeste des negoces, deuiennent insensiblement estourdis, & sourds à la voix de la raison, & à la loy de Dieu, qui doit donner la conduite, & le mouuement à la vie actiue. Dauantage l'experience nous enseigne que l'œil qui a perdu sa pointe pour regarder trop la lumiere, la recoure parmy l'obscurité, & pareillement l'esprit qui s'est esbloüy, affoibly & dissipé dans la multitude, & varieté des occupations se doit ramasser, & reprendre sa force dás la recollection de quelque petite retraite. En outre voyez vous pas que les vapeurs qui s'esleuent de la terre obscurcissent la lumiere du Soleil, & l'offusqueroient entierement si le Soleil recueillant sa vigueur ne les dissipoit par la pointe de ses rayons? C'est ainsi que les affaires de la terre enuoyent

CHRESTIENNES. 53
Ie ne Içay quels, broüillars qui enuironnent l'œil interieur où reside la lumiere de la Sapience, & courant petit à petit l'ame de tenebres, la portent à l'inconsideration, & de l'inconsideration à mille pierres d'achopement : qui la font trebucher auec honte, si l'ame preuenant ce danger ne se recollige par fois en soy-mesme, & par la consideration attentiue de son estat, de son deuoir, & de sa fin, ne fait fondre tous les nuages qui offusquent sa raison. D'où i'ay souuent admiré ceste belle sentence du Prophete Ezechiel, *Que la terre est desolée, parce que personne n'vse de consideration, & reflexion en son cœur,* me semble qu'il veut dire, que c'est l'vnique source de toutes les erreurs des hommes, non seulement en ce qui touche leur salut

Desolata est terra, quia nemo est qui recogitet corde.

D iiij

salut eternel, mais encor en la conduite de leurs affaires temporelles, ou domestiques, ou publiques. Car ie vous prie, d'où viennent tant de malheurs, ruines, & desolations, soit és familles, soit és villes, soit és Estats, sinon du peu de sagesse des hommes? & d'où le peu de sagesse, si ce n'est du peu de consideration? C'est vne chose naturelle que comme la pierre qu'on jette au milieu d'vne eau calme, & tranquille y fait vn cercle, ce cercle en faict vn second, ce second vn troisiesme, ce troisiesme vn quatriesme, cercle apres cercle iusqu'à tant que d'vn bout de riue à l'autre toute la riuiere est troublee: ainsi les objects du monde frapent les sens, les sens touchent l'apetit, l'apetit excite les mouuemens en la volonté, la volonté es-

nue & chatoüillée par la delectation offusque l'entendement; voila
les mouuemens desreglez qui de-
viennent desirs, les desirs ardeurs,
les ardeurs passions, les passions temeritez, les temeritez folies; de là
tous les troubles, calamitez, con-
fusions, & desordres qui arriuent
en la vie humaine : & tout cela procede de ce que les hommes occupez incessamment hors d'eux-
mesmes ou aux plaisirs, ou aux vanitez, ou aus affaires, ne prennent
jamais le loisir de r'entrer chez eux
& cõme ceste Lamie des fables te-
nāt attaché à la porte de leurs sens
l'œil de leur raison, & de leur cognoissance, mesprisent, ou negligēt
de se porter dans l'interieur de leur
maison pour se considerer, se recognoistre, & se regler. Ie ne dis

D iiij

pas cecy pour renuoyer l'homme ciuil & Politique au desert, ou à la cellule, mais bien pour luy donner le conseil que Platon donoit à Denys Roy de Sicile, de prédre quelque heure du iour pour vacquer à la consideration, non des subtilitez d'vne vaine Philosophie, mais des veritez eternelles de la diuine Sapience. Mais l'aduis de l'Esprit de Dieu doit auoir plus d'efficace que l'aduis d'vn Philosophe, *Vaquez & voyez que ie suis Dieu*, dit-il par son Prophete, parlant en general à tous les hommes. Donnez, dit Dieu, ô hommes, quelque relasche à vos occupations pour considerer que ie suis, & qu'en comparaison tout le reste n'est pas, & sera bien-tost comme ce qui n'a iamais esté, que ie suis permanent, & que toutes les autres choses sont cou-

Plato ep. ad Dyon.

Vacate & videte quoniam ego sum Deus.

CHRESTIENNES. 57

lantes, & passageres, que ie suis la premiere loy par qui tout se doit regler, l'eternelle verité, à qui tout se doit conformer, la puissance soueraine sous qui tout doit trembler, la sagesse que tout doit recognoistre, la iustice qu'aucun ne peut euader, la derniere fin où toutes choses doiuent tendre. Ceste consideration est vne lumiere qui dissipe les tenebres de l'ignorance, vne bride qui arreste la fougue des passions, vne verge qui corrige les excez, vne discipline qui compose les mœurs, vn oracle qui inspire les bons conseils, vne regle qui dirige les actions, vn liure où l'on aprend insensiblement, & auec delectatió la science de toutes choses humaines, & diuines. Ainsi l'Escriture nous propose le Patriarche Isaac recueilly en soy mesme sur le couchant du iour, & se promenant pensif, & solitaire en son iardin; le Legislateur Moyse diuisé entre l'action & la contemplation, ore descendant vers le peuple, & puis remontant deuers Dieu; le Iuge Samuel, ore iugeant, ore cötemplant, ore disposant les affaires de l'Estat d'Israel, & puis ouurant l'œil de son ame vers les lumieres du Ciel; le Roy Dauid, ore donnant ses loix aux hommes, & puis meditant la loy diuine; le sage Salomon, ore decidant les procez de ses subiects, & puis vaquant à l'estude de la celeste Sapience; bref tous ceux qui ont iamais gouuerné les Estats temporels selon Dieu, ont tousiours partagé le temps entre les affaires, & la consideration, entre le monde & Dieu, entre la terre &

le Ciel, comme ces animaux qu'on appelle Amphibies, qui ne sont pas tousiours dans l'eau, ny aussi tousiours sur la terre, mais ores cheminent auec les animaux des champs, & puis soudain nagent, & fendent alegres la mer auec les poissons. Et ce qui est icy digne de remarque, c'est que mesme les Politiques Payens & infidelles, ont recognu la necessité de ces petites intermissions de la vie actiue pour vaquer à la contemplation : Car pour ne redire pas ce que i'ai dict desia du conseil que Platon donnoit à Denys de Sicile, qui ne sçait que l'Orateur Romain escrit du grand Scipion, qu'il nous represente souuent solitaire, & n'estant iamais mieux accompagné que lors qu'il estoit seul auec soy-mesme ? Qui ne sçait encore que tous ces anciens Legiſlateurs Numa, Zaleuxis, Lycurgue, Solon, & les autres ſe ſeruoient de frequentes retraites, ſoit pour renforcer leur eſprit diſſipé par le tumulte des negoces, ſoit pour cognoiſtre plus à clair ce qui eſtoit bon & iuſte dans la tranquilité de la ſolitude, ſoit pour authoriſer leurs loix, & leurs decrets par l'opinion de la Religion? Que ſi les Ethniques ont tant deferé à l'opinion, que doiuent faire les Chreſtiens à la verité; Ie clorray ce ſubiect par vne belle ſentence de ſainct Bernard, eſcriuant au Pape Eugene, *Afin que ta charité ſoit pleine & entiere, ne t'exclus pas toy-meſme du ſein de la prouidence qui reçoit tous les autres. Que te ſert de procurer le bien & le ſalut de tous, ſi c'eſt par la ruine de toy ſeul? Veux-tu eſtre ſeul fruſtré de la*

D. Bern. li. 1. de conſid. c. 5. vt integra ſit & plena humanitas colligat & te intra ſe ſinus qui omnes recipit. Quid tibi proderit ſi vniuerſos lucreris, te vnū perdes. Qui ſolus fraudaris munere

CHRESTIENNES. 61

...ruition de toy-mesme? Tous boiuent de ta poitrine, comme d'vne fontaine publique, & toy seul demeureras arriere haletant, & alteré au milieu de tes propres eaux? Ressouuienne toy, ie te prie, de te rendre; ie ne diray pas tousiours, ie ne diray pas souuent, mais pour le moins quelquefois à toy-mesme. Ioüy de toy auec plusieurs, ou du moins apres plusieurs. Et en vn autre lieu, Prens exemple du soueuerain Pere de tous, qui enuoyant son Verbe au monde le retient tousiours chez soy. Ton verbe, c'est ta pensée, & ta consideration, laquelle si elle sort de toy pour pouruoir au public, que ce soit en telle façon, que neantmoins elle demeure dans toy. Qu'elle se communique sans te laisser vuide, & se respandre sur les autres, sans t'abandonner toy-mesme.

tui? Omnes de fonte publico bibunt pectore tuo, & tu seorsum sities flabis? Memento quæso non dico semper, nq; dico sæpe, sed vel interdum reddere te ipsum tibi. Vtere tu quoque te inter multos, aut certe post multos. Idem l.2. c.3. sume exemplum de summo omnium patre verbum suum & dimittente, & retinent. Verbum tuum con-

sideratio tua. Qua si procedit, non recedat; sic progrediatur, vt non egrediatur; sic exeat, vt non deserat.

*Des autres vertus qui forment la
suffisance Politique, & principalement de la Prudence.*

CHAPITRE VIII.

C'Est assez parlé de la Sapience pour le dessein de ce petit œuure. Venons aux autres parties qui instruisent l'entendement pour cognoistre ce qui est bon pour le bien public, & acheuent de mettre à perfection la suffisance Politique. Le Philosophe en ses Ethiques met cinq especes de vertus intellectuelles, l'intellect, la Science, la Sapience, l'Art, & la Prudence: l'Intellect n'est autre chose que l'habitude & disposition à cognoistre les premiers principes,

*Arist. lib.
6. Eth.*

CHRESTIENNES. 63

qui sont cognus par eux-mesmes, & apprehendez aussi tost de la puissance intellectiue sans aucun secours de la ratiocination. La Science est vne habitude demonstratiue des choses necessaires qui ne peuuent estre d'autre façon, & ceste habitude s'acquiert par le discours de la raison, qui sonde & recherche la cause pour cognoistre l'effect, & ceste cognoissance de l'effect par sa cause s'apelle Science. La Sapience est vne tres-parfaicte & tres-exacte science, qui cognoist & les consequences deduees des principes, & les principes mesmes, & causes plus vniuerselles: En telle sorte, dit le Philosophe, que l'excellente cognoissance de toute science, & discipline, & art se doit appeller Sapience. L'Art est vne habitude, & droite raison

Arist. lib. 6. Eth. c. 7. Sapiētiam in artib. illis attribuere consueuimus qui absolutissimi sunt.

de quelques ouurages qu'il faut faire, & produire au dehors comme le bastiment & la peinture, bref l'art ne regarde pas l'action interieure, & qui demeure dans l'ame, mais l'action qui passe & coule de la cognoissance interieure, pour s'imprimer sur la matiere exterieure. La Prudence est vne droicte raison des actions de la vie humaine, & de ce que l'homme doit faire, & pratiquer suiuant son estat & sa condition. Or de ces cinq habitudes ou vertus qui instruisent & perfectionnent la puissance intellectiue, l'art ne conuient pas à nostre subiect, l'intellect, & la science ont esté touchez en passant, lors que nous auons requis le bon esprit & l'estude des lettres, comme parties necessaires pour former la Sapience. Reste seulement la Prudence.

dence, qui estant la droite regle des actions humaines, est comme l'ame de la vie actiue, ciuile, & politique. Car l'intellect, la Science, & la Sapience ne seruent proprement que pour cognoistre les raisons vniuerselles des choses, & la droite fin où il les faut raporter. La prudence doit apres appliquer les raisons generales aux occurrences, circonstances, & particularitez des affaires qui se presentent, & inuenter les moyens conuenables pour paruenir à la fin proposee. L'Intellect voit les premiers principes, la Science cognoist les causes vniuerselles des effects particuliers, la Sapience est la perfection de l'intellect, la fleur & la chresme de la Science: la prudence est celle qui met en pratique l'Intellect, la Science, & la Sapience: l'Intellect

E

donne la lumiere, la Science forme la raison; la Sapience parfait la cognoissance, la Prudence dirige l'action, bref l'Intellect, la Science, & la Sapience monstrent en gros ce qu'il faut faire, pourquoy il le faut faire, & à quelle fin il le faut faire. La Prudence monstre en chaque action ce qu'il faut faire, & comment il le faut faire: celles-là ne fōt que proposer le but, cette-cy ouure le chemin, donne l'adresse, & baille la conduite. C'est ce que dit le Philosophe en ses Ethiques, que c'est le propre office de la Prudence de disposer les moyens pour obtenir la fin; l'Intellect la cherche, la Sciēce la trouue, la Sapience la monstre, mais la Prudence y conduit.

Arist. lib. 6 Eth. c. 12.

De la necessité, excellence, & offices
de la Prudence Politique.

Chapitre IX.

LA Prudence, dit le Philosophe *Arist. lib.* en ses Ethiques, regarde com- *6. Eth. c. 5.* me son object, les choses bonnes ou mauuaises, vtiles, ou domma-geables, honnestes, ou deshonne-stes à l'homme, suiuant son estat, sa charge : & c'est le propre du prudent, de consulter sainement chaque affaire, & action particuliere ; ce qui est seant & conuenable au suiect present, à son deu, à son rang, & à son office. Si bien qu'à vray dire, autant que l'art est requis pour les ouurages de l'industrie, autant est requise la

E ij

Prudence pour les actions de la vertu; aussi vn Ancien appelle la Prudence l'art de viure, & viure à l'homme, c'est viure selon la raison. Vn homme sans prudence est vn ouurier sans art, qui a les outils en main, mais n'a pas l'adresse de de s'en seruir, pour imprimer en la matiere la forme conuenable. Ainsi l'homme qui a la Science, & la Sapience sans la Prudence, il void bien les raisons, & la fin de ce qu'il doit faire: mais il n'a pas en main la droite application des raisons pour trouuer les moyens, & attaindre à la fin: Et comme l'ouurier ignorant destruit la matiere en pensant la polir, ainsi l'homme imprudent ruine les affaires croyant les accommoder, & n'y d'autre difference, sinon que c luy-là gaste ou le fer, ou la pie ou le bois, ou quelque autre matiere de peu de consequence, cestui-cy gaste soy-mesme, son honneur, les Estats, & les Empires, s'il en a l'administration. C'est pourquoy sainct Ambroise appelle la prudence la source & la fontaine des actions vertueuses: & Cassian expliquant ce mot de l'Euangile, *Ton œil est la lampe de ton corps*, entend par cet œil la prudence, qui est l'œil de l'ame; ou si l'entendemét est l'œil de l'ame, & la Sapience la lumiere de cest œil, la prudence est la prunelle en cest œil, comme la lampe de ceste lumiere qui la distribuë, & la dispense à tout le reste; & tout ainsi que la prunelle esclairee de la lumiere, esclaire tout le corps, luy monstre le chemin, le garde de choper, & addresse tous ses pas vers le but

D. Ambr. l.1.de offic. c.27. Cas.collat. 1.cap.27.

E iij

où il tend, de mesme la Prudence esclairee de la Sapience, esclaire toute l'ame, luy faict voir la voye pour arriuer au bien, l'empesche de trebucher, dirige ses pensees, conduit ses mouuemens, dispose ses conseils, guide ses affections, ordonne ses puissances, dresse ses habitudes, regle ses vertus, compose ses actions, & sans la Prudence l'intellect est vain, la Science inutile, la Sapience oyseuse, la probité fautiue, le zele indiscret, la Iustice iniuste, la Force temeraire, la Temperance desreglee, toutes les vertus deuiennent vices, & les perfections des deffauts. Car comme la Sapience est la lumiere de la raison speculatiue, aussi la Prudēce est la lumiere de la raison pratique: & côme sans la lumiere de la Sapiēce l'entendemēt erre en la cognoissance des veritez, aussi sans la lumiere de la Prudence, il ne peut que choper en la conduite des actions. C'est le premier office de la Prudence, de voir ce qu'il faut faire en l'occurrence, & circonstance de chaque cas particulier; apres, trouuer les moiens : ayant trouué les moyens, prescrire la mesure, & la borne à l'action, veu que selon le Philosophe, il appartient à la Prudence de constituer le milieu requis en toutes les vertus; ayant veu ce que le temps, le lieu, le suiect, & les affaires requierent, ayant trouué l'adresse pour y paruenir, & prescrit la mesure qu'il y faut obseruer, c'est son dernier office d'intimer le commandement d'vne prompte & diligente execution ; à la faculté de l'ame, qui a la charge d'executer l'arrest du iugement, &

l'empire de la raison. Que si quelqu'vne de ces quatre parties de la Prudence, ou le conseil, ou le moyen, ou la mesure, ou le prompt comandement deffaut à l'action, comment peut-elle meriter le titre, & la gloire d'action vertueuse? Si le conseil luy manque, elle est folle, si le moyen, elle est vaine, si la mesure, elle est desreglee, si la prompte & opportune execution, elle est oyseuse, inutile, & infructueuse. Si folle, comment droite? si vaine, comment bonne? si desreglee, comment vertueuse? si oyseuse, comment loüable? C'est pourquoy comme les Roynes & Princesses, sont accompagnees d'vne longue suitte de Dames d'honneur, aussi la Prudence comme la Royne des Vertus, est suiuie de quatre Vertus, dont la premie es apelle *Eubulie*, pour bien consulter des choses qu'il faut faire, rechercher, & peser ce qui est necessaire pour bien dresser l'action en toute sorte d'affaires. La seconde porte le nom de *Synese*, vertu requise pour bien iuger, & tirer de saines conclusions des principes de la loy commune. La troisiesme est dicte *Gnome*, pour bien examiner en particulier, ce qu'il faut faire selon la raison naturelle, quand il n'y pas de loy expresse. La derniere pareillement *Gnome*, pour resoudre & commander apres auoir recherché & iugé. Il y a trois actes de la raison qui regardent les actions humaines, consulter, iuger, commander: & affin que cela se fasse deuëment, & conformement à la raison, la Prudence accompagnee de ces quatre Vertus est necessaire, dont la premiere sert pour la consulta-tion, la seconde, & la troisiesme pour le iugement, la derniere pour le commandement.

Que la Prudence Politique est rare, & comment elle s'acquiert.

CHAPITRE X.

SI c'est chose difficile d'accompagner chaque action particuliere de ces quatre Vertus qui suiuent la Prudence, & de ces quatre perfections qui en deriuent, combien dauantage toutes les actions de la vie? & si les actions d'vne vie priuee, combien encore plus les actions d'vne vie publique? Il y a trois sortes de Prudence, comme il y a trois generales conditions de la vie humaine : car ou l'homme n'a charge que de soy-mesme, & n'a besoing que d'vne Prudence commune, ou bien il a par dessus la conduite d'vne maison, qui requiert vne Prudence œconomique, ou l'administration des affaires publiques, qui demandent vne prudence ciuile & politique. Que si seulement la prudence commune necessaire aux particuliers est si rare parmy les hommes, l'œconomique, & la politique sont bien encore plus rares; & si la droite & prudente côduite de soy-mesme requiert de telles parties, que sera-il dire de la conduite des autres, de la conduite des Republiques, de la conduite des Empires? L'Escriture dit, *Que Dieu a fondé le Ciel par la Prudence*, & le philosophe, *Que c'est la propre vertu de celuy*

Proc. 3.
Arist. lib.
3. Eth. c. 3.

qui gouuerne, & qui preside, non qu'elle ne soit necessaire aux personnes priuees, mais elle est tellement requise en celuy qui a charge du public, que comme la lumiere au Soleil, ou la chaleur au feu, ce luy est vne propre, essentielle, & inseparable qualité, sans laquelle il est non plus capable d'administrer les affaires, que le pilote de conduire le vaisseau sans timon, & sans aiguille. Dieu ayant choisi Ioseph pour gouuerner l'Estat d'Egypte, soubs le Roy Pharaon, le doüa d'vne si parfaite prudence, que quoy que ieune, il estoit capable d'instruire les vieillards, & Salomon receut de Dieu auec la couronne, la Sapience pour discerner le iugement, comme parle le liure des Roys, c'est à dire la prudence qui fait le discernement és occurrences des affaires qui se presentent. Et certes puisque la prudence est la droite regle des choses qu'il faut mettre à execution, toute la vie des personnes publiques consistant à executer, & mettre en pratique, ils ne peuuent faillir de tomber en beaucoup d'erreurs, s'ils n'ont beaucoup de prudence : & puisque ceste vertu comme l'œil ouuert, & veillant sur le sceptre des Egyptiens, doit estendre sa circonspection de tous costez sur les lieux, temps, personnes, humeurs, appartenances, accidents, dependances, sur le passé, present, futur, sur les raisons, coniectures, soupçons, bref sur les plus menuës particularitez qui sont en ce suiect de grande consequence, les rencontres, & varietez des affaires d'vne

Republique estans infinies, & les circonstances qui accompagnent les affaires, encore plus infinies, il faudroit, s'il se pouuoit faire, pour y pouruoir parfaitement vne Prudence infinie. Aussi disoit Aristote en sa Rhetorique, *Que les plus excellens entre les hommes, sont les bons Conseillers d'Estat.* Platon, *Que la bonne consultation est quelque chose de diuin, & de sacré.* Sainct Basile, *Que le conseil est vne chose diuine;* & Dieu par la bouche du Sage aux

Prou. 3 Prouerbes, *Que l'acquisition de la Prudence est plus precieuse que la negotiation de l'or & de l'argent.*

Prudence Politique comment s'acquiert. Or comme plusieurs choses doiuent concourir pour former l'or, qui est le Roy des metaux, la preparation de la matiere, la disposition de la terre, la chaleur du Soleil, la longueur du temps; aussi

CHRESTIENNES. 79

Pour former ceste Prudence, la Royne des Vertus politiques, l'or des Royaumes, le thresor des Estats, la perle des couronnes, il faut de grandes aydes, & des heureux aduantages. La force de l'esprit, la solidité du iugement, la pointe de la raison, la docilité pour aprendre des plus Anciens, sont les dispositions, l'instruction receuë des grands personnages, l'estude des sciences, la cognoissance de l'histoire, l'heureuse memoire des choses passees en tous les siecles, & en tous les Estats, sont les commencemens; la pratique des grandes affaires, la longue experience, la vieillesse chenuë, sont la consommation: car ce mot des Anciens n'a iamais trompé personne, *Conseil des vieillards, & armes des ieunes*, la saine consultation, la circonspection des circonstances, la preuoyance des consequences, la precaution contre les empeschemens, la prompte expedition, sont les belles actions, & en fin le repos des peuples, le salut des Estats, le bien commun des hommes, sont les fruicts diuins de ceste parfaicte Prudence; qui possede ce tresor, il possede vn Diademe, & si sa naissance ne luy a donné les couronnes, les couronnes le cherchent, si sa condition ne l'a faict Roy, sa suffisance le rend l'Oracle des Roys. Ce qu'il prononce sont des arrests, ce qu'il dict, sont des loix, ses simples parolles doiuent passer pour raisons, & comme dict le Philosophe; Ses nuës propositions ont l'authorité des demonstrations, dautant que l'vsage qu'il a tiré de l'experience, lui fait

Lib. 5.
Ethic. c. 11.

en tout ce qu'il propose, considerer les causes, & les principes : mais ce qu'on dit du Phœnix qu'estant si frequent dans les liures, il ne fut peut-estre iamais en la nature, ou bien de l'Orateur des Anciens si chasté, & iamais oüy, ou bien de la Republique des Philosophes, dont l'Idée si bien depeinte n'a peu sortir en œuure; le mesme faut-il dire de ce parfaict prudent, que la contemplation des Sages a si bien exprimé, & que la foiblesse de la Nature n'a peu encore produire: tant de perfections qu'ils demandent en vn homme, sont plus facilement imaginées, que rencontrées, & desirées, qu'obtenuës, s'amuser par des Idées, c'est se paistre de songes : les souhaits ne reglent pas le monde, & puis qu'on ne peut esgaler les choses aux vœux, il

F

faut mesurer les vœux aux choses. Il faut recognoistre nostre ignorance en la verité de ceste parole de l'Escriture, *Que les pensées des mortels sont craintiues, & leurs preuoyances incertaines*, & confesser qu'en toutes choses, mais principalement en la prudence politique qui gouuerne l'incertitude des affaires du monde, celuy qui n'a que les moindres deffauts, a beaucoup de perfection. Vne seule circonstance suffit pour y changer tout, & bien souuent l'effect des plus grandes & importantes actiõs, comme la guerison des maladies desesperées, depend d'vn moment, lequel ou la prudence ne void pas, ou la fortune desrobe: & apres tout il faut aduoüer, qu'en des choses dont les ressorts sont d'ordinaire cachez, les causes sont occultes, les conseils incertains, & euenemens independans de nous, qui chope moins souuent a beaucoup de suffisance, qui rencontre plus souuent a beaucoup de bonheur.

Que la vraye Prudence politique doit estre prise de la loy de Dieu, contre les Machiauelistes.

CHAPITRE XI.

MAis comme la vraye Sapience doit estre prise de la loy de Dieu, aussi la vraye Prudence de ceste diuine source: car il a dit par la bouche du Sage, Conseil est à moy, l'Equité est à moy, la Prudence est à moy. Et le Dauid disoit à Dieu, Seigneur, vous m'auez rendu prudent par vostre parole. La sapience hors de Dieu, n'est

F ij

que folie, & la Prudēce que malice; l'vne suit de faux principes, l'autre prend des moyens contraires à la vraye fin de l'homme; l'vne deprave la cognoissance, l'autre deregle la vie; l'vne trompe en ce qu'il faut sçauoir, l'autre en ce qu'il faut faire; l'vne adore le mensonge pour la verité, l'autre embrasse l'iniquité pour la vertu; bref l'vne esgare du droit chemin, l'autre conduit au precipice. *La prudence de la chair, n'enfante que la mort*, dict l'Apostre. Que si elle est pernicieuse aux particuliers, quelle vtilité peut-elle apporter aux Republiques? Si elle perd les hommes, comment peut-elle conseruer les Empires; Dieu n'est-il pas la derniere fin des Estats en general, aussi bien que des hommes en particulier? S'il est leur fin, doit-il pa-

estre leur visee? s'il doit estre leur
visee, faut-il pas qu'ils y visent par
des moyens conuenables à leur fin?
Quels moyens propres pour faire
viser les Estats à Dieu, que ceux
que monstre la Prudence prise de
Dieu? Si doncques la folle Prudence de la chair se sert pour penser les maintenir, de moyens iniustes & contraires à Dieu, il est euident qu'elle les destourne de leur
but, de leur fin, & de leur bien, &
les ruine au lieu de les establir.
C'est pourquoy Moyse appelloit
le peuple d'Israël, qui ne vouloit
pas se conduire selon la loy de Dieu,
mais par son propre esprit, *Nation sans conseil, & sans Prudence.*
Et l'Esprit de Dieu nous donne
deux aduertissemens comme deux
regles generales de nostre vie; l'vn
par le Sage, *Ne t'appuye pas sur ta*

propre prudence; l'autre par l'Apoſtre, *Ne prenez pas voſtre Prudence de vous-meſmes*: Si ce que Platon raconte d'Hyparchus au Dialogue intitulé de ſon nom, que ce perſonnage deſireux du bien public, planta par toutes les places, & carrefours d'Athenes, de grandes colomnes, auec des inſcriptions ſalutaires, qui aduertiſſoient les hommes de leur deuoir, ſi ceſte couſtume eſtoit encor en vſage parmy nous, il ſeroit à deſirer que ces deux ſentences comme deus oracles du Ciel, fuſſent grauees ſur le marbre, & ſur l'airain, au front de toutes les places, & carrefours des villes, pour aduertir les hommes de ne conduire pas le train de leur vie, de leurs affaires & de leurs charges, par la folle Prudence de la chair, mais par la Pru-

...ence prise de Dieu, la vraye regle comme la vraye fin des actions humaines.

Comment la loy de Dieu sert pour acquerir la vraye Prudence politique.

CHAPITRE XII.

LA loy de Dieu sert doublement pour acquerir la vraye prudence, non seulement commune, & œconomique, mais encore ciuile & politique: premierement en proposant à chaque action particuliere, la fin deuë, les iustes moyens, & la droite mesure: secondement en appaisant, & calmant les passions de l'ame, lesquelles, comme dit mesme le philosophe, font leuer vn brouillars espais en la partie superieure, qui

Lib. 6. c. 1.

F iiij

offusque l'œil de la raison, & empesche la saine consultation, & le droit iugement que la Prudence doit porter des choses. Car les passions impriment en l'ame vne maligne disposition, qui faict errer le conseil au choix de la fin, le iugement en l'eslire des moyens, & le commandement de la raison en la definition du temps qu'il faut prendre du lieu qu'il faut choisir, & de la mesure qu'il faut obseruer, pour rendre vne action vrayement prudente. L'auare & l'ambitieux ne se proposera pour fin, que son profit & son honneur, ne prendra pour moyens, que ce qui peut accroistre ses biens, & ses dignitez ; & bien souuent emporté par le flus de ce desir effrené, comme par la force d'vn torrent impetueux, il ne sçaura garder ny temps, ny lieu, ny mesure. Quels conseils pourra-on attendre d'vn esprit si mal disposé pour le salut des Republiques ? la cholere semblablement, l'enuie, la crainte, la volupté, & les autres passions attirant l'ame à leur party, la rendent mal disposee vers la vraye fin, luy font prendre de mauuais moyens, & la portent à des inconsiderations folles & temeraires. D'où Iule Cesar dans Saluste, a prononcé ceste maxime d'Estat, *Que ceux qui consultent doiuent estre vuides de toutes affections & passions, qui offusquent l'esprit, & l'empeschent de voir la verité.* Et le philosophe a dit ce beau mot, ou plustost cest Oracle digne d'estre escrit en lettre d'or, *Que c'est chose euidente, qu'aucun ne peut estre vrayement prudent, s'il n'est bon & iuste*, en quoy par la seule lumiere

Salust. de coniur. Catil.

Arist. lib. 6.Eth.c.12

de la Nature, à combattre de
prudence & de témérité, ce qu'on
appelle Prudence mondaine. Et
l'Esprit de Dieu nous dict dans les
saincts Cayers, *Que l'auarice, & les
presens receus, aueuglent les cœurs des
prudens. Que la concupiscence peruertit les esprits,* & semblables mots sacrez, qui nous monstrent que la
fumee des passions vicieuses offusque en l'œil de l'entendement la
lumiere de la Prudence. Or quelle
meilleure, & plus saine instruction
pour apprendre à bien regler les
passions que la parole de Dieu?
Quelle plus douce Musique
pour appaiser ces Demons furieux, que le son de ceste lire diuine? Quelle plus droite regle
pour moderer ces mouuemens
de la Nature, que la loy de l'Autheur de la Nature? Quelles meil-

CHRESTIENNES.

[...]res armes pour les cõbatre, que [c]es enseignemens? Quelle plus forte bride, pour les contenir, que la crainte? Ils emportent la Nature, ils surmontent la raison, ils eschapẽt à la Vertu Morale, la Philosophie humaine n'en peut venir à bout, il n'y a que la loy de Dieu qui puisse bien les regler, il n'apartient qu'à Dieu de dompter l'homme. *La loy de Dieu est sans imperfection*, dict le Prophete, *& conuertit parfaictement les ames.* Car c'est là [o]u on aprend la vraye force pour [uai]ncre les passions de l'irascible, [& l]a vraye temperance pour regler les mouuemens de la concu[pisc]ible. C'est là qu'on apprend de [la] bouche de Dieu mesme, qui a [no]n seulement la verité pour enseigner, mais encore l'authorité pour commander, la douceur contre la cholere, l'amour des ennemis contre la haine, le pardon contre la vengeance, la resolution contre la crainte, la patience contre les persecutions, d'où se forme en l'ame vne diuine force, pour vaincre tout ce qui peut l'espouuenter. C'est là qu'on apprend la crainte de Dieu contre l'amorce des voluptez, la vanité du monde contre le desir des richesses, l'obligation & le danger des charges contre l'ambition des honneurs, d'où l'ame tire vne saincte temperance pour mespriser tout ce qui l'attire; ainsi armee & de force contre la crainte de tous les maux apparens, & de temperance contre l'amour de tous les biens perissables, elle ne sçait craindre que le vray mal qui est l'iniquité, n'y aymer que le vrai bien, qui est la ver-

CHRESTIENNES.

ny les attaques ne peuuent l'esbranler du deuoir, ny les appas l'attirer à l'iniustice. Et c'est en quoy consiste la vraye Prudence du serpent, suiuant le mot sacré, qui expose tout son corps pour conseruer sa teste, comme ceste Prudence sçait abandonner quand il est besoing, les biens, les honneurs, & la vie pour conseruer la Iustice, qualité tres-necessaire aux personnes publiques, qui rencontrent en leurs charges, s'ils cherchent le bien public, non le particulier, & tant d'appas à mespriser, & tant d'attaques à vaincre. Voyla comme la loy de Dieu est l'escole sacree de la vraye Prudence politique. *Instruisez-vous, de Dieu, ô vous qui iugez la terre, seruez à Dieu en crainte.* C'est de là que le Magistrat doit prendre comme

Samuel sa lumiere & sa conduite, pour administrer les affaires par la vraye prudence; c'est de là qu'on void naistre les beaux actes de force en la resistance aux attaques, quand la vertu rencontre des têps difficiles. C'est de là qu'on void sortir aux occasions les actes heroiques de temperance au mespris des dignitez, & des honneurs, actes qui couronnent leur autheur d'vn honneur immortel, & qui remplissent de confusion ceux qu'ils ne peuuent attirer à l'imitation, bref c'est de là qu'vn cœur magnanime prend ceste prudence genereuse, & ce courage resolu, dont il produit le tesmoignage en sa vie, le fruict en ses charges, la gloire en sa renommee.

Fin du premier liure.

LIVRE SECOND,

DES VERTVS QVI FORMENT LA PROBITE & l'integrité pour bien employer la suffisance.

De la Iustice Politique en general.

CHAPITRE I.

LA Nature ne s'est pas contentée d'auoir donné aux choses les facultez pour opé- elle a adiousté aux facultez des inclinations & des dispositions, qui les font tendre à leurs objects pour produire leurs actiõs. Car l'œil outre la faculté de voir, à vne inclination aux objects visibles, l'oreille aux harmonies, le goust aux saueurs, l'odorat aux senteurs, & ceste inclination est adjoustee pour seruir comme d'aiguillon à la puissance, de peur qu'elle ne demeure oyseuse. Ainsi Dieu formant, & ornant vne ame luy donne non seulement les vertus necessaires pour sçauoir bien operer, mais encore en adiouste d'autres, qui l'inclinent, la disposent, & luy donnent la pente vers les objects conuenables pour produire des actes vertueux. La Sapience, & la Prudence, sont les deux vertus generales, qui acquierent au Politique la suffisance

pour

pour administrer dignement la République, la Iustice, la Probité & les vertus qui en dependent, suiuent apres, pour donner à l'ame la disposition, l'inclination, le mouuement, & le branslé à employer, & bien employer la Sapience & la Prudence, qui sans la Iustice & Probité ne demeurent pas oyseuses, mais deuiennent pernicieuses. Ce ne sont plus vertus, ce sont de dangereux vices; la Sapience en vne ame peruerse, se rédant trompeuse, & la Prudence en vn cœur double deuenant malicieuse. C'est le pescher qui prenant la qualité du terroir, où il est planté, en perse est poison, ailleurs sert de nourriture; c'est le Cameleon qui receuant le teint des obiects dont il s'approche, auprés du limon prend la couleur du bourbier, auprés de

G

l'or représente l'esclat de l'or, aupres de l'ordure paroist sale, comme vn fumier, aupres du diamant iette le bril d'vne pierre precieuse : Ainsi la volonté imprime la qualité, le teint & la couleur en l'action, ou bonne, si elle est droite, ou mauuaise, si elle est peruertie.

Car il y a ceste difference entre les ouurages de l'industrie, & les actions de la vertu, que là on ne regarde que la dexterité, icy on considere la probité de l'ouurier, la main, & l'art font le tout ; icy le cœur, & l'intention ont la meilleure part; & si le cœur n'est bon, l'intention droicte, & la fin legitime l'œuure ne peut estre bonne, quoy qu'elle paroisse excellente. Si l'Architecte faict vne belle maison pour vne fin mauuaise, sa volonté dereglee ne gaste pas son ouurage, mais si celuy qui produit vn acte de vertu, se propose vne fin iniuste: son intention depraue son action, & la mauuaise qualité de son cœur se deriue en son œuure. Defaut qui a fletry, comme dict S. Augustin, les plus belles actions de la Vertu Morale des Anciens Ethniques, qui se sont proposez pour fin, non purement la Iustice, mais les vns le profit, les autres la vengeance, les autres la delectation, & les plus vertueux l'ambition & la vanité. Le cœur qui est le principe de la vie eternelle, est aussi le principe de la bonté en la vie morale, & n'y a d'autre difference, sinon qu'au corps il meurt le dernier, & en la vertu le premier, car au corps tous les autres membres meurent auant que le

S. Aust. lib. 4. cont. Iulian. c. 3.

G ij

cœur meure; mais en la vertu tandis que le cœur reste viuant, tandis que l'intention demeure saine, & la volonté droite, toutes les actions sont viuantes, bonnes & loüables, & celles qui pour estre vicieuses en leur sujet, ne peuuent meriter la gloire, estans droites en leur fin, sont encore dignes d'excuse. Mais depuis que le cœur est mort, que l'intention est peruertie, & la volonté gastee, tout meurt, tout se corrompt, les plus belles vertus deuiennent des vices infames, & les actes plus glorieux des crimes punissables. Et c'est le secret de ce mot sacré de l'Euangile, *Du cœur sort tout le mal.* C'est pourquoy le Philosophe dit, Que tout action loüable est composee de deux pieces, de la Prudence, qui choisit vn bon sujet, & de la Vertu Morale

Lib. 6. Eth. cap. 12.

qui prend vne droite fin; & comme l'or emprunte de la terre sa matiere, du Soleil sa forme, son esclat & sa valeur, ainsi l'œuure vertueuse doit prendre de la Prudence le conseil, le moyen & la mesure, comme sa matiere, de la Iustice & probité la droite fin, & la saine intention, comme sa forme, son ame & son prix. Voyla comme vne action soit priuee, soit publique, ne peut estre bonne & honneste, si elle n'est iuste.

Qu'vne action iniuste ne peut estre profitable aux Estats, contre les Machiauelistes.

CHAPITRE II.

I'Adiouste dauantage, qu'elle ne peut estre profitable au public.

Car plusieurs ne rapportent pas leurs conseils, ny leurs actions à la bonté & à l'honnesteté, ains seulement à l'vtilité, & suiuent ceste damnable & pernicieuse maxime des Pyrrhoniens, qu'il n'y a rien qui soit iuste de soy-mesme, & par sa Nature, mais seulement par l'opinion & coustume des hommes. Que comme disoit ce Barbare dans Tacite, *En vne grande fortune ce qui est plus vtile est plus equitable,* ou comme blasphemoit Eudemus, *Que tout ce qui est profitable aux Republiques est iuste* ; peruers axiomes que la Nature condamne, la raison reprouue, Dieu abomine, tous les peuples detestent, & qui sous ombre d'vtilité bastissent la ruine, veu que bannir la Iustice de la societé des hommes, c'est arracher l'ame au corps, c'est oster le

Soleil du monde, c'est changer, comme disoit sainct Augustin, les Royaumes en brigandages, c'est armer l'homme contre l'homme, c'est introduire la licence auec la licence, le desordre auec le desordre, la desolation. Mais ceux qui mesurent la Iustice & l'honnesteté des actions à l'vtilité, de quelle vtilité entendent-ils? de la particuliere, ou de la publique? Si de la particuliere ils se descouurent, si de la publique ils se trompent, s'ils appellent iuste tout ce qu'ils iugent vtile à eux-mesmes, ils se declarent traistres au bien public. Que s'ils estiment que ce qui est iniuste puisse profiter aux Estats, ils errent aux principes. Car si Estat n'est autre chose qu'vne societé de plusieurs hommes, ou villes, ou prouinces vnies ensemble sous l'au-

Preuue de ceste verité par demonstration.

G iiij

thorité, ou de toute la multitude comme en la Democratie, ou des Principaux, comme en l'Aristocratie, ou d'vn Prince, comme en la Monarchie, sur quoy est bastie ceste societé que sur l'vnion ? sur quoy l'vnion que sur l'obeyssance? surquoy l'obeyssance que sur les loix ? surquoy les loix que sur l'equité ? oster l'equité aux loix, c'est de loix les rendre violences, violenter l'obeyssance, c'est la destruire, destruire l'obeyssance, c'est dissoudre l'vnion, dissoudre l'vnió, c'est dissiper la societé, dissiper la societé, c'est renuerser l'Estat. Que s'ensuit-il sinon que ce qui est iuste, est la conseruation des Estats, & ce qui est iniuste, la destruction ?

La Iustice conserue, maintient, & decore. La Nature mesme nous enseigne cecy. Car ce qui conserue nostre corps, c'est l'vnion des quatre qualitez, vnion attachee par le nœud de leur paix mutuelle, comme leur paix est establie sur la temperature, qui entretient & represente en leur commerce vne espece de Iustice naturelle. Que si l'vne empietant sur l'autre, la temperature se trouble, aussi tost la Iustice estant violée, la paix se rompt, la paix rompuë, l'vnion se dissoult, l'vnion dissoute, le composé se destruit. Ce qui conserue ce bas monde, c'est le mariage des quatre elemens, mariage lié par leur accord, comme leur accord est fondé sur la Iustice de la proportion, & de l'egalité qui les conioinct en vn. Que si l'vn faisant iniure & violence à l'autre, l'egalité venoit à se troubler, la Iustice estant blessée, leur accord seroit

tout en la nature, & en l'art, & à plus forte raison en la police, & societé des hommes, seuls capables de Iustice. Raison deduite au long.

dissipé, l'accord destruit, leur conionction seroit bien-tost detachee, & tout ce monde reduit en desolation. L'art confirme ce que la Nature nous presche. Voyons-nous pas en la Musique, que chaque voix tenant son ton, sans courir sur le ton des autres, ceste Iustice qu'elles obseruent forment leur accord, d'où procede l'harmonie, la douceur, & la grace de la Musique? Que si l'vne empiete & vsurpe sur l'autre, violant la Iustice, elle trouble l'accord, & du son gracieux de tant de belles voix, qui rauissoit les esprits, il ne reste plus qu'vn tumulte de cris confus, qui estourdit les oreilles. En la Poësie les mesures, en la Rhetorique les clauses, en la Philosophie les raisons, en l'Arithmetique les nombres, en la Geometrie le compas, en l'Architecture la reigle, en la Peinture le desparrement de couleurs, en toutes les œuures de l'art & de l'industrie, les proportions si bien obseruees representent-elles pas comme vn ombre de Iustice? si doncques la Iustice decore, & conserue tout ce qui est en la Nature, & tout ce que l'art produit, si les choses belles en empruntent leur grace, les solides leur force, les viuantes leur vie, les mortes leur ornement, & celles qui en semblent incapables ne peuuent encore subsister sans vne image d'icelle, comment est-ce que la societé des hommes seuls capables du droit & de la raison, pourroit se maintenir parmy l'iniustice, l'iniure & la violence? Vn Estat sans Iustice seroit-ce pas vn corps sans la temperature des humeurs; vn monde sans l'egalité des elemens, vne Musique sans l'harmonie des voix, vn ouurage sans la proportion des parties qui le composent? Et que seroit vn tel ouurage qu'vne deformité? vne telle Musique qu'vne confusion? vn tel monde qu'vn Cahos? vn tel corps qu'vn corps mourant? vn tel Estat qu'vn desordre, qui tendroit à sa ruine?

Preuue de mesme verité par l'authorité, & par l'exemple.

Les voix de tous les Sages ont authorisé ces demonstrations, & les exemples de tous les siecles les ont verifiees. Y a t'il eu philosophe qui n'aye posé ceste maxime? Legislateur qui n'aye suiuy ce principe? Estat qui se soit conserué que par la Iustice, & ruiné que par la violence? Tandis que la Iustice a fleury dans les Republiques, on a veu les Republiques fleurissantes,

aussi tost que la violence & l'op-
pression s'y sont establies, elles
ont trainé tousiours ou la ruine,
ou le changement. Mais n'est-ce
pas vne chose digne d'estonnement, que cela mesme qui renuerse la Iustice, ne peut se maintenir
sans elle, & les brigandages qui se
fondent sur l'iniquité, ne peuuent
durer, si les brigands n'obseruent
entr'eux vne espece d'equité, si
foible & inutile est l'iniustice,
qu'elle n'est pas mesme capable
de soustenir ce qu'elle a basty,
comment soustiendroit-elle ce
que la Iustice a fondé; Que s'il est
euident qu'en gros & en general
l'iniustice est la destruction des
Estats, comment est ce qu'en
destail & en particulier vn conseil
iniuste, ou vne action iniuste leur
pourroit profiter? Les fruicts peu-

uent ils estre bons si l'arbre est pernicieux & dommageable?

Que mesme l'iniustice contre les estrangers, ne peut profiter aux Estats contre les Machiauelistes.

CHAPITRE III.

ON dira d'auanture que l'iniustice est bien pernicieuse dans le corps de la Republique, mais qu'au dehors, & contre les estrangers elle peut estre vtile. Mais ne voit-on pas premierement, que celuy qui faict iniure, enseigne à rendre la pareille? que celuy qui attaque s'oblige à souffrir des assauts? qu'en heurtant autruy on s'esbranle soy-mesme? que tenter en vain ses forces, c'est se ietter au hazard de monstrer sa foiblesse; qu'en vn mal euident le blasme

CHRESTIENNES. III

est infaillible & le fruict incertain? Que comme disoit vn Ancien, Les Estats sont comme les Tortuës, hors de touche & de prise aux coups, tandis qu'elles se tiennent encloses en leurs coquilles, mais tendres, foibles, & mal asseurees lors qu'elles en sortent, qu'il est plus aisé de faire des entreprises que d'en venir à bout; que comme disoient les Legats des Scythes à Alexandre, dans Quinte Curse; C'est chose imprudente de regarder les fruicts des arbres, & n'en mesurer pas la hauteur, qu'apres tout ou vn vain effort, ou vne courte ioye est le fruict de la violence. Dauantage l'experience de tous les siecles & de tous les Estats, a-t-il pas monstré au monde, s'il n'estoit aueuglé que tout ce que bastit l'iniquité des hommes, la

Tite-Liue

Iustice de Dieu le destruit? que les loix humaines vengent les larrecins des particuliers & la prouidence diuine les iniustices publiques? que les maux à qui la terre donne l'impunité, ne peuuent pas l'obtenir du Ciel? que tout ce qui cherche son accroissement en la force, trouue en fin sa ruine en vne plus grande force? que le loup qui deuore l'aigneau est deuoré par le lyon? bref que la grandeur qui procede de l'iniure peut auoir de l'esclat, mais non pas durer?

Responce à l'objectiō commune que plusieurs grands Estats ont ietté leur fondement sur l'iniustice, & sur l'vsurpation.

Ie sçay bien que l'iniustice & l'vsurpation ont ietté le fondement de plusieurs grands Estats, & ce par vne permission secrette de Dieu, qui ne voulant pas le mal, mais le permettant, ou pour en tirer du bien, ou pour venger le peché, employe quand il veut la malice

lice d'vne nation, pour punir les crimes d'vne autre: car & les bons, & les meschans sont à sa solde, les bons y ont donné leur nom, & les meschans, sans qu'ils y pensent, y prestent leur main; *I'enuoyeray Assur, disoit Dieu dans Isaye, contre* [Is. c. 10] *vne nation peruerse, contre vn peuple que ie veux perdre en ma fureur, ie le prendray pour instrument de mes vengeances, mais lui-mesme ne le pensera pas ainsi, & son cœur ne songera pas à combatre pour ma Iustice, mais pour la vanité de sa propre ambition.* Voyla comme Dieu se seruant de la malice des meschans secrettement, & à leur desceu, pour punir d'autres meschans, permet quelquesfois qu'ils bastissent le fondement de leur grandeur sur l'iniustice, & sur l'vsurpation: mais tout ainsi qu'en la Nature la corruption est sou-

H

uent cause de la generation des choses, & neantmoins la corruptiō ne les conserue pas, mais destruit derechef ce qu'elle a fait; de mesme l'iniustice qui a basty ces Estats-là, ne les a pas conseruez, mais a fallu que ce qui auoit pris de l'iniustice son origine, empruntast de la Iustice sa conseruation, & quand derechef ne se contentant pas du iuste domaine que la longue possession leur auoit acquis, ils ont voulu estendre leurs limites par l'iniustice, ils ont en fin brisé leurs forces, voire contre les plus foibles, & la mesme iniquité qui les auoit bastis les a tousiours ruinez. Dieu, deuant les yeux duquel la terre est vn theatre, le monde vne fable, les Empires vn jeu, & les changemens d'vn siecle le passe-temps d'vn iour, a proposé aux hommes mille semblables spectacles de sa Iustice, qui renuerse en vn moment les longs ouurages de leur iniquité. *Les Royaumes sont transferez de nation en nation pour punition des iniustices*; c'est l'arrest que Dieu a prononcé, & qu'il n'a cessé d'executer par toute la suite des siecles. *Dieu a seiché la racine des nations superbes*, dit le Sage, *il les a renuersees, & exterminees iusques au fondement, il a enseuely leur nom auec leur honneur, & effacé leur memoire de toute la face de la terre*. Et où sont ie vous prie tous ces anciens Empires qui ont deuoré l'vn l'autre, l'iniquité des derniers, fournissant d'instrument à la Iustice de Dieu, pour punir celle des premiers? Ces grands ouurages de la Fortune ont donné du nez à terre, & n'ont laissé d'autres reliques à leur gran-

Ecclesiastici cap. 10.

H ij

deur, que celles que le vent d'vn ouy-dire, ou la foy d'vn fresle papier a peu transmetre jusqu'à nous, pour tesmoigner qu'ils ont autrefois esté. Et entre tous les autres, celuy d'Alexandre, qui a esté planté auec plus de violence, a eu le moins de duree, là ou celuy des Romains où la Iustice a esté plus obseruee, a eu aussi & plus de gloire que tous, & plus de stabilité; jusques-là que sainct Augustin a dit, que Dieu leur a donné ceste grandeur temporelle en recompense de leur iustice morale. Mais entre tous les Estats qui sont maintenant en splendeur, y en a-t'il aucun qui ait fleury plus longuement & sans interruption, que l'Estat de France; qui durant la suitte, reuolution & vicissitude de plus de douze siecles se renforçant, & s'etablissant de plus en plus, a acquis parmy le flux, & l'inconstance de ces choses caduques vn espece d'eternité? Et qu'est-ce qui le maintient que la Iustice qui l'a laissé souuent souffrir, iamais faire des violences, qui l'a fait voir souuent oppressé, & deffenseur des oppressez, mais iamais oppresseur, & qui le contenant dans les bornes que Dieu luy a prescrites, & la Nature plantees, n'a permis qu'il n soit iamais sorty, que pour recouurer le sien, ou pour repousser l'iniure, ou pour venger celle d'autruy, semblable au Nil qui seul entre tous les fleuues ne sçait sortir de son canal que pour bien faire? Tout cecy monstre comme la raison, l'authorité & l'experience doiuent faire conclure aux hommes, que ce qui est iniuste est non seu-

H iij

lement honteux, & deshonnestes aux Empires, mais encore inutile, dommageable & pernicieux, si non tousiours pour le moment present, au moins pour l'establissement d'vne grandeur perdurable, que les Estats doiuent chercher, & qu'apres tout, ce que le sainct Esprit a determiné dans l'Escriture est veritable. *Que la seule Iustice releue les peuples, & qu'il n'y a que la Iustice, qui donne aux Thrones vne fermeté solide.*

Prou. c. 14. & 16.

Digreßion de ce discours de la Iustice, sur le tiltre de Iuste, dont nostre Roy releue son nom, & son Regne.

CHAPITRE IIII.

IE me suis estendu volontiers sur ce discours de la Iustice,

oyant que noſtre Roy meſpri-
nt & le tiltre de Grand que ſon
ceptre luy donne, & le tiltre d'In-
incible que ſa valeur luy prepare,
le tiltre d'Auguſte que ſa vertu
uy permet, & le tiltre de Conque-
nt que ſa Fortune luy reſerue, &
ous ces autres tiltres de pompe &
e parade, que ſa modeſtie reiette,
e deſire ſeulement que meriter le
ltre de Iuſte, & faire gouſter à la
rance les fruits d'vn nom ſi doux.
ar il ſçait que la Iuſtice eſt la plus
aute perfection de la grandeur
oyale pour approcher de Dieu,
es plus fortes armes pour ſubiu-
uer les hommes, la Maieſté plus
uguſte pour imprimer la reue-
ence, & la conqueſte plus heu-
euſe que puiſſe faire vn Roy. Que
i vn Roy eſt vne fleur entre les
ommes, la Iuſtice eſt ſa beauté,

H iiij

si vn musc sa suauité, si vn or son prix, si vn diamant son esclat, si vn Ciel son influence, si vn Soleil sa lumiere, si vn Ange son office, si l'image viue de Dieu, le traict de sa ressemblance. Que s'il est l'œil dans le corps de l'Estat, la Iustice est sa prunelle, si le bras son nerf, si la main sa force, si le cœur sa vie, si le chef son intelligence, si l'ame sa raison. Que s'il n'a que les richesses, les Griffons qui gardent l'or le deuancent, s'il n'a que la force, les Taureaux le surmontent, s'il n'a que le courage, le Lyon le surpasse, s'il n'a que la grandeur du corps, l'Elephant est plus grand, s'il n'a que la finesse, le Renard est plus fin, s'il n'a que les armes, le Sanglier est mieux armé, s'il n'a que les pompes, le Lys est mieux paré que Salomon : mais s'il a la raison, il commande à toutes choses; s'il a la Iustice, il merite de commander aux hommes. Que la dignité le rend le plus grand; la puissance le plus fort, les finances le plus riche: mais la Iustice le plus digne. Qu'il s'asseure par les armes, se munit par les thresors, commande par les loix, mais regne par la Iustice; bref que la Iustice est le rampart de ses places, le bouleuard de ses villes, le soustien de sa Couronne, la mere de l'egalité, le ciment de l'vnion, la colomne de l'authorité, le lien de l'obeyssance. Nostre Roy touché de toutes ces considerations, & inspiré du Ciel, comme Salomon en ses plus tendres annees, pour cognoistre l'importance de sa charge, & la pesanteur de son Sceptre, il a fait à Dieu la mesme priere, & la mesme demande que fit Salomon en pareille necessité, *O Seigneur, vous m'auez fait regner en la place de mon Pere, vous m'auez constitué au milieu d'vn peuple que vous auez choisy, au milieu d'vn peuple infiny, & dont le nombre surpasse tout ce qui peut estre conté; Donnez doncques à vostre seruiteur vn esprit docile, afin que discernant le bien d'auec le mal, il puisse iuger vostre peuple auec Iustice & equité.* C'est le vœu qu'il a fait à Dieu, & la grace qu'il a demandée au Ciel en son aage plus tendre, comme Salomon demandant comme luy, non les richesses, non la prosperité, non les victoires, non les conquestes, mais seulement la Sapience & la Iustice. Que si ceste priere de Salomon fut si agreable à Dieu, qu'il luy accorda ce qu'il demandoit, & luy adiousta ce qu'il ne demandoit

Au liu. 3. des Roys, ch. 3.

pas. *Pource*, dit Dieu, que tu n'as pas demandé vne longue vie, ny la mort de tes ennemis, ny abondance de biens, mais plustost la Sapience pour discerner le iugement, & rendre la Iustice, voicy que i'ay accordé tes desirs, & t'ay donné vn cœur sage & intelligent, iusques là que tous les siecles passez n'en ont encore veu de pareil, & les futurs n'en verront iamais de semblable: mais pour vn surcroit de mes faueurs, ie t'ay donné encore ce que tu n'as pas demandé, l'opulence des richesses, & la grandeur d'vne gloire qui surpassera celle de tous tes deuanciers : Si, dis-je, Dieu recompensa de tant de graces ce sainct & iuste desir de Salomon, pensons nous qu'il soit ores moins liberal enuers le Nepueu de sainct Louys, qui porte son nom, & qui marche sur les traces de ses vertus, & qu'il n'acorde à vn mesme vœu les mesmes graces, à vne mesme priere les mesmes dons, à vne mesme disposition les mesmes benedictions? Le Philosophe en ses Ethiques, compare la Iustice à l'Estoille du matin, qui prepare le chemin au Soleil, & annonce le iour au monde : puis que ce bel Astre a commencé de paroistre en l'Orient de ton Soleil, ô France, & puis que ton Soleil a pris la Iustice pour son estoille matiniere; que peux-tu attendre du progrez de sa course, sinon vn iour de paix, & vn regne de paix, qui est comme dit le Prophete, *L'ouurage de la Iustice*? Que si quelque nuage se leue pour obscurcir sa lumiere, ce ne sera que pour faire paroistre sa vigueur, & puis que l'Escriture dit, *Que la maison de Iuste, est vn fort bouleuard*, quel orage, quelle tem-

Lib. 5. Eth. c. 1.

Opus iustitiæ pax. Is. c. 32.

Domus iusti plurima fortitudo. Prou. 15.

peste, quelle attaque pourra preualoir contre le Royaume du Iuste? Poursuiuez glorieusement, ô genereux Prince, la course commencee, effectuez vos saincts desirs, & par vos loix restablissez le regne d'Astree au siecle de l'iniquité; marchez, ô clair Soleil, apres ceste belle estoille, l'auant-courriere de vostre gloire, & la messagere de nostre felicité; dissipez par ses lumieres tous les nuages de la corruption, & Dieu escartera loing de nos testes tous les orages du malheur, faictes de vostre France vn Temple de Iustice, & Dieu en fera vn bouleuard de force; plantez-y la Iustice pour rempart, & la pieté pour deffence, & Dieu y mettra le bon-heur, la paix, & l'asseurance pour limites.

Voys-tu pas des-ja, ô France,

les fruicts de tes vœux, & les effects de ses genereux desseins? Voys-tu pas que sa Iustice, son estoille matiniere iettant la pointe de ses premiers rayons, a chassé ceste loy qui exposoit ou au hazard de la naissance, ou au trafic de l'auarice les palmes de la vertu? Voys-tu pas comme il a commencé d'ouurir au merite la porte des honneurs, qui n'y pouuoit entrer, s'il n'auoit en main ou le tiltre de la succession, ou comme Ænee le rameau d'or, pour luy faire passage? Voys-tu pas que la vertu qui gisoit mesprisee, commence de se releuer, & triompher glorieuse? Resiouyssez-vous, ô sieges des Lys, nous esperons de voir encore qu'aucun freslon ne gastera plus vos fleurs, mais les abeilles seulement filles du Ciel en composeront le miel de la Iustice. Que si le siecle auoit autant de disposition à receuoir l'ordre ancien, comme nostre Prince a de desir de le remettre, verroit-on pas desia le fer de nos mœurs enuieillies quitter sa roüille, pour reprendre comme luy l'esclat & le lustre de l'aage doré? mais qui pourroit celebrer assez dignement tous les autres biens que sa Iustice a produits à la Fráce au premier Auril de son aage & de son regne, renouuellant cest ancien miracle de l'Isle de Naxe, où les vignes poussoient les fruicts aussi tost que les fleurs? Ceste rage brutale des duels qui sacrifioit la plus belle fleur de la Noblesse Françoise, par vne mort sanglante, à vne mort eternelle, & dont tant d'Edicts, & tant de deffences n'auoient peu arrester le cours, a-t'elle pas en fin quitté les armes entre les mains de son inuincible Iustice? Ce monstre auoit esté conceu de la folle passion d'vne valeur imaginaire, comme les Centaures de l'embrassement d'vne nuë : la vanité l'auoit enfanté, la folie esleué, le sang le nourrissoit, & le meilleur sang de tout le corps de l'Estat, comme ce monstre duquel parle le Prophete Habacuc, qui n'est beant qu'apres des morceaux d'eslite : les Grands, les Nobles, les Hectors estoient sa proye, & l'erreur obstiné des esprits passé en loy d'honneur enflammoit encore par l'aiguillon de la gloire sa fureur à ce carnage. Quelle pitié de voir renouueler l'ancienne boucherie des sacrifices des corps humains deuant le Simulachre, non plus d'vn Moloch, on d'vn Saturne,

Habac. c. 2. Escacius electa.

turne, mais d'vne gloire aussi fausse que cruelle, & le sang raisonnable que les Payens immoloient à de vaines Diuinitez, les Chrestiens l'espancher deuant l'idole d'vn vain fantome d'honneur. Où vas tu fureur aueuglee, & à quel excez de folie & de malheur te iette ton transport, pour faire interpreter vn mot, pour vne pointille, pour vne chimere de vanité conceuë en ta fantasie, vas-tu exposer en vn pré ton sang au fer, ton corps à la mort, ton ame à la perdition, & ton honneur mesme pour lequel tu fais tout, à l'infamie publique des loix diuines & humaines ? Entends-tu pas la raison qui te condamne, les Edicts qui te menaçent, Dieu qui te poursuit, le Ciel qui tonne, l'Enfer qui s'ouure sous toy. Ta vie que tu dois à Dieu, à l'E-

I

glise, à ta patrie, à ton Roy, la vas-tu laschement prodiguer en vne querelle, où le cõbat est indigne, la deffaite malheureuse, la victoire funeste, où les combatans se cachent, le vaincu perd l'ame auec le corps, le vainqueur prend la fuite, & sa fuite est son triomphe, la peur des loix sa couronne, le gibet sa conqueste; bref où vn neant est le suject, vne sotte persuasion le motif, vn faux honneur l'obiect, & vn opprobre veritable: la fin, vn regret immortel, l'issuë, vn mal-heur eternel, le fruict & la recompense? O que l'ame saisie de la passion est sourde, aueugle, & obstinée: sourde, qui ne peut escouter la verité: aueugle, qui ne sçait recognoistre son erreur, obstinée qui ne veut reculer deuant l'abysme de sa certaine ruine? Toutes ces deffences, menaces & supplices du Ciel & de la terre, au lieu de reprimer ceste rage forcenée, ne faisoient que l'irriter d'auantage, & Henry le Grand, dont le bras inuincible auoit abatu d'Hydre à plus de sept testes de nos guerres ciuiles, n'auoit peu toutefois venir à bout de ce monstre furieux des dueils par ses Edits, ny par son authorité. Il auoit dissipé les orages de nos seditions, attaché la guerre de chaisnes de fer, estably la paix sur des colomnes d'airain: mais parmy les douceurs de la paix ceste fureur deschainee rauissant à la France ses plus valeureux enfans l'affligeoit encore des effects plus funestes d'vne guerre sanglante: elle souspiroit ses pertes journalieres, & tant de remedes vainement employez lui faisoient craindre que ce mal ne fut incurable. Quand voicy son LOVYS qui eſtanchant comme vn jaſpe enuoyé du Ciel par ſa ſageſſe, & par ſa prudence le ſang que ceſte furie tiroit de ces plus nobles membres, a ſoudain eſtanché ſes larmes & ſa douleur; Et cóme la fortune borna iadis les conqueſtes de Philippe, afin que ſon fils Alexandre trouuaſt le ſuiect de monſtrer ſon courage, auſſi ſemble-t'il que le Ciel limitant le bon-heur du grand Henry par la deffaite de l'Hydre de nos ſeditiós, luy ait à deſſein refuſé la victoire du monſtre des dueils pour la reſeruer à noſtre Alexandre, & par ce moyen partager entre la valeur du pere, & la iuſtice du fils, la gloire du repos, & ſalut entier de la France. Tu dois, ô France, le commencement de ton bon-heur aux armes du Pere, la perfection aux loix du Fils ; l'vn Grand t'a releuee, l'autre Iuste t'affermit ; l'vn par les combats a dressé le plan de ton restablissement, l'autre par ses reglemens l'edifie & le perfectionne de iour en iour ; l'vn par ses victoires t'a guerie de la playe des guerres, l'autre par sa prudence de la playe des dueils qui saignoit encore en ton corps ; tu vois maintenant accomply ce qui manquant à tes souhaits sembloit manquer à ton bien ; ceste rage est assoupie de tous costez non sans estonnement, ceste fureur esteinte non sans merueille ; le sang qui se perdoit de tes veines par ce maudit canal heureusement estanché, ce genereux sang qui s'espanchoit à ton dommage est reserué pour ta deffence, & tu as dequoy douter, à qui tu és

I iij

plus obligee, ou à la valeur du Pere qui t'a purgee du mauuais sang des rebelles, ou à la Iustice du Fils qui te conserue le bon sang de tes enfans. On dict que les deffences, ny les menasses des loix ne peurét iamais arrester la fureur des Vierges Milesiennes, qui s'immoloient de leur propre main à vne mort sanglante: mais l'infamie d'estre exposées nuës apres leur mort, guerit leur esprit de ceste frenesie, & la honte gaigna sur elles ce que la crainte n'auoit sceu gaigner. Depuis que les dueils n'ont plus trouué en la Cour ceste vaine loüange qui leur seruoit d'aiguillon & d'obiect, & que nostre Roy ne s'est pas contenté de les attaquer publiquement par les Edicts, mais encore les a poursuiuis en son Louure par le sifflement &

de deshonneur, sa Royale sagesse a inuenté le vray remede de ceste aueugle passion, qui obstinée contre la terreur des supplices, pouuoit seulement estre vaincuë par la crainte de cest opprobre. Vn honneur faux la nourrissoit, vne honte veritable l'a guerie.

Que si les stratagemes de sa Iustice font ainsi fleurir l'Estat, ils n'aquierent pas moins de splendeur & d'honneur à l'Eglise, & l'estendart de la Croix qu'il a replanté dans le Bear, d'où l'heresie l'auoit du tout exterminé, esgale desia les trophees de sa pieté aux plus illustres Courónes de la valeur de son Pere. Ceste action est vrayment Royale, & nous ne pourrions taire ni la grace du Ciel, ni la gloire de nostre Prince en cest endroit, que par vn silence doblement criminel : car nous vous en deuons, ô Seigneur, les loüanges, & au Fils aisné de vostre Eglise victorieuse de l'Enfer par cest acte celebre de sa Iustice, & de son courage, la congratulation. C'est chose iuste de cacher les secrets de Dieu & du Prince, mais plus iuste encore de diuulguer leur gloire, & si l'vn est deu au respect, l'autre l'est dauantage à la recognoissance. L'heresie qui a respandu en ce dernier siecle son venin en la France auoit esté conceuë dans le Bear, qui ayant premierement receuë de l'Allemagne la semence de l'erreur, l'auoit éclose & communiquee à toutes nos Prouinces ; malheureux enfantement, & plus malheureuse communication, d'où l'on a veu germer par tout cest Empire les erreurs, les blasphemes, les impietez, & en suite (tristes fruicts de si mauuaises racines) les guerres, les seditions, les rebelliós, les attentats, les rauages & desolations qui l'eussent reduit à sa derniere ruine, si le Ciel qui cherit le Lys entre les fleurs, & qui a vn soin particulier de ce Royaume, comme de l'œil de l'Vniuers, & du bras droict de l'Eglise, ne luy eut donné en mesme temps des deffenseurs constans & inuincibles, & en l'Eglise & en l'Estat, qui ont sauué & la Religion contre l'heresie, & la Couronne contre la rebellion. Et pour remarquer vn traict particulier de la prouidence de Dieu, c'est que du mesme Bearn, d'où estoit sortie la racine de nos malheurs, est issu pareillement Henry le Grand, qui la coupee par son glaiue inuincible, comme on dit qu'en la mesme terre où germent les poisons violentes, croissent les forts antidotes: où abondent les serpens, naissent les Psylles: où fourmillent les couleuures, paroist la fleur du fresne: où s'eclot le Crocodille, sort l'Ichneumon qui le tuë, & que la Nature tire tousiours le remede du mesme lieu d'où procede le mal. Vne mesme ville d'Alexandrie conceut iadis l'Arrianisme, & porta sainct Athanase, qui le propugna; ainsi du mesme Bear, où s'estoit conceuë l'heresie, racine de nos guerres & de nos diuisions, Dieu nous en a fait naistre le valeureux Henry, qui a dissipé nos tumultes, appaisé nos querelles, reüny nos cœurs, & sinon retranché l'heresie, pour le moins arresté son cours, replantant la Croix &

l'exercice de la vraye Religion en tous les lieux où la rage des cœurs, & la licence du fer en auoit effacé les marques. Mais comme le cœur qui le premier a receu la vie, est le dernier qui cede à la mort, ainsi par vn contraire, Bear où premierement s'estoit conceuë l'heresie, a esté le dernier à receuoir le restablissement de l'ancien & legitime culte de Dieu ; il auoit esté le premier mourant, & a esté le dernier reuiuant, l'Edict de pacification, lien de nostre reünion & de nostre concorde, ayant remis par toutes nos Prouinces la Croix, la Messe, & les Autels en possession, de l'honneur & des biens, que l'impieté leur auoit rauis ; le seul Bear refractaire à son Prince, & obstiné contre son propre bien, refusoit d'obeyr aux loix, à la raison & à la

Iustice. Ny l'obseruation deuë aux conditions de la paix, ny l'exemple de toutes les villes, ny tous les plus sacrez respects du deuoir & de la raison, ny l'authorité mesme de Henry le Grand, qui auoit vaincu toutes choses, n'auoit peu vaincre sa pertinacité, & semble que la malice de ses suiects luy ait enuié ceste seule victoire, pour luy oster en quelque sorte le tiltre d'Inuincible. Quelle esperance nous pouuoit-il rester d'y voir iamais refleurir la Croix, puis que celuy à qui toutes autres choses auoient cedé, n'en estoit peu venir à bout; Et toutefois nous voyons maintenant heureusement accomply ce qui sembloit pour lors ne pouuoir estre esperé; & comme nous lisons au liure des Roys, que Dieu refusa au regne de Dauid la gloire du bastiment du Tẽple, pour la reseruer au regne de son fils Salomon, ainsi nous nous resiouyssons auec actiõs de graces, de ce que le Ciel n'a refusé au regne du Grand Henry, l'honneur du restablissement de l'Eglise en Bear, que pour illustrer le commencement du regne de nostre Loys. Mais qui pourroit ou conceuoir ou descrire la gloire de ceste action si Royale, & si auguste? Les circonstances ont releué le faict, les difficultez ont augmenté la palme, & les resistances ont rendu la Couronne du vainqueur plus illustre. On dict que certains peuples barbares ayment tant les tenebres & l'obscurité de la nuict, qu'aussitost qu'ils voyent poindre de loing l'Orient du Soleil, ils vomissent mille iniu- res contre ce flambeau du iours'arment d'inprecations & de maledictions, & voudroient chasser, s'il se pouuoit faire, sa lumiere de leurs contrees, ne pouuant la bannir du monde. Telle & plus grande a esté la fureur & la rage des Bearnois, lors que le commandement de nostre Prince executant les Edicts de son Pere, & parfaisant ce qui manquoit à ses exploits, a voulu r'allumer en leurs terres le Soleil de la vraye Religion, eclipsé depuis tant d'annees. Le Soleil qui se leuoit sur eux pour rechaufer du feu du Ciel leurs poictrines glacees n'a faict qu'enflammer leur colere; & opposans l'aueuglement à la lumiere, l'obstination à la raison, la rebellió au commandement, ils ont tesmoigné qu'ils n'obeyront pas, si la force n'estoit adioustee au droit, & la contrainte à la Iustice. Mais l'amour de la Iustice engendre le zele, le zele inspire le courage pour la faire valoir, le courage ioinct à l'authorité ne trouue rien qui resiste, ou qui ne cede bien-tost; & nostre Roy que le Ciel a doüé d'vne nature genereuse, qui ne sçait iamais flechir en ce qui est iuste, embrazé de zele, ardant d'vne viue foy, armant son authorité de son courage, la Iustice de tous les deux a monstré la foiblesse de toutes ces resistances, en despit desquelles il y a restably l'Eglise en possession de ses biens, replanté l'honneur de la Croix, remis le culte de Dieu, faict triompher la foy & gemir l'heresie, remportant par vn seul acte vne triple couronne de pieté, de iustice, & de valeur. Voilà maintenant par sa sagesse & generosité l'Eglise remise en possession de tout ce que la nouueauté luy auoit rauy en France, & qui luy restoit encore à recouurer; il n'y a si petit coin où les Autels ne soyent rebastis, & le Sacrifice de Propitiation renouuellé auec honneur & splendeur, & ne manque plus autre chose pour l'acomplissement de nostre bon-heur & nos & souhaits, sinon que la Croix, qui est replantee en toutes les Prouinces & en toutes les villes, refleurisse en toutes les ames, & que les prticuliers aussi bien que le general, les membres aussi bien que le corps, les parties aussibien que le tout, retombent heureusement en son partage. Mais c'est de vous, ô Seigneur, que nous attendons ce bien; le zele de nostre Prince a replanté la Religion

gion dans les citez, mais il n'appartient qu'à vostre grace à la replanter dans les cœurs; il a faict leuer deuant les yeux des desuoyez, le Soleil de la verité, c'est à vostre misericorde à le faire poindre dans les consciences: il a recouuré vostre domaine, releué vos Autels, reparé vostre bercail, c'est à vostre prouidence à y ramener les brebis esgarees: Nous vous demandons ceste faueur, & cependant viuant en paix & vnion soubs vn mesme Roy, que vous nous auez donné, nous attendrons que vostre bonté toute-puissante nous reünisse tous en vne mesme Eglise, & que la paix & repos des corps donne loisir aux desuoyez de chercher, & retrouuer la lumiere des ames. A ces vœux que nous faisons au Ciel, l'esperance de les

K

voir accomplis semble sousrire, & tant de graces signalees de Dieu, qui rendent illustre & fortuné le regne de nostre Louys, luy promettent encore l'octroy de celle-cy, pour vn dernier comble de bon-heur & de gloire. Car qui ne remarque, s'il n'est aueugle, & qui ne recognoist, s'il n'est ingrat, les visibles merueilles de la Prouidence diuine, pour faire reüssir ses Royales entreprises auec tant de succez, & plus encore d'honneur contre tous les empeschemens, en telle sorte que s'opposer à ses desseins n'est pas arrester, mais auancer leur course? Diroit-on pas que le Ciel ait faict pacte auec luy de renuerser tout ce qui luy resiste, ou que son Royal Genie, qui manie les volontez, force & captiue toutes les attaques soubs son au thorité, tous les perils sous sa prosperité, tous les malheurs soubs sa fortune? Voyons-nous pas aussitost qu'vn orage s'esleue contre luy, que le Ciel luy porte, non côme les Anciens ont dit de Demetrius, les villes prises dans les filets de la fortune, mais les cœurs plus heureusemét sousmis à son obeyssance dans les reths du deuoir & de l'amour? Semble-t'il pas que Dieu ne permet tous les assauts qui le molestent, sinõ pour estre à sa gloire, ce qu'est à la palme le fardeau qui la releue, ou bien à l'or le feu qui le faict reluire? Ie croy que le Ciel amoureux du tiltre de Iuste, où visent ses intentions, & dont desia ses loix, & sa sagesse nous ont donné les premiers fruicts, faict tous ces miracles à la veuë des nations, pour monstrer

Plutarq. en la vie de Demetrius.

à tout le monde que les victoires, les triomphes, l'obeyssance des sujects, la bien-veillance des peuples, & toute sorte de prosperitez accompagnent & couronnent la Iustice. Platon raconte qu'Hypparchus fit grauer sur vne colomne erigee en la place publique ceste belle sentence ; *Vacque à ce qui est iuste*: mais nostre Roy dés son entree à la Coronne la porte empreinte dans le cœur : il en produit le fruict en ses actions; il en recueille l'honneur en la loüange de tous, desia l'histoire luy taille vne colomne plus durable que de marbre & d'airain, pour y laisser grauee deuant les yeux de tous les aages futurs la gloire du nom de Iuste, & le Ciel luy donnant tous ces heureux succez en salaire & recompense, adiouste encor pour

Plato in Hypparch.

l'honorer dauantage, aux Couronnes de la Iustice, les triomphes de la valeur. Marchez glorieusement, ô Fils du Grand Henry, & Nepueu de sainct Louys, sur ces premieres traces de vos iustes desseins, & que desormais ces beaux commencemens vous seruent d'aiguillon, & vous-mesme, à vous-mesme d'exéple. Quelle chose plus Royale, & plus diuine que de mesurer ses conseils, & ses actions? à ce que disoit le Philosophe Romain, *Qu'entre les Elephans, le plus grand conduit les autres: mais qu'entre les hommes le meilleur est le plus grand*, à ce qu'vn autre respondit à ce flateur qui loüoit la grandeur d'vn Prince, *Comment est-il plus grand que moy, s'il n'est plus Iuste?* & qui est dauantage, à ce que le sainct Esprit a dit par la bouche du Sage, *Que celuy qui obserue la*

Seneca.
Elephantorum gregem excelsissimus ducit, inter homines pro summo est optimus.

Qui operatur iustitia

iustice y retrouuera la grandeur & l'exaltation: la iustice est la racine de l'immortalité là haut en la gloire de Dieu, çà bas en la memoire des hommes.

Exaltabitur. Eccles. 20.c.

Scire iustitiam radix est immortalitatis.

Diuision de la Iustice Politique en trois membres & parties, ce que le Politique doit à Dieu, ce qu'il doit à soy-mesme, ce qu'il doit au public.

CHAPITRE V.

IE reprens le fil de ma matiere, & supplie le Lecteur si ceste digression lui a semblé trop longue, de considerer que le sentiment d'vn bien qui nous touche n'est iamais trop long à celuy qui le gouste, ny le discours à celuy qui en parle; & puis discourant

CHRESTIENNES. 151
des biens que la Iustice apporte aux Estats, vn exemple si present aura seruy de confirmation sous tiltre de digression. Descendons maintenant de ceste consideration generale de la Iustice Politique aux deuoirs particuliers d'vne si belle, & si vtile vertu. La Iustice est comme l'herbe à trois fueilles, ou le Trident à trois pointes, ou Gerion à trois testes: car l'homme ayant trois obiects principaux de ses actions, Dieu, soy-mesme, & le prochain, la Iustice l'oblige enuers tous ces trois, d'où naissent & se deriuent trois offices & deuoirs generaux de la Iustice. Derechef ces trois branches qui sortent de ceste racine se diuisent en d'autres petits rameaux, qui produisent les diuers fruicts des deuoirs qu'il faut rendre à Dieu, à soy-mes-

K iiij

me, & aux autres hommes, & cecy differemment suiuant l'obligation differente, qui naist du rang, & de la place que chacun tient en l'ordre de la societé ciuile. Ainsi la Iustice Politique de laquelle nous parlons, produit premierement de sa souche trois grandes branches, qui sont ces trois deuoirs generaux; le deuoir enuers Dieu, le deuoir enuers soy-mesme, le deuoir enuers le public; & puis ces trois branches poussent chacune d'autres petits rameaux, qui sont les deuoirs particuliers enuers chacun de ces trois, ausquels la Iustice oblige le Politique. Le deuoir enuers Dieu en produit deux, la Religion & Pieté, & la droite intention és conseils & actions. Le deuoir enuers soy mesme, deux semblablement, le soing d'vne

CHRESTIENNES.

bonne renommee, & le reglement de ses mœurs; Le deuoir enuers le public en produit quatre, le bon exemple, la sollicitude, la fidelité, & l'amour du bien public; & en cecy sont encloses toutes les autres vertus, tous les deuoirs, & tous les fruicts des actions particulieres qui sortent & decoulent de la Iustice Politique. Nous deduirons tous ces points l'vn apres l'autre en la suitte de ce liure, mais comme ceux qui composans vn bouquet en vn jardin enrichy de diuers parterres, se contentent de cueillir vne fleur en chaque carreau,

De la Religion & pieté, premier devoir de la Iustice Politique qui regarde Dieu.

CHAPITRE VI.

LA Religion est le premier devoir de la Iustice Politique qui regarde Dieu, non seulement pour la raison du philosophe, qu'il n'y a chose qui acquiere plus de creance & d'authorité enuers les hommes aux Princes, & aux Magistrats, que d'estre estimez religieux, aymez & fauorisez de la Diuinité, comme il est manifeste par les exemples de tous ceux qui ont ou fondé, ou policé, ou gouuerné les Republiques; mais principalement, parce que ceux qui tiennent en terre la place de Dieu,

CHRESTIENNES.

J'ay dict vous estes des Dieux, dict l'Esprit de Dieu dans l'Escriture, *Ego dixi Dii estis* sont obligez par vn deuoir plus particulier que le vulgaire des hommes, de recognoistre celuy qu'ils representent. Toutes les eaux viennent de la mer, & y retournent : toute puissance, toute authorité, toute superiorité vient de Dieu, & doit retourner à Dieu: elle vient de Dieu par origine; elle doit retourner à Dieu par hommage ; si le mouuement de la cognoissance & du deuoir, n'a moins de force sur les hommes, que celuy de la Nature, sur les choses inanimees. Nous voyons mesme parmy les hommes, que ceux qui n'ont pas leur dignité d'eux-mesmes, mais la tiennent d'autruy, comme du Prince & du Roy, sont obligez de croistre en humiliation & recognoissance enuers leur Superieur, à mesure qu'ils croissent en grandeur & authorité sur les autres: car s'ils tournoient comme Seian, la beneficence de leur maistre en subiect de mespris, de superbe, & de rebellion, ils tourneroient leur exaltation en occasion de ruine. Ainsi les Grands du monde, qui tiennent leur grandeur non pas de la Nature qui a fait tous les hommes esgaux, mais de la volonté, prouidence & ordonnance de Dieu, qui les a distinguez en diuers rangs, comme ils sont plus tenus à Dieu que tout le reste des hommes, aussi doiuent-ils estre plus humbles, plus recognoissans, & plus religieux enuers Dieu que tous les autres, & plus la grace les esleue, plus le sentiment de leur propre bassesse les doit humilier. Voyons-nous pas que plus vn arbre esleue ses branches vers le Ciel, plus il enfonce ses racines dans la terre? plus vne maison est haute, plus ses fondements sont bas? & la merueille est en ceci, que sa profondeur soustient sa hauteur, sa bassesse affermit sa sublimité, & sa sublimité seroit sa ruine si sa bassesse n'estoit son affermissement. Est-ce pas vne instruction aux Grands du monde, qu'ils doiuent s'abaisser par hommage, Religion & Pieté enuers Dieu, à mesure que Dieu les rehausse en authorité sur les hommes, & que si l'humilité de ceste recognoissance n'est le fondement & le soustien de leur grandeur, leur propre superbe en sera la destruction? Dieu t'abaissera, disoit Daniel au Roy Nabuchodonosor, qui ne vouloit pas reconoistre Dieu, mais plustost se vouloit faire Dieu luy-mesme ; *Dieu t'abaissera iusqu'à tant que tu aprennes que le Tres-haut domine sur le regne des hommes.* Les Anges du plus haut ordre sont les plus obeyssans à Dieu, les plus disposez à faire sa volonté, & ceux qui recognoissent dauantage leur petitesse & sa grandeur, & celuy qui en sa creation estoit le premier de tous, n'est descheu de son rág, que pour estre decheu de ceste humble recognoissance. *Dieu abaisse les superbes, & relève les humbles*, dit l'Escriture. Et de faict si nous regardons en l'histoire tous ces superbes & impies, qui comme Nembroth ont voulu escheler le Ciel, & ietter le fondement de leur grandeur sur l'Atheisme & irreligion, nous trouuerons qu'ils ont tous basty

Dan. c. 4.

des tours de Babel, que Dieu les a tous confondus, & laissé les marques de leur folie en leur confusion, & de son courroux en ses chastimens. Nous verrons en la fin de tous la verité de ceste confession de l'impie Antiochus, que le chastiment de Dieu comme vne torture extorqua de sa bouche criminelle, *Vrayement*, dict-il, *c'est chose iuste de s'assujettir à Dieu, & qu'vn homme mortel ne vueille pas marcher du pair auec Dieu.* Nous remarquerons au contraire, que la Religion des Princes a fait fleurir les Estats, & que leur pieté a maintenu leurs Couronnes. Qui a regné ou plus longuement, ou plus heureusement, ou plus glorieusemént en la Iudee que Dauid, Salomon auant sa preuaricatiō, Ezechias, & Iosias? à Rome que Constantin

Mach. lib. 2. cap. 9.

le Grand ? en Grece que Theodose le Ieune ? en France que Charlemagne & sainct Louys? Ce n'est pas que la Religion & la pieté se propose pour recompense la prosperité temporelle ; le temps est sa course, l'Eternité son but; mais Dieu a voulu monstrer par ces exemples, que suiuant sa promesse, quand on cherche premierement son Royaume, sa Iustice, & l'obseruation de ses loix, le temporel est suradiousté comme par tiltre d'accessoire & de dependance.

Mais ce qui doit encore pousser ceux qui gouuernét les estats à vne plus grāde Religion, & pieté enuers Dieu, que le commun, c'est le besoing qu'ils ont plus que tous les autres de sa lumiere en leurs conseils, de sa conduite en leurs entreprises,

CHRESTIENNES. 161

...treprises, de sa force en leurs executions, & du soing de sa prouidence en leurs rencontres, dangers & difficultez. Combien de fois se trouuent ils engagez en des labyrinthes, d'où la raison humaine, ny la vertu humaine ne sçauroit les deueloper? Et pour lors ils ont besoing d'vn plus haut instinct, d'vne plus haute lumiere, & d'vne vertu heroïque, qu'Aristote mesme, quoy que Payen & Ethnique, a recogneu en ses Ethiques, où il apelle ceste vertu, diuine & surnaturelle, & ceux qui en sont douez hommes diuins. Et en vn autre lieu il dit, que ceux qui se sentent meus par ce diuin instinct ne doiuent pas alors consulter la raison humaine, mais suiure seulement l'inspiration interieure, parce qu'ils sont poussez par vn meil-

Lib. 7. Eth. c. 1.

Lib. 7. Moral. ad Eudem. c. 18.

L

leur, & plus haut principe, que la cognoissance de la raison, & le mouuement de la Nature. Or qui ne void bien que ceux qui administrent les grandes affaires des Estats, & des Republiques, où bien souuent la raison, & la prudence humaine se trouue courte, ont besoing plus que tous les autres hommes, de ces hauts instincts, & de ces diuins mouuemens, que Dieu communique sans doute plus familierement à ceux qu'vne vraye deuotion approche dauantage de luy. La Theologie nous enseigne sur ce suject, que pour disposer les ames à ces mouuemens superieurs, qui produisent les actes genereux des vertus heroïques, Dieu leur imprime certaines habitudes diuines, & dispositions surnaturelles, qu'on appelle dons du sainct

Dia. Thom. 12. quæst. 68

CHRESTIENNES. 163
Esprit: dons qui estans distribuez de Dieu, non tant pour le bien particulier de celuy qui les reçoit, que pour le bien commun, semblent estre reseruez plus particulierement pour ceus qui ont la charge & la conduite des autres, soit spirituelle, soit temporelle. Mais n'est-il pas euident, que ceux qui se rendent plus pieux & religieux enuers la Diuinité, sont des suiects plus disposez à receuoir ces dons surnaturels, necessaires pour les hautes saillies des actions vertueuses? *Sur qui descendra mon Esprit*, dict Dieu par le Prophete, *sinon sur celuy qui s'humilie deuant ma face, & qui craint mes paroles?* La crainte de Dieu, fille de la vraye Pieté, est l'vn de ces dons diuins du sainct Esprit, raportez au nombre de sept par le Prophete Isaye, *Is. 11.*

L iij

crainte qui ne raualle pas les courages, comme disent les libertins, mais pluſtoſt les rehauſſe, & les ſouſmettant à Dieu, les releue ſur tout le monde. Voyons l'hiſtoire, & nous y remarquerons que ceux qui ont eu la Pieté, & la crainte de Dieu engrauee en l'ame, ce ſont ceux qui ont produit les pl⁹ beaux actes, ſoit de force, ſoit de conſtance, ſoit de ſageſſe, ſoit de prudence, ſoit de valeur, ſoit de conſeil, ſoit de guerre, ſoit de paix, & n'ont eſté foibles, qu'en ce que le monde ſe monſtre ſi fort, ſçauoir en l'iniquité. Mais l'iniquité n'eſt pas force, ce n'eſt que foibleſſe, ou de l'entendement que l'erreur aueugle, ou de la volonté que la paſſion emporte, ou de l'appetit que le plaiſir captiue, ou du ſens que le monde deçoit: là où la pieté, & la

crainte de Dieu, armant l'entendement contre le mensonge, la volonté contre la côcupiscence, l'appetit contre les voluptez, le sens
contre les appas, rend vne ame
forte, inuincible, inexpugnable à
toute sorte d'attaques, & propre
pour produire les actions genereu-
ses, & les œuures heroïques.

Outre que la Pieté enuers Dieu
dispose l'ame aux grandes & fortes actions, disposition requise és
Grands hommes d'Estat, elle concilie encore la faueur & l'amitié de
Dieu, pour faire reüssir glorieusement ce qu'ils designent, & surmonter heureusement ce qui
s'oppose. A ce propos nous lisons
en nostre histoire, que le Roy
Philippes Auguste, apres tant de
combats, de victoires, & de triomphes qui l'ont couróné d'vn hon-

L iij

neur immortel, vaquant plus que iamais à la Pieté, à l'exaltation de la Religion, à la fondation, enrichissement & ornement des Eglises, quelques hommes d'Estat luy representerent, comme sous ombre du bien public, que tant de liberalitez espuisoient les finances, & qu'il pourroit exercer auec plus de suject, & auec plus de gloire ceste beneficence, en releuant les pauures familles de ses Soldats & Gentils-hommes, qu'en adioustât à la richesse des Temples & des Autels. Vous vous estonnez doncques, respondit ce sage Roy, de ce que ie fais pour le culte de Dieu, mais si vous sçauiez les perplexitez, & les dangers où nous nous trouuons és batailles, & d'où visiblement la main de Dieu m'a retiré mille fois contre toute raison,

& esperance humaine, luy ayant faict tant pour le salut de ma personne, & pour la gloire de mon Estat, vous ne trouueriez pas de l'excez, mais plustost du defaut en ce que ie fais pour son seruice. I'allegue ceste sage responce d'vn Roy, qui auoit appris ceste verité par experience, pour monstrer que si les Grands & ceux qui administrent les Estats & les Empires, consideroient le besoing continuel qu'ils ont de la faueur, & assistance particuliere de Dieu, parmy tát de trauerses, empeschemens, & difficultez, qui se rencontrent és grandes affaires, ils seroient encore plus pieux & religieux enuers Dieu, que quelques-vns ne font paroistre assez souuent.

Des deuoirs ou fruicts particuliers de la Religion & Pieté du Politique.

CHAPITRE VII.

MAis parce que la Religion ne doit pas estre sans bonnes œuures, ny la Pieté vn arbre sans fruicts, les fruicts de la Pieté du Politique sont; le zele pour le culte de Dieu, l'obeyssance à ses loix, la reuerence à ses mysteres, le respect à ses Ministres, la soufmission à son Eglise. Dieu a mis au Ciel, disoit vn sainct Pere, deux grandes lumieres, le Soleil & la Lune, & en la terre deux puissances souueraines, la Spirituelle & la Temporelle; mais tout ainsi qu'au Ciel, la Lune prend sa lumiere du

Soleil, ainsi en terre le Temporel doit prendre du Spirituel, la lumiere de la vraye Sapience, necessaire pour sa conduite. La loy de Dieu, que l'Eglise propose & explique, doit regler le siecle, la lumiere de Dieu que ce Soleil dispense, le doit illuminer. Il s'esgare s'il ne suit ceste lumiere, & il perd ceste lumiere, s'il tourne le dos à ce Soleil.

De la droicture de l'intention, qui est l'autre deuoir de la Iustice Politique qui regarde Dieu.

Chapitre VIII.

LA droicture de l'intention és conseils & actions, est l'autre deuoir de la Iustice du Politique enuers Dieu. Car c'est vne qualité requise en toute action iuste & honneste, comme la forme qui donne l'estre à l'honnesteté morale; mais l'intention ne peut estre droite que par le raport de l'action à la vraye fin de l'homme, qui est Dieu, si bien que l'action ne peut estre iuste, si elle ne tend à Dieu, ou par l'intention du cœur, ou pour le moins par la nature de l'œuure, qui se raporte d'elle-mesme à Dieu, par la bonté de l'obiect qu'elle regarde. Et en ce sens toutes les belles actions, mesme des Payens, & des Infidelles, faictes pour l'honnesteté de la vertu, non pour la vanité, profit, vengeance ou autre vicieuse & dereglee affection, se raportent à Dieu d'elles mesmes, quoy que l'homme n'y pense pas; voire c'est l'opinion des plus sçauans Theologiens, qu'elles appartiennent par leur condition à la recompense eternelle, quoy que l'empeschement de l'infidelité les en fasse decheoir : Car tout ce qui est faict purement pour la fin de la vertu, est bon; tout ce qui est bon, est agreable à Dieu, tout ce qui est agreable à Dieu, est conforme à sa volonté, ou reuelée à nous par sa loy, ou grauee en nous par la Nature: tout ce qui est conforme à sa volonté, appartient à la vie eternelle, puis que l'Escriture dit; *Que la vie se trouue en l'obseruation de sa volonté*: mais tout ce qui appartient à la vie eternelle, ne vaut pas pour l'acquisition d'icelle, si la foy, la charité, la grace, & toutes les qualitez necessaires ne l'accompagnent. Qui ne sçait que la foy d'vn Chrestien qui meurt hors la grace, est vne chose appartenante par sa Nature, à la vie eternelle : & toutefois à raison du peché, quoy qu'elle y appartienne, elle n'y arriue pas, comme l'enfant qui dechoit de l'heritage du pere auquel il appartient, lors que le droit acquis par sa naissance deuient inutile par son defaut. Ainsi toutes les bonnes actions morales ont droit par leur nature à l'heritage de la felicité celeste, qui est la derniere fin de l'hôme ; mais elles en dechoient par leur vice, quád l'infidelité ou le peché rend leur droit inutile. Et cecy suffit pour monstrer que toutes les actions faictes purement pour la fin de la vertu, soit particulieres, soit œconomiques, soit politiques, visent & vont droit à Dieu, quoy que l'homme ne songe pas à les raporer à ceste fin. Ce fondement posé, ie dis que l'action politique pour estre iuste & honneste, doit auoir vne intention droite, & qui se raporte à Dieu, sinon par la pensee & visee expresse de l'ame, au moins par la qualité de l'object bon & legitime. Or l'object est bon quand il est conforme ou à la raison naturelle qui est la loy non escrite, ou à la loy diuine, qui est la raison escrite, ou à la loy humaine iuste, & non contraire à Dieu, & à la nature, qui est la raison expliquee, estendue & deuelopee, & proposee par ceux qui ont l'authorité, pour seruir de regle à toutes les actions particulieres. Toute maxime, consultation, & action qui n'est proportionnee, & adiustee à l'vne de ces trois regles cy, ne peut regarder que le plaisir, ou le profit, ou l'ambition, ou quelque autre paſſion deſordonnee, obiects illegitimes, qui ne peuuent imprimer en l'acte moral que l'iniuſtice, & la des-honneſteté. Tout cecy fait toucher au doigt, que c'eſt vn deuoir de la Iuſtice Politique qui regarde Dieu, de conformer par vne droite intention ſes propoſitions, ſes conſeils, & ſes faits, ou à la raiſon naturelle, ou à la loy diuine, ou à la loy humaine iuſte, & par ce moyen faire viſer l'Eſtat à Dieu, qui eſt la commune fin, & de l'Egliſe & de l'Eſtat, & du Spirituel & du Temporel, & de l'ame & du corps. Et certes puis que la Iuſtice veut qu'on rende à chacun ce qui eſt ſien, les Eſtats temporels eſtans de l'inſtitution, & du domaine de Dieu, la Iuſtice commande qu'vne adminiſtration conforme à ſa voonté les raporte à sa gloire. C'est là que tout doit viser, mesmement parmy les Chrestiens qui recognoissent d'où ils viennent, où ils sont, & où ils tendent, leur origine, leur estat, & leur fin. Tout le monde est faict pour l'homme, l'homme est faict pour Dieu, & quoy qu'il ait deux parties diuerses, l'ame & le corps; deux mouuemens diuers, celuy de la raison, & celuy de l'appetit, & en suitte deux Estats differends, le Spirituel & les Téporel, si est-ce qu'il n'a qu'vne seule derniere fin, qui est la ioüyssance de la Diuinité. Partant il est obligé de faire viser tout à Dieu, & ame & corps, & raison, & appetit, & Spirituel & Temporel, comme le Prophete Daniel, qui disoit à Dieu, *Et mon ame, & ma chair, ont soif de vous.* Tout ce qui est en moy aspire à vous, ô Dieu, mon ame, & ses puissances, ma chair & ses dependances; ces deux parties qui composent mon tout, quoy que diuerses en nature, s'vnissent en affection, & n'ayans qu'vne mesme fin, n'ont qu'vn mesme desir, qui faict tendre à vn mesme centre leurs diuers mouuemens. Voyla comme non seulement l'ame, mais aussi la chair doit tendre à Dieu, qui est la derniere fin, & sera la couronne de l'vne & de l'autre, lors qu'apres la resurrection l'ame bien-heureuse par la vision de Dieu, rendra le corps bien-heureux par la redondance de sa beatitude, si bien que l'vne & l'autre iouyront de Dieu, l'ame par la vision, le corps à sa façon, par vn sentiment de ces douceurs, l'ame par l'vnion, la chair par vn droit de societé, ciété, l'ame par l'entremise de la lumiere de gloire, la chair par la communication de la gloire de l'ame. Que si Dieu est la fin, la couronne & le souuerain bien, non seulement de l'ame, mais encore du corps, & si ces deux parties qui composent l'homme doiuent egalement viser à Dieu, faut-il pas que la puissance politique qui a charge de diriger ce qui touche le corps, se propose Dieu pour obiect & pour fin, aussi bien que la puissance Spirituelle, qui regle ce qui regarde l'ame? Si la chair fait perdre l'homme, l'esprit le garentira-t'il? Le Temporel le faict decheoir de Dieu, le Spirituel qui le veut conduire à Dieu, se verra-t'il pas frustré de sa fin desiree? Si perdre d'vn costé, c'est se perdre de tous les deus, puis-que l'ame suit le

M

corps, l'vne partie l'autre, & le tout les parties.

Du soing de la bonne renommee, qui est le premier deuoir de la Iustice du Politique enuers soy-mesme.

CHAPITRE IX.

APres auoir rendu à Dieu la droicte intention, on doit à soy-mesme le soing d'vne bonne renommee, qui est autant necessaire au Magistrat pour profiter au public, comme au Soleil la communication de sa lumiere pour éclairer le monde. Moyse au Deuteronome requeroit ceste qualité en ceux qu'il vouloit establir sur le peuple, & ce point depend de l'autre : car comme le corps qui est droit, produit vn ombre droit, &

Cap. 2. Deut.

CHRESTIENNES. 179
[corp]s tortueux vne ombre tor-
[tu]e, ainsi d'ordinaire la con-
[scie]nce qui est bonne iette l'ombre
[d'v]ne bonne reputation, la mau-
[u]aise l'ombre d'vn mauuais re-
[n]om; & quoy que l'intention estât
[e]n secret du cœur ne sorte pas en
veuë deuant les yeux des hommes, elle iette pourtant au dehors
comme vne racine cachee les
[fru]icts des actions qui font reco-
[gno]istre l'arbre, *vous les cognoistrez*
[à] leurs fruicts, disoit la Verité. Ce
[n'a] esté mal à propos que les
[anci]ens ont comparé la Vertu au
[corps] & la bonne renommee à
[l'ombre] qui suit le corps. Car com-
[me le c]orps esclairé de la lumiere
[fait l'o]mbre, qui se peut appeller
[fille de] la lumiere & du corps, de la
[lumiere] qui la cause rencontrant
[le corps], & du corps qui la pro-
M iij

duit, battu de la lumiere. Ainsi la Vertu esclairee de la cognoissance publique, produit la reputation, qu'on peut nommer fille de la cognoissance & de la Vertu: de la cognoissance qui voyant la Vertu, la cognoist, & de la Vertu qui rencontree par la cognoissance, l'enfante, si bien que comme l'ombre est vne production du corps esclairé, ainsi l'honneur est vn enfant de la Vertu cogneuë. Mais il arriue que le matin la lumiere donnant de loing sur le corps, l'ombre le precede, sur le midy le battant à plomb, l'ombre l'accompagne, sur le soir le laissant derriere l'ombre le suit: de mesme és celebres personnages, la premiere veuë de leur vertu naissante, cómence de bonne heure à ietter deuant eux la reputation qui les deuance, & leur applanit le chemin aux grandes actions, au milieu de leur course, exposez à plób aux yeux des hommes; la gloire marche à leur costé, & puis sur le declin la cognoissance certaine qu'ils ont donné de leur probité, va deuant eux comme vn clair Soleil leur preparer en la memoire eternelle des aages futurs, vne renommee qui les suiura sans fin. Voyez tous les Anciens qui ont paru sur le theatre des plus fameux Estats; l'honneur les a precedez en leur entree, accompagnez en leur course, & suiuis apres leur mort; l'honneur a esté le Heraut qui marchant deuant eux leur a ouuert le chemin aux grandes affaires, l'honneur a esté leur escorte inseparable en l'exercice de leurs celebres faicts, l'honneur est encore apres leur trespas leur immortelle couronne. Et c'est vn traict de la prouidence de Dieu, en la conduite des Estats de la terre, de gouuerner tellement ceux qu'il veut choisir pour instrumens de ses faueurs, & du salut des Empires, qu'il fait paroistre de bonne heure la gloire de leur vertu, parmy les tenebres des siecles plus corrompus, les met en credit parmy le desordre, les esleue parmy l'ingratitude, les maintient parmy les enuies, les illustre parmy les calomnies, leur donnant cét honneur, non pour suject d'ambition, & de vanité, mais pour occasion, & obligation d'employer la vertu authorisee pour l'vtilité publicque; & apres qu'ils se sont monstrez dignes cooperateurs de sa prouidence en vn si grand ouurage, il conserue à amais viuante la memoire de leur nom, afin que leurs vertus ayant seruy à leur aage, leurs exemples seruent à tous les aages futurs. Doncques la bonne renommee est l'ombre inseparable de la vertu des personnes publiques; & comme les Mathematiciens mesurent la hauteur du corps par la longeur de l'ombre, & que les Anciens ont descouuert à l'estenduë de l'ombre du mont Athos, la sublimité de sa croupe eminente, ainsi on ne se trompe gueres souuent de prendre la mesure de la vertu de ceux qui paroissent au iour, de la mesure de leur reputation. Car c'est vne maxime verifiee par l'experience, que le peuple qui suit le flus de l'inclination naturelle, est plus suject à blasmer, qu'à loüer, & s'il se trompe au iugement qu'il donne de ceux qui le regiſſent, il ſe porte pluſtoſt aux accuſations temeraires, qu'aux vaines loüanges. L'ombre d'vn ſeul vice ſuffit pour acquerir ſon blaſme, mille vertus ſont neceſſaires pour auoir ſon approbation; les defauts ſont cogneus de tous, les perfections de peu, on deſcouure pluſtoſt en Dieu ce qu'il n'eſt pas, que ce qu'il eſt, & les defauts qui ne peuuent luy conuenir, ſe preſentent pluſtoſt à nos eſprits que les perfections qui luy conuiennent; on remarquoit vn petit manquement és tableaux qu'Apelles expoſoit en public, & on n'y voyoit pas mille traicts excellens; La petite ſtature de Philopœmen le rendoit contemptible, & la grandeur de ſon courage ne paroiſſoit pas; Vne heure d'eclypſe fait plus regarder le Soleil, que mille iours de lumiere, tout le monde regarde le Soleil eclypsé, & il ne s'est trouué iamais qu'vn seul Eudoxus, qui ait perdu la veuë, pour se plaire à contempler fixement ses rayons ; les soldats qui suiuoient le triomphe de Cesar, publioient ses vices, & taisoient ses victoires ; bref és personnes publiques vne seule imperfection entre mille belles qualitez est suffisante pour prouoquer les morsures des langues, comme il ne faut qu'vn seul vlcere en vn cors bien sain, pour attirer les piqueures des mouches. Tellement que l'espreuue la plus certaine d'vne vertu qui paroist en public, c'est la bonne reputation & l'approbation commune du peuple, d'autant moins suspect quand il loüe, qu'il est plus enclin à reprendre, & que la nature, & la couſtume le portant à la mediſance, il faut vn bien grand ſujet pour le porter à la loüange. La voix du peuple eſt bien fautiue en ce qui touche la cognoiſſance des veritez qu'il faut ſuiure, & l'election des biens qu'il faut aymer, dautant que le ſens, & non la raiſon, eſt la regle de ſes arreſts, & icy ceſte ſentence eſt veritable, *Que la plus grande voix eſt la pire*; mais en l'aprobation ou reprobation, blaſme, ou loüange des perſonnes publicques, l'experience a preſque touſiours verifié ceſte maxime contraire, *Que la voix du peuple eſt la voix de Dieu*. Et c'eſt la merueille que ce qui la faict errer en l'autre point, le fait rencontrer en ceſtuy-cy, & le ſens qui le trompe au iugement des veritez vniuerſelles, le garde de se meprendre si facilement en l'aprobation des actions particulieres, parce que deuant qu'il aprouue vne action, & sur tout vne action publique qui le concerne, comme bonne & iuste, il faut que le bien y soit si clair, si euident, & si palpable, qu'il se fasse comme sentir par son vtilité, & se descouure par sa propre lumiere. Les esprits formez qui iugent par maximes voyent incontinent de loing le bien d'vne action publique, le peuple grossier qui ne iuge que par les sens ne le void que lors que l'experience l'a rendu si manifeste qu'il est indubitable, il ne sçait dōner la loüange, que lors qu'il gouste le fruict, d'où vient que d'ordinaire en ce point, la voix commune est vn Oracle. Outre que la cognoissance de ce qui est digne d'honneur est generale à tous, & bien souuent plus clair en ceux esquels l'artifice n'a pas gasté la nature, & qui ne sçauans pas colorer le mal par les raisons, pretextes & apparences du bien, ne peuuent admettre, & approuuer le bien qu'en la pureté, & naïfueté de sa grace naturelle. Et puis Dieu prononce bien souuent ses iugemens par la bouche du peuple, l'Asnesse de Baalam parle, & Dieu luy inspire la parole, les enfans de la mammelle desnoüent le lien de leur langue beguayante pour loüer les hommes vertueux, & c'est Dieu qui se sert mesme des enfans pour mettre leur los à perfection, ils prestent la langue, Dieu leur donne le mouuement, le suffrage est de la terre, mais la sentence est du Ciel. Tout cecy faict

que la voix commune du peuple,
en la loüange & recommandation des hommes celebres, ne s'e-
gare pas facilement de la verité. Et
sur tout, quand c'est vne voix non
seulement commune & vniuerselle, mais encore constante, ferme & perseuerante. Car d'estre
approuué du peuple durant quelque temps, & en la fougue passa-
gere de quelque plausible action,
c'est vne temerité de la fortune
plustost qu'vne preuue du merite,
c'est vn opprobre plustost qu'vne
gloire, puis que cela peut bien arriuer aux plus mechans, aux sedi-
tieux, aux Saturnins, aux Gracches:
mais d'estre recommandé par les
suffrages communs longuement,
& auec perseuerance, ne peut estre
que iustement & auec raison. Phocion mesme, & Aristide n'ont pas

eu ce priuilege, ny plusieurs autres, ausquels si la vertu n'a pas defailly, le bon-heur a manqué. Et certes pour conseruer long-temps vne reputation inuiolable parmy tant d'affections, opinions, iugemens, passions, mouuemens, interests diuers, parmy tant de rencontres, affaires, difficultez, faueurs, disgraces, changemens, vicissitudes, & reuolutions du monde, ie ne sçay s'il y faut ou plus d'integrité, ou plus de prudence, ou plus de bon-heur, ou pour mieux dire de tous les trois egalement. L'or est bien fin qui souffre ceste touche, la liqueur bien espuree qui coule par cet alambic, l'enfant digne de Sparte qui ce vinaigre espreuue; le part bien legitime qui nage sur ce Rosne, la palme bien forte qui ne ploye sous ce faix, l'Alphee vnique & singuliere, qui conserue la douceur de ses eaux au trauers des flots salez de ceste mer, & le nom heureux, & bien fortuné qui peut passer par tant de iugemens sans estre interessé, & par tant de bouches sans demeurer terny.

De l'obligation de conseruer la bonne renommee, pour profiter au public.

CHAPITRE X.

CEste consideration generale de la reputation qui accompagne la vertu des personnes publiques, m'ouure le chemin à parler plus particulierement de tout ce qui regarde ce suject, & premierement de l'obligation que

ceux qui veulent profiter au public ont de tascher d'acquerir, & de conseruer ceste bonne renommee. La bonne renomme ne rend pas la vertu plus grande, mais la rend plus illustre, elle ne luy donne pas plus de perfection, mais plus d'esclat : & comme la lumiere du Soleil n'adiouste rien à la beauté de l'Vniuers, mais seulement la manifeste, & la met au iour, ainsi l'honneur est vne lumiere qui n'augmente pas, mais descouure la beauté de la vertu, la loüange n'accroist pas mais declare le merite. Or il ne suffit pas à l'homme qui est né pour la societé, d'estre bon en soy-mesme, s'il ne paroist bon au dehors, & s'il n'est recognu pour bon, non tant pour sa gloire priuee, que pour le bien du commun, & si content du
tesmoignage

témoignage de sa propre conscience, il neglige celuy de la renommee, il est iniuste enuers soy-mesme, se priuant de l'honneur qui est deu à la vertu, plus iniuste enuers les autres, les priuant du fruict du bon exemple qu'il leur doit. Car c'est vn autre fruict de l'honneur, que rendant la vertu plus illustre, il la rend plus ytile, & à mesure qu'il la fait cognoistre, il fait profiter, la loüange qu'il en pand estant comme vne sainte semence, qui fait germer dans le cœur, ou le secret reproche du vice contraire, ou le desir d'vne semblable vertu. C'est aussi la Nature du bien de se rendre plus vtile, plus il est respandu, d'où vient que toutes choses ont naturellement ou la semence pour communiquer par la production de

N

leurs semblables ce qu'elles ont de bon, ou l'inclination à se respandre pour le communiquer. Le sel n'a la saueur que pour la donner, le musc la senteur que pour en faire part, le Soleil la lumiere que pour la rendre commune: tout ce qui a quelque perfection capable d'estre communiquée est né pour autruy, la vertu seule seroit-elle pour soy-mesme ? seroit-elle seule au monde, ou si enuieuse que de cacher sa bonté, ou si particuliere que d'en priuer le public? Si elle cache ce qu'elle a de bon par enuie, elle est criminelle ; si par negligence, elle est vicieuse; si pour fuyr le danger de la vanité, trop de preuoyance la rend craintiue, & trop de crainte blasmable. Il faut bien qu'elle euite son dommage, mais non pourtant qu'elle bandonne son deuoir. La vertu porte auec soy l'obligation attachee de profiter au public, & le public a droit de luy demander ceste debte, qu'elle ne peut acquiter sans tascher d'acquerir & conseruer vne bonne renommee, en produisant au iour pour l'edification, non pour la vanité, ses belles & loüables actions: *Que les hommes voyent vos bonnes œuures*, dit le mot sacré. C'est pourquoy plusieurs doctes Theologiens ont estimé encore que chaque particulier [n'est] maistre absolu de son bien, [pour] le donner ou le despenser, si [est-ce] qu'il n'est pas maistre absolu [de sa] renommee, mais seulement [garde] & dispensateur fidelle. Il [en] doit au public la conseruation, [s'il la] neglige pour soy-mesme, & quand bien il en seroit maistre, si

N ij

est-ce pourtant que les Iurifconfultes difent, que c'eſt l'intereſt de la Republique que les particuliers n'abufent pas de leur bien, combien dauantage qu'ils n'abufent pas de leur renommee ? Que fi la bonne renommee des perfonnes priuees eſt l'intereſt public, que dirons-nous de celle des perfonnes publiques, & de ceux qui releuez ſur le throſne des honneurs, ſont obligez de rendre leur vertu d'autant plus illuſtre, qu'elle eſt plus en veuë, d'autant plus vtile, qu'elle doit profiter à tous?

Que le rang & la dignité oblige particulierement les perſonnes publiques à conſeruer leur reputation, comme au monde, & en l'homme petit monde, les parties qui tiennent

Le rang qu'ils tiennent leur montre aſſez quels ils doiuent eſtre, & quels ils doiuent paroiſtre: Voyons-nous pas que tout ce qui eſt ou plus haut, ou plus en veuë en l'Vniuers, a plus d'eſclat, & de majeſté que le reſte, ſi bien qu'on diroit que la Nature ait voulu departir aux choses ou la beauté à mesure du rang, ou le rang à proportion de la beauté? Les corps celestes qui sont releuez pardessus tout, comme au faiste & au pinacle de ce beau Temple du monde, ont-ils pas aussi plus de splendeur que tout le reste des corps, & semble-t'il pas que la clarté qu'ils ont les rende dignes de la place qu'ils tiennent? Entre les corps elementaires, le feu, qui occupe le lieu plus haut, est-il pas le plus pur, & la terre qui est au plus bas, cede-t'elle pas à tous les autres en beauté cóme en rang? En l'ordre, & disposition des membres qui composent auec tant de bienseance, le corps de l'homme, la face qui est la plus eminente est-elle pas accompagnee de plus de graces, ornee de

le lieu plus eminent, ont plus d'esclat & de beauté que les autres.

plus d'attraits, animee de plus viues couleurs; & les yeux colloquez au plus haut de la face, comme les Astres au ciel de ce petit monde, monstrent-ils pas en leur excellence, qui surpasse toutes les autres parties, la Iustice que la Nature obserue en la distribution des rangs? Sont-ce pas des instructions secretes que la Nature faict à ceux qui tiennent les plus hauts degrez entre les hommes, de releuer par leur bonne renommee la lumiere de leur vertu, à l'egal de leur rang, & se monstrer les plus dignes d'honneur, comme il importe qu'ils soient les plus honorez, puis qu'ils sont la face, & les yeux du corps de l'Estat, les Cieux, & les Soleils de la Republique? Quand la terre paroist plus claire que les Cieux, & les pieds plus beaux que la face, est-ce pas vn prodige en la Nature, vn monstre en la raison vn desordre en la police?

Outre le rang qu'ils tiennent, le seruice qu'ils doiuent au public les oblige au soing, & conseruation de leur renommee, sans laquelle toutes leurs actions estans sans creance, seront sans vtilité, & tous leurs auis semblables aux Oracles de Cassandre, sifflez & reiettez, quoy que bons & veritables. Car comme la monnoye qui n'est pas marquee d'vn legitime coing, ne passe pas au cõmerce, quoy qu'elle soit de bon or, ou de bon argent, ainsi les actions & les paroles qui ne portent la marque d'vne bonne reputation, ne rencontrent pas l'adueu des hommes, lors mesme qu'elles sont iustes, & pourroient estre vtiles. La matiere est bonne,

Que la bonne renommee est necessaire aux personnes publiques pour autoriser leur dignité & leur vertu.

N iiij

mais le coing est reprouué. La verité perd sa grace, & son poids en la bouche de ceux qu'on soupçonne du vice de menterie, & les actions mesmes vertueuses ne sont pas volontiers receuës venant de ceux dont l'innocence est douteuse. On a tousiours peur, comme des presens que font les ennemis, ou qu'ils se trompent, ou qu'ils vueillent tromper. On ne croit pas, comme dit la fable, que le Renard vueille conseiller vtilement, ou que le Loup puisse bien faire, la peau est suspecte si le conseil est bon. Qui ne sçait qu'en vne ancienne Republique on ne voulut iamais receuoir vne bonne loy que proposoit vn homme suspect, sans auoir faict plustost proposer la mesme loy par vn homme d'integrité cognuë: tant le soupçon enerue, & la bonne estime maintient la creance. Et non seulement le defaut de la bonne renommee engendre le soubçon, mais encore le mespris qui ruine entierement l'authorité, & auec l'authorité tout le fruict des plus sages conseils, & des plus belles actions. L'opinion gouuerne tout au monde, & met le prix à toutes choses, voire aux hommes, & à la vertu mesme : elle estend son Empire, ou si vous voulez, vsurpation sur les choses plus sacrees, & la vertu, ceste genereuse qui se vante de tirer son prix d'elle mesme, se void contrainte, si elle veut de l'authorité, d'en mandier de l'opinion : Si elle se contente de sa propre conscience, il faut qu'elle se contienne dans sa propre maison : mais si elle veut paroistre au iour, & se rendre vtile aux hom-

mes, il faut qu'elle ait deux tef-
moings pour estre receuë, & qu'au
tefmoignage priué de la confcien-
ce elle adioufte le fuffrage de l'efti-
me publique.

*Des moyens d'acquerir & conferuer la
bonne renommee.*

CHAPITRE XI.

OR pour acquerir & conferuer cefte bonne renommee fi neceffaire pour maintenir l'autho-rité de la vertu, & la dignité de la charge, le moyen le plus affeuré, c'eft ce que difoit le Roy Agefi-laus, dire ce qui eft bon, & faire ce qui eft honnefte, qui eft en vn mot fe monftrer irreprehenfible en fes confeils, & en fes faits. Si tu veux bien ouyr, apprends à bien

parler, & à mieux faire, dit Epicte *Le r. moyen, en*
dans Stobee. D'où Socrate don- *euitant*
noit ceste briefue instruction aux *le mal.*
Magistrats: pour acquerir la bonne renommee, c'est de tascher d'estre ce qu'on veut paroistre. Car & les mines d'or, & les sources d'eau cachees enuoyent tousiours quelques marques qui les descourent sur la surfasse de la terre, celles-là de petits grains d'or, celles-cy la fraischeur & l'humidité : & semblablement la vraye vertu grauee en vne ame, iette tousjours au dehors des signes euidens de sa presence, & comme des esclats de sa lumiere. La feintise peut contrefaire la verité, mais non iamais l'imiter, & moins encore luy ressembler parfaitement ; le Singe porte quelques traits du visage de l'homme, mais on le co-

gnoist tousiours pour Singe; les raisins peints de cest Ancien auoiét la forme, & la couleur des vrays raisins, mais ils ne deceuoient que les oyseaux; la vache feinte de Myron ne trompoit que les bœufs; les pommes de Sodome trompent l'œil qui les regarde, mais non la main qui les touche; l'or faux peut imposer à la veuë, mais non pas à la coupelle; les apparences, & les pretextes ont beau desguiser le vice, les faits le manifestent, la renommee le publie, & si Mydas a les oreilles d'Asne, il a beau les cacher, il a beau fermer la bouche aux hommes, les roseaux & les cannes qui n'ont aucuns yeux pour le voir, auront vne langue pour le diuulguer. Il n'y a rien si caché qui ne sorte au iour, dit le mot sacré.

CHRESTIENNES.

La renommee, & sur tout celle des hommes releuez en honneur, est vne chose delicate, & de la nature des fleurs, qui perdent leur odeur, & leur grace, si on les touche seulement, & partant il la faut preseruer non seulement du blasme en euitant le mal, mais encore du soubçon en fuyant tout ce qui peut auoir ombre de mal: le blasme efface l'honneur, le soupçon le flestrit, & quoy qu'apres la defiance, la vertu demeure entiere, l'authorité de la vertu reste blessee. Et comme le Soleil eclypsé par l'opposition du corps opaque de la Lune, demeure clair en soy-mesme, mais tenebreux pour nous, ainsi la vertu qui s'eclypse par le rencontre mal-heureux du soupçon, & de la deffiance publique, quoy qu'elle soit tousiours

2. En euitant le soupçon du mal.

claire & luisante en elle mesme, si est-ce qu'elle deuient obscure, & inutile pour les autres.

3. En produisant au iour les œuures de la vertu.

Quitter vn terme n'est pas encore toucher l'autre, fuyr le mal, c'est n'estre pas mauuais, mais ce n'est pas incontinent estre bon? La vertu, dit le Philosophe, tend à l'operation; Euiter le blasme, c'est n'estre pas reprochable, mais ce n'est pas incontinent estre recommandable, la loüange n'est deuë qu'aux actions vertueuses; mais fuyr le vice, & pratiquer la vertu, euiter le reproche, & meriter la gloire, c'est la perfection. C'est de là que rejallit l'esclat d'vne belle & solide renommee. Les hommes ne peuuent loüer que ce qu'ils prisent, ny priser que ce qu'ils cognoissent, ny cognoistre que ce qu'ils decouurent. La vertu ne paroist pas, elle est cachee en l'ame, mais la reputation que ses œuures produisent en l'opinion des hommes est vne lumiere qui la fait voir & reuerer. Aussi disent les Astrologues, qu'on ne void pas le Soleil, mais sa lumiere seulemét: & les Philosophes, qu'on ne cognoist la presence des substances spirituelles que par leur action. La bonne odeur descouure le musc, & la bonne œuure la vertu. On ne void pas ny Dieu, ny l'Ange, ny l'ame, ny le vent; mais on cognoist la presence de Dieu au monde, de l'Ange au lieu, de l'ame au corps, du vent en l'air par leurs effects, de Dieu par sa prouidence, de l'Ange par ses merueilles, de l'ame par ses discours, du vent par son haleine. Veux-tu qu'on louë ta vertu? fay qu'on la voye ; veux-tu qu'on la voye ? fay qu'elle opere, montre ses œuures ; on cognoistra sa presence; donne ses fruicts, on lui rendra sa loüange. Comment veux-tu qu'on croye que tu la possedes, si tu ne la produis, ou qu'elle ayt en toy de vie, si elle n'a d'operation? Elle ne peut estre sás viure, ny viure sans operer. L'habitude, dict le Philosophe, est en la puissance, la vertu gist en l'action. La vertu ne peut estre oyseuse, si elle est oyseuse, elle meurt, si elle meurt, elle n'est plus; le feu cesse d'estre, quand il cesse de brusler; la source tarit, quand elle ne coule plus, l'arbre meurt, quand il ne pousse plus de fueilles, le Crocodille, dit-on, acheue de viure, quand il acheue de croistre ; le cœur perd la vie, aussi tost que le mouuement; la vie de

toutes

toutes les choses viuantes finit auec leur operation: ainsi la vertu qui n'opere plus, n'est plus, ou bientost ne sera plus, elle est morte, ou elle tend à la mort, sa vigueur est esteinte auec son action; & son habitude oyseuse, languissante & mourante demeure seulement.

Du reglement de sa vie & de ses mœurs, qui est l'autre chef de la Iustice Politique enuers soy-mesme.

CHAPITRE XII.

LEs actiós doncques vertueuses sont necessaires, & pour conseruer la vertu, & pour produire l'honneur, & la loüange, qui est sa lumiere, & son esclat.

O

Et icy peuuent entrer, voire doiuent entrer toutes les vertus non seulement Politiques, mais encore celles qu'on apelle vertus d'vn homme priué, comme la temperance, la chasteté, la sobrieté, l'humilité, la modestie, la benignité, & autres qui reiglent les mœurs & la vie de celuy qui les possede, qui ne sont pas necessaires au Magistrat precisément comme Magistrat, mais bien comme homme, & plus encore comme Chrestien: Voire comme Magistrat il doit les posseder en vn degré plus haut que le commun, puis qu'en vne personne choisie rien ne doit estre vulgaire, mais tout choisi, tout releué, tout proportionné à la place qu'il tient. L'homme comme du costé du corps participe des elemens auec les bestes, & les plantes, mais d'vne façon plus excellente, & proportionnee à la dignité de la Nature raisonnable, qui le releue sur tout le reste des choses corporelles. Ainsi les vertus communes au populaire doiuent estre és Princes & Magistrats en vn degré plus eminent: Car estans instituez non seulement pour maintenir la paix entre les hommes, mais encore les bonnes mœurs, ils leur doiuent pour l'vn la vigilance & la conduite, pour l'autre l'exemple & la vie. Si la paix que les hommes cherchent en la societé, n'est ordonnee & raportee qu'à les faire viure vertueusement, & selon les loix de la droicte raison, il semble que ceux qui les regissent ne leur sont pas tant redeuables de la bonne conduite pour les faire viure en

O ij

paix, comme du bon exemple pour les faire bien viure. L'vn n'est que le moyen, l'autre est la fin : & c'est pourquoy non seulement les vertus Politiques, mais encore toutes les autres vertus sont tres-necessaires aux Magistrats, mesme par les loix des Payens, & par les decrets de la sagesse humaine. Qui ne sçait la loy de Carthage, qui leur commandoit vne telle temperance, que mesme elle les obligeoit à s'abstenir du vin? Qui ne sçait que les loix Romaines, qui enjoignoiét si estroitement la chasteté aux Senateurs, & autres releuez en honneurs, que la priuation de leurs dignitez estoit la peine de leur impudicité? Qui ne sçait que Quintus Curtius de maison illustre fut degradé pour ses adulteres, du Senat par les Censeurs, & que Lucius

Salust. in coniurat. Catil.

Sulpitius de maison Consulaire, pour vn petit soupçon d'incontinence fut non seulement demis de sa dignité, mais encor ietté dans les liens? Qui ne sçait ce que disoit cet ancien Chancelier de Thierry Roy des Goths: *Que la pourpre ne peut estre teinte que par des mains pucelles?* ce qui monstre assez qu'elle ne veut estre portee que par des personnes pudiques. Qui ne sçait ce que le mesme Roy Thierry escriuoit à vn personnage qu'il establissoit pour Iuge, *Sois*, disoit-il, *le Temple de l'Innocence, le Sanctuaire de la Temperance, l'Autel de la Iustice: Que toute chose prophane soit eslognee d'vne charge si saincte.* Sous vn Prince Religieux la Magistrature doit estre comme vn Sacerdoce. I'allegue cecy non pour enfler le papier, mais pour confirmer ma pro-

Portius lib. Declam. in Catilinam. 1.

Cassiod.ep. 2.li.1.Var.

Cassiod.ep. 12.li. 1.Var.

O iij

position, que mesme les loix humaines sans parler de l'obligation Chrestienne & diuine, qui est bien plus parfaite, & plus estroitte en cét endroit, desirent en ceux qui gouuernent outre les vertus necessaires pour bien regir celles qui sont requises pour bien viure. Ainsi comment peut-on attendre le reiglement de celuy qui vit en desordre, la conduite de celuy qui ne sçait pas se conduire, & la discipline publique de celuy qui laisse commander les passions & les vices dans sa propre maison ? Si vn ancien disoit que celuy qui n'estoit bon mary ne pouuoit estre bon Senateur : & l'Apostre, que celuy qui ne reigle bien sa famille, ne peut bien gouuerner l'Eglise: Comment se pourra-il faire que celuy qui n'est homme de bien, soit iamais bon Magistrat, ou que celuy qui abandonne sa conscience, ait soing de la Republique? Celuy, disoit sainct Basile, *qui se laisse regir par le vice, comment peut-il regir les autres?* Celuy qui se laisse emporter par la passion, comment peut-il regler les autres par la raison? Celuy en qui l'esprit, le sens & la beste gouuerne, comment est-il propre pour gouuerner les hommes? Celuy qui ne rend pas la Iustice à soy-mesme, comment la rendra-il à son prochain? *Celuy qui est malin à soy-mesme, comment sera-il bon?* dit le mot sacré. Peut-on communiquer ce qu'on n'a pas, ou donner ce qu'on ne possede pas? *On ne recueille pas*, dit l'Euangile, *les raisins des espines, ny les figues des chardons.*

Cecy monstre la connexion, &

Basi. orat. de principatu.

l'attache qu'il y a entre les vertus Politiques, & les vertus d'vn homme priué, qui sont comme la baze & le fondement de celles-là, comme la Nature est plustost que la dignité, l'homme plustost que le Magistrat, & la substance plustost que l'accident. La Iustice que chacun doit à soy-mesme l'oblige à reigler plustost son ame, ses affections, ses passions, ses mouuemés, ses vices, & puis il sera d'autant plus capable à rendre la Iustice aux autres, qu'il sçaura par soy-mesme ce qui leur est deu: comme aussi la loy Naturelle, & la loy Diuine ne nous proposent que nous-mesmes pour reigle & mesure de ce que nous deuons à nos prochains.

Dauantage, le reiglement des passions & des vices est requis és Magistrats, non seulement parce qu'ils offusquent l'entendement, deprauent l'affection, & rendent l'homme incapable de donner de bons & salutaires conseils (veu que l'ame vicieuse & desreiglee ne void pas ce qui est bon par imprudence, ou le supprime par malice) mais encore parce que les vices, & les excez de ceux qui gouuernét traisnent tousiours à leur suite la ruine des Estats, la luxure, le luxe, & l'intemperance, portent aux grandes depenses, les grandes despences aux extorsions, iniustices & violences. *Vn abysme attire l'autre*, disoit vn ancien Euesque de nostre France, *l'abysme des voluptez attire l'abysme des despences, & l'abysme des despenses l'abysme des rapines.* De là vient que les anciennes loix Romaines prescriuoient la mesure, & la mediocrité és ha-

Steph. Tornacencis ep. 215.

bits, au train, & en la table mesme de ceux qui gouuernoient la Republique. Semblablement tous les vices des grands sont prejudiciables au public; car ny le feu, ny l'eau, ny la grandeur & la puissance ne peuuent se desborder, que leur desbord n'atraisne le riuage commun, & tout ce qu'il y a de plus vtile en l'Vniuers; quand il garde son ordre, c'est ce qui deuient le plus pernicieux, quand il sort de ses limites. Le Soleil qui viuifie toutes choses par sa lumiere, estonne tout par son eclypse. Si l'auarice les possede, voila les peculats, si l'ambition, voila les secrettes menees, si la colere, voila les cruautez, si la hayne, voila les vengeances, si l'enuie, voila les remuëments qui bouleuersent le monde. Qui ne sçait que l'enuie de Marius contre Sylla, d'Aman contre Mardochee, de Theophile Patriarche d'Alexandrie contre sainct Iean Chrysostome, de Licinius contre Constantin le Grand, porta l'vn à ruiner toute la ville de Rome, l'autre à vouloir perdre la nation des Iuifs, l'autre à troubler toute l'Eglise d'Orient, l'autre à persecuter tous les Chrestiens de son Empire? Tant il importe pour le bien public que les passions des Grands soient contenuës sous le frein de la raison, comme la fureur des bestes farouches sous le fer & sous la chaine: Tant c'est chose funeste quand le fol & le glaiue, le vice & l'authorité, la passion & la puissance se rencontrent ensemble.

Mais encore les vertus qui regardent le reiglement de soy-mesme sont necessaires aux personnes publiques, pour vne derniere consideration, sçauoir est, pour acquerir la reputation, & la bonne renommee, qui est de telle consequence pour maintenir l'authorité. Car quoy que les hómes soient obligez de reuerer la puissance, si est-ce qu'ils ne sçauent la reuerer en leur cœur, que lors qu'ils voyét qu'elle est jointe à la bonne vie: Autrement ils se persuadent ce que disoit Saluian: *Que la dignité en vn indigne est vn ornement en la bouë*: ou ce que disoit sainct Basile, *Que celuy qui sert au peché est indigne de commander aux hommes*. Ils croyent que la Nature a fait tous les hommes esgaux, & que si l'ordre demande que les rangs les distinguent, la Iustice doit faire la distinctió, & le merite le choix. Et quoy

Salu. de prouid.

D. Bas. orat. de princip.

CHRESTIENNES. 221

que la loy diuine & humaine leur commande de porter honneur à leurs superieurs, quoy que vicieux & desreiglez, si est-ce que separant en ce cas la dignité d'auec la personne, & l'image d'Isis d'auec l'Asne qui la porte, la reuerence est tousiours foible, & subiecte aux moindres rencontres, lors qu'elle est comme partagee entre l'honneur & le mespris. D'où s'ensuit que le vray moyen pour maintenir l'honneur de la charge, c'est de joindre la bonne vie, qui fait reuerer la personne.

Bon exemple qui est le premier deuoir de la Iustice Politique enuers le Public.

CHAPITRE XIII.

D'Icy despend le dernier office de la Iustice, qui regarde ce que le Magistrat doit au Public, qui n'est autre chose que le bon exemple, la vigilance, la sollicitude, la fidelité, & l'amour du bien public. Il doit à soy-mesme l'estude de la vertu, pour le reiglement de sa vie, & pour l'honneur de sa dignité : il le doit au Public pour exemplaire & suiet d'imitation. Le Philosophe dit, *Que l'homme de bien est la reigle & la mesure de tous*, parce qu'estát ce que tous doiuent estre, il montre à tous ce que tous doiuent faire. Et certes puis-que la

Bonus omnium mensura. Arist.

reigle de la vie humaine n'est autre que la loy de la droite raison, celuy qui vit selon la loy de la droicte raison, est-il pas la loy viuante, & la reigle animee de la vie de tous les autres? Or qui doit mieux estre directeur, & moderateur des hommes, que celuy qui peut estre la reigle de leur vie? ou qui doit mieux estre la reigle de leur vie, que celuy qui les dirige? A qui appartient-il mieux ou de les gouuerner qu'à celuy qui peut les reigler? ou de les reigler qu'à celuy qui les gouuerne? A qui conuient mieux, ou la puissance qu'à la vertu qui peut coduire les hommes à leur vraye fin, ou la vertu qu'à la puissance qui doit les y conduire? Les Estats & polices qui reiglent la societé des hommes, viuent, comme je touchois tantost, non seulement à les faire viure pacifiquement, mais aussi vertueusement, & selon les loix de la raison, qui est le vray bien de l'homme; C'est la maxime, & la visée de Platon, d'Aristote, de Xenophon, de Lycurgue, de Solon, des Iurisconsultes Romains, desquels Tertulien porte ce tesmoignage en son Apologetique, *Que leurs loix s'approchoient fort de l'innocence,* & de tous ceux qui ont iamais ou tracé, ou dressé, ou policé les Republiques & les Empires. Mais principalemét les Estats Chrestiens, qui prennent leur reigle & leur but de la loy de Dieu: car (comme disoit grauement vn ancien Euesque de nostre France) *Moyse a donné la forme de viure aux Hebrieux, Numa aux Romains, Phoroneus aux Grecs, Trismegiste aux Egyptiens, & le Fils de Dieu aux*

[marginalia: *Tertul. in Apol.*]
[marginalia: *Steph. Tornacensis ep. 166.*]

aux Chrestiens) visent à ceste fin là: Voire ils s'esleuent plus haut, & aspirent iusqu'à conduire les hommes à Dieu, concourant auec la puissance spirituelle, & luy prestât main forte & secours, pour vne si saincte entreprise. D'où Constantin le Grand n'auoit pas mauuaise grace, quand il s'appelloit Euesque hors de l'Eglise, parce que le mesme soing que les Euesques ont dans l'Eglise d'esleuer les ames à Dieu, soit par la persuasion, soit par l'exemple, soit par le commandement, soit par la menace du glaiue spirituel, ce Prince Religieux le tesmoignoit au dehors en la police, & par ses semonces, & par sa bonne vie, & par ses loix, & par la contrainte du glaiue temporel, ne jettant pas par vsurpation sur la moisson de l'Eglise la faux de l'au-

P

thorité, mais prestant par zele aux Moissonneurs la main charitable de la force publique. Or les Princes, & ceux qui administrent les Estats sous les Princes, ont deux moyens pour arriuer à cette fin, où ils doiuent tendre, la loy iuste, & leur bon exemple: la loy commande, deffend, permet, punit, recompense, commande le bien, deffend le mal, permet l'indifferent, punit la transgression, recompense l'obeïssance. L'exemple quand il procede, d'où procede la loy, sans commander commande le bien en le faisant, sans deffendre deffend le mal en le fuyant, sans parler permet ce qui est loisible en le practiquant, & outre fait voir clairement aux hommes l'equité de la punition en fuyant ce que la loy punit, & la Iustice de la recompense en faisant ce qu'elle couronne. La loy pour se faire valoir à les Iuges, les Satellites, les Bourreaux, les Tribunaux, les potences, les verges, le glaiue, la force; L'exemple n'a que la douceur, les attraits, la suauité, l'amour, la raison, & cependant il flechit plustost les hommes au joug de son Empire, ainsi nud & desarmé, que la loy si bien armee: Car les armes de la loy ne peuuent frapper que le corps, mais les attraits de l'exemple se glissent iusques au cœur, gaignant le cœur gaignet tout l'homme, lient sa volonté, captiuent ses affections, & l'attirent plustost à son deuoir par la douceur de la raison, que la loy par la rigueur du commandement. Les hommes, disoit Seneque, adjoustent plus de foy à leurs yeux qu'à leurs oreilles, à ce qu'ils voyent, qu'à ce qu'ils entendent, & puis, comme dit le Philosophe en ses Ethiques, le bien esmeut dauantage presenté en particulier, & en indiuidu par l'exemple, qu'en general, & en gros comme la loy le presente. L'exemple a plus d'efficace que la Philosophie pour enseigner, plus de persuasion que l'eloquence pour esmouuoir, plus d'authorité que la loy pour commander, plus de force que les armes pour contraindre, & sans argumens conuainct, sans discours persuade, sans menaces commande, sans Satellites contrainct & force les hommes, & ceux qui refuseroient aux raisons la creance, aux persuasions le consentement, à l'authorité l'obeïssance, à la force la crainte; ne peuuent à l'exemple refuser l'imitation. Que si pour de-

Arist. li. 10. Eth. cap. 1.

terrer du vice, la loy & la force ont souuent plus de pouuoir, au moins ne peut-on nier que l'exemple n'en ait touſiours dauantage pour porter à la vertu, qui eſt la fin de la loy, le but de ſes menaces, & de ſes chaſtimens. L'exemple propoſe la vertu non morte en l'eſcriture: mais viure en l'action, monſtre la raiſon non imperieuſe és preceptes, mais attrayante és œuures, intime la loy non par le commandement du ſuperieur, mais par ſa vie qui commande plus puiſſamment. Et certes puis que les Iuriſconſultes diſent que le Magiſtrat eſt luy-meſme la loy viuante, faut-il pas dire que ſon bon exemple eſt vne viue, & continuelle promulgation de la loy? D'icy naiſt l'obligation qui aſtraint ceux qui commandent à joindre le bon

P iij

exemple au iuste commandement, pour establir l'vn par l'autre, & ne destruire pas és inferieurs l'obeissance par le mespris, en eux-mesmes l'authorité par le vice, en tous les mœurs par la licence : Mais outre le pouuoir, est le credit que l'exemple a sur les cœurs, y a-il rien de si iuste, sinon que d'où sort la loy, de là sorte le modelle pour l'obseruer, & que la mesme puissance qui l'intime comme necessaire à la raison, le rende desirable à la volonté : Les hommes que la Nature a fait libres, veulent estre regis non despotiquement & seruilement, comme dit le Philosophe, mais Royalement, & politiquement, il faut pluftost les attirer par la raison, que les traisner par la contrainte, & leur monstrant par l'exemple que le commandement est iuste, leur rendre volontaire par le desir d'imiter la necessité d'obeyr. Que si le superieur fait luy-mesme ce qu'il deffend, ou ne fait pas ce qu'il commande; il condamne ou sa loy par sa vie, ou sa vie par sa loy, & monstre ou que sa loy est iniuste, ou sa vie desreiglee, ou l'vne & l'autre ridicule. D'où Seneque escriuant à Lucilus disoit vn mot qui meriteroit d'estre graué dans le cœur de tous ceux qui commandent, *Si tu veux*, disoit-il, *assubjettir sous toy toutes choses, rends-toy sujet à la raison: si la raison te regit, tu regiras le monde.*

*Seneca ad Lucil. ep. 30
Si velis tibi omnia subijcere, te subijce rationi, multos reges, si ratio te rexerit.*

Dauantage la grandeur, & la dignité traisne auec soy l'obligation estroite de luire par le bon exemple, & imiter le Soleil & les Astres, qui ne sont releuez dans le

P iiij

Ciel, que pour donner le iour à la terre. Que si en la Nature les corps inferieurs prennent lumiere des superieurs, faut-il pas qu'en la societé des hommes, les petits la prennent des Grands, & la terre du Ciel? Si en l'ordre de la gloire les Hierarchies du degré plus haut, illuminent, comme disoit S. Denys, purgent & perfectionnent celles des degrez plus bas, si en l'ordre de la grace les Anges esclairent, instruisent, & purifient nos ames qui leur sont inferieures: si en l'ordre de la Nature les corps celestes donnent le iour, l'ornement, & la grace aux corps elementaires; faut-il pas pour accóplir l'ordre de l'Vniuers, qu'en l'ordre de la police ceux qui sont comme les Dieux, & les Anges des autres hommes, les esclairent, les espurent, & les esleuent à la perfectió par l'exemple de leur vertu? La loy de Dieu les y oblige en plusieurs sortes, & par le nom qu'elle leur donne les apellent les petits Dieux des hommes, & par le commandement qu'elle leur fait de reluire en bonnes œuures, & par la charge qu'elle leur impose de reigler leurs inferieurs, & par le rang qu'elle leur baille sur les autres, & par les menaces qu'elle leur intime d'vn plus seuere iugement, & de peines plus rigoureuses.

Car leur vie est de telle consequence, qu'elle donne le mouuement & l'inclination aux peuples, les siecles panchent du costé que leur balance prend le traict, & trebuschent ou à la gauche du vice, ou à la droicte de la vertu par le prix de leur exemple : *Quel est le*

Gouuerneur de la cité, tels sont ceux qui habitent en icelle, dit l'Esprit de Dieu dans l'Escriture ; ils ne sont pas tels que la loy veut, mais tels que ses mœurs sont, ils n'escoutent pas son commandement, ils imitent sa vie, ils ne regardent pas la loy morte, ils jettent les yeux sur la viuante. Ce qui faisoit dire à cet ancien Chancelier de Thierry Roy des Goths: *Qu'il est plus facile que la Nature faille, que non pas que le Prince forme une Republique dissemblable à soy.* On verra pluſtost en la generation naturelle les plantes & les animaux faillir à engendrer leurs semblables, & les eschalotes produire des roses, les pauots des violettes, les broſſailles des Cyprés, ou les Loups des Agneaux, les Cerfs des Lyons, & les Buses des Tiercelets, dautant qu'on ne verra les Prin-

Cassiod. l. 3. Var. ep. 12. Facilius est errare Naturam quàm Principem dissimilem sui formare Rempublicam.

ces, & les Magistrats former vn siecle dissemblable à leurs mœurs, iuste, s'ils sont iniques, reiglé, s'ils sont dissolus, chaste, s'ils sont impudiques, religieux, s'ils sont impies. Sous Romulus Rome est guerriere, sous Numa religieuse, sous les Fabrices continente, sous les Catons reglee, sous les Gracches seditieuse, sous les Luculles & Antoines intemperante & dissoluë. Sous Constatin l'Empire est Chrestien, sous Iulien idolatre, sous Valens Arrien. L'exemple du Roy Ieroboan fait idolatrer tout le peuple d'Israël, là où pendant les regnes de Dauid, Ezechias & Iosias, on voyoit fleurir la religion & la pieté. C'est pourquoy le scandale que donne la vie des Grands est appellé homicide dans l'Escriture, parce que comme dit S. Augustin, celuy qui vit auec defreglement deuant les yeux de tout le peuple tuë de fon cofté toutes les ames de ceux qui le regardent, donnent la mort à ceux qui l'imitent, & l'occafion à ceux qui ne l'imitent pas. Le peché, difoit fainct Gregoire, a vne grande & puiffante amorce, quád la dignité fait honorer le pecheur, & à grand peine peut-on fe perfuader qu'on ne doiue l'imitation à qui on doit la reuerence. Sa vie eft la regle de la difcipline publique, fes mœurs font comme le feau qui marque les mœurs de tous les hommes, & fon exemple le commun prototype, où tout le monde fe moule: Tellement que cecy oblige les Princes, & les Magiftrats qui font propofez en veuë à tous, à fe rendre tels, que comme tous les regardent, tous puiffent les imiter : Ils doiuent considerer qu'estans esleuez si haut ils ne sont pas moins exposez aux yeux & aux langues que les choses eminentes à la gresle & au foudre, que comme disoit Seneque, ceux qui commandent courent plus grand hazard que ceux qui sont iugez, veu que ceux-cy n'ont à craindre que le iugement d'vn Senat, qui ne condamne qu'auec cognoissance & iustice, la où ceux-là sont exposez au iugement indiscret d'vn peuple remeraire ? Que comme, disoit Iules Cesar dans Saluste, en vne grande fortune la licence est petite, car si le pouuoir en a beaucoup, le deuoir en a fort peu ; & si comme disoit Boëce, d'auoir voulu le mal est chose miserable, l'auoir peu est encore plus miserable.

Salust. in coniur. Catil. in maxima fortuna minima licentia est. Boët. li. 4. de consol. si miserum voluisse, mala potuisse miserius est.

De la vigilance, & sollicitude, second deuoir de la Iustice du Magistrat enuers le public.

CHAPITRE XIIII.

LE bon exemple doit estre suiuy de la vigilance, & sollicitude. Ceux qui ont les charges ne les ont pas pour eux-mesmes, mais pour autruy : Ce sont de nobles, & diuines seruitudes, disoit Xenophon, seruitudes honorables, & dont les liens sont de fin or, disoit l'Empereur Commodus ; mais quoy que d'or, ce sont tousiours liens, quoy qu'honorables, ce sont tousiours seruitudes, & d'autant plus liens qu'ils attachent sous ombre d'honorer, d'autant plus seruitudes, qu'elles obligent de seruir à tous, sous tiltre de commander à tous, & ne portans que le nom de commandement, imposent le deuoir, demandent le trauail, & attendent les effects du seruice; Leur nom mesme monstre ce deuoir: & puis que le nom est tiré de la proprieté de la chose pour la signifier, celuy qui se void honoré d'vne charge, que lit-il en vn tel nom que le fardeau qu'il a pris sur ses espaules, & le presage des trauaux qu'il luy faut souffrir? Void-il pas que la chaleur donne le nom au feu, la lumiere au Soleil, le courage au lyon, la raison à l'homme, la charge à l'honneur, le trauail à la charge? Peut-il dementir le nom, qu'il ne se monstre indigne de le porter, ou quitter le soing qu'il commande, sans perdre l'honneur qu'il communi-

Trois choses monstrent principalement le soing que les Magistrats doiuent au public, 1. le nom des charges.

que? O que ceux-là s'abusent, disoit Caius Marius dans Saluste, qui pensent conioindre en vn deux choses incorruptibles, la volupté & la nonchalance, & la recompēse de la vertu! Plusieurs, ô Romains! poursuiuoit ce sage hóme d'Estat, quand ils briguent vos honneurs, se monstrent humbles, modestes, diligens, industrieux: & puis quand ils ont obtenu ce qu'ils demandent, ils passent leur vie en superbe & faineantise? Mais moy, i'estime qu'il faut faire tout au contraire: car d'autant plus que toute la Republique est preferable au Consulat & à la Preture, d'autant plus faut-il apporter le soing à administrer celle-là, qu'à demander celle-cy. L'origine des charges confirme ce que leur nom signifie: Car la Nature ayant fait tous les hommes esgaux, la superiorité des vns sur les autres ne procede que de la necessité

Sal. de bel. Iugurth.

Ego existimo quanto ipsa Respublica pluris est quàm consulatus aut Pratura, tanto maiori cura illā administrari quàm hac peti debere.

2. L'origine des charges.

cessité de la conduite, pour maintenir l'ordre & bannir la confusion; D'où il est aisé à voir que celuy qui a la dignité ne l'a pas pour soy-mesme, mais pour autruy, puis qu'esgal aux autres par sa condition, il n'est constitué sur eux, que par l'obligation qu'il a de veiller pour eux. Ainsi en mesme temps qu'il est estably sur tous, il s'oblige à tous, & leur vend sa liberté quand il accepte l'honneur: S'il veut apres estre à soy-mesme, & ne soigner pas les autres, il oublie ce qu'il est, & ce qu'il doit, & voulant recouvrer sa liberté qu'il a venduë, il s'oblige à restituer l'honneur qu'il a receu en eschange: *Si tu ne veux me rendre Justice, ne vueille pas donc estre Roy,* disoit vne femmellette au Roy S. Louys, vn iour que ce grand

Q

Prince lassé du trauail d'entendre les plaintes des plaidans, & de leur faire droict luy-mesme, suiuant sa saincte coustume, se retiroit pour aller prendre son repas: parole qui l'arresta sur l'heure, & fit que pour satisfaire à son office il differa sa propre necessité. Que si le Souuerain se recognoist obligé à quitter son propre repos pour le soin qu'il doit au public, ceux qui representent sa personne peuuent-ils changer l'obligation de la solicitude en occasion de licence ? Doiuent-ils pas recognoistre que le Souuerain leur communique vne partie de son authorité, pour se descharger sur eux d'vne partie de son obligation & de son soing, tout ainsi que le Soleil fait part de sa lumiere à la Lune & aux Astres, afin que par leurs influences derires des siennes, ils cooperent auec luy à la generation, conseruation, & s'il faut ainsi dire, administration des choses de ce monde inferieur. Sçauent-ils pas ce que disoit Saluste à Caius Cesar ? *Que tous ceux qui tiennent par dignité vn lieu plus haut, & plus eminent en la Republique, sont obligez aussi d'en auoir plus de soing que tous les autres.*

Salust. ad Caium Cæsar. de Rep. ordin.

Dauantage l'Escriture appelle sentinelles ceux qui sont côstituez sur les peuples, & le rang qui les esleue est comme vne eschauguete d'où ils doiuent veiller pour le salut de tous, cependant que tous les autres reposent. L'œil ouuert & veillant sur le Sceptre, & le Lyon Roy des animaux, qui ne dort que les yeux ouuerts, estoient les hieroglyfiques dont les Egyptiens se

3. *Le rang eminent où les charges esleuent.*

Q ij

seruoient pour marquer la prouidence comme compagne de la puissance, & la vigilance comme inseparable de l'authorité. Dieu, duquel le pouuoir s'estend sur toutes les creatures, estend aussi sa prouidence sur toutes, il porte son œil aussi loing que son Sceptre, il regarde de l'vn tout ce qu'il touche de l'autre, & le Prophete Hieremie vid vne verge veillante, pour montrer & sa puissance qui est par dessus tout, & sa misericorde qui veille sur toutes choses. Les Anges à qui Dieu a donné la conduite du mouuement des Cieux, le soing des Empires, & la charge des ames, ne cessent de veiller continuellement, ils ne quittét iamais de veuë ce qui est commis à leur garde; & le Prophete Ezechiel les vid en forme d'animaux tous rem-

Hier. cap. 1.

plis d'yeux. Les Cieux qui ont commandement sur les Elemens, & sur tous les corps inferieurs, roulent & font le guet à l'entour d'eux sans repos & sans cesse, & le Soleil qui est estably là haut pour donner le iour à tout, pour resiouyr tout, pour viuifier tout, pour estre comme le pere commun, & rendre par sa chaleur la matiere feconde, & disposee à la production de tout ce qui s'engendre; voyez-vous pas comme sa vigilance execute sa charge, comme son soing fait valoir sa puissance, comme il court auec vitesse, & semblable à vn Geant, ainsi que parle le Prophete, saute d'vn bout du Ciel à l'autre pour faire son office? L'homme qui a la charge & la conduite de tout ce bas Vniuers jette son œil, son esprit & son soing par tout, court de Prouince en Prouince, trauerse les mers, sonde les abysmes, eschele les montagnes, grimpe sur les rochers, descend aux precipices, ouure les cachots de la terre, recherche les vertus des animaux, des plantes, des mineraux, dispose & applique tout à l'vsage destiné par la Nature, & pas vne chose qui soit subjecte à son domaine, n'eschape à sa prouidence. L'esprit de l'homme qui doit la direction à tout ce qui est en l'homme, à ses puissances, à ses mouuemens, à ses membres, à son corps, voyez-vous pas comme il a receu de Dieu vne faculté prompte, viste & esueillee, pour preuoir tous ses dangers, & pouruoir à toutes ses necessitez: Bref tout ce que Dieu a estably au monde auec quelque puissance & superiorité,

CHRESTIENNES. 247

tesmoigne sa prouidence sur les choses qui luy sont subjectes; par tout le soing suit le pouuoir, la verge est esueillee, le Lyon tient les yeux ouuerts, & l'œil accompagne le Sceptre. Sont-ce pas autant de leçons à ceux qui constituez en dignité sont comme les esprits mouuans, les Cieux, les Soleils, les intelligences & les petits Dieux du monde; pour monstrer qu'ils nous doiuent comme esprits la vigilance, comme Cieux la vitesse, comme Soleils la course, comme Anges la garde, comme Dieux le soing & la prouidence? *Si l'on t'a donné la charge du public, ne t'enfle pas par dessus les autres, mais aye soing d'eux*, dit l'Esprit de Dieu dans l'Escriture. La charge n'est pas vn sujet d'ambition, mais de trauail & de soucy, outre que c'est chose indigne

Q iiij

apres auoir recherché les charges, comme si on les meritoit, de s'y comporter comme si on les mesprisoit.

De l'integrité qui est le troisiesme deuoir de la Iustice du Magistrat enuers le public.

CHAPITRE XV.

L'Integrité suit apres, sans laquelle tout le reste ne peut apporter que dommage: Sans elle la solicitude ne soigne que soymesme, la prouidence ne veille que pour son interest, le bon exemple exterieur n'est qu'vn plastre de la cupidité, la bonne renommee qu'vne amorce pour attraper, la pieté qu'vn manteau de l'iniustice, la prudence qu'vne forge de tous maux, en vn mot toutes les autres qualitez sans l'integrité mere de la fidelité, ne sont que les instrumens du profit particulier, & du dommage public. C'est la partie plus requise, dit l'Apostre, és œconomes & dispensateurs, tels que les personnes publiques, qui n'ayans que la dispensation en leurs charges, ne peuuent sans l'injure commune y rechercher la proprieté. Et l'Euangile quand il parle du bon seruiteur constitué sur la famille, l'appelle fidelle & prudent, faisant marcher la fidelité deuant la prudence, comme premiere en ordre de necessité, quoy que posterieure en ordre de Nature, & de dignité. Et certes la fidelité qui n'a pas de prudence cherche au moins le bien public si elle ne le trouue, la prudence qui n'a pas de fidelité ne cherche rien moins, la fidelité imprudente si elle nuit ne veut pas nuire; la prudence infidele nuit & tasche de nuire, celle-là peut auoir d'excuse, celle-cy n'a que malice; outre que celle-là peut faire quelque bien par rencontre, puis qu'elle en a la volonté, là où celle-cy ne peut faire que mal, puis qu'elle n'a d'autre visée. De fait, il est aisé à remarquer en l'Histoire, que si la fidelité imprudente a esté la ruyne d'vne ville, la prudence infidele en a ruiné cent, & que pour vn mal que celle-là peut auoir commis par indiscretion, celle-cy en a commis mille & mille par dessein. Rome fut-elle iamais plus puissante que lors qu'elle estoit plus simple & plus naïfue, & si tost qu'elle deuint plus sçauante & plus prudente, fut-elle pas à la veille de sa ruyne? Ce n'est pas que l'ignorance l'ait esleuee, ou que la prudence l'ait ruïnee: mais l'integrité de son aage innocent la fit fleurir, quoy que rude & grossiere, & la corruption de son aage plus aduancé la perdit apres, quoy que plus sage & plus rusee, pour monstrer que la simplicité profite dauantage auec la fidelité, que la prudence, si la malice merite ce tiltre, auec le propre interest. Tandis que ses Magistrats & Capitaines refuserent l'or des Sabins, les presens de Pyrrhus, tandis que, comme disoit Saluste, ils desirent vne grand' gloire, & des richesses mediocres, tandis qu'ils ne desdaignent pas de marier ensemble le laurier & le soc, le char triomphal & la charruë, la di-

Salust. de coniur. Catil.

gnité & la frugalité, cette fleurissante Republique estendit de plus en plus les bornes de sa domination, iusqu'à deuenir maistresse du monde ; Mais depuis que l'ambition, l'auarice & la perfidie de ceux qui la gouuernoient l'eurent reduite à vne si triste desolation, que les maisons des particuliers, comme disoit l'Orateur Romain, de la maison de Marc Antoine, deuindrent des foires où l'on mettoit à l'encan les Prouinces entieres, & que tout y estant venal, elle mesme, disoit le Roy de Numidie, estoit à vendre, si elle eust trouué des achepteurs, elle commença peu à peu à deschoir de sa grandeur, & changeant de mœurs changea d'estat & de fortune. Qu'est-ce qui exposa si souuent Athenes & les autres Republiques de la

Cic. Ph. 2.

Salu. debel. Iugurt. Et iam ipsa Roma venalis esset si haberet emptorem.

Grece, à la fureur des guerres estrangeres & ciuiles, & en fin à l'entiere ruïne? Non le defaut de capacité, mais le defaut de fidelité. Iamais la Grece ne fut remplie de tant de Philosophes, Orateurs & grands hommes d'Estat, que lors que sa prosperité commença de décheoir : Mais comme on dit, que quád Castor se leue, Pollux se couche, & que quand le Nil monte, les autres fleuues s'abaissent, ainsi la suffisance croissant, l'integrité diminua, les langues dueindrent d'or, les mœurs de fer, les esprits enflez de science, vuides de preud'hommie, l'or engendra les esquinances en la bouche des vns, l'ambition, l'apostume dans le cœur des autres, les forteresses inexpugnables aux soldats armez de fer ne peurent soustenir la bresche des Asnes chargez d'argent, la foy deuint venale, & les villes aussi, & à mesure que la corruption commença de monter, la fortune prit la descente. On dit qu'és endroits où l'or se forme, aucune plante ne peut croistre, tout s'y flestrit, tout y deuient sterile: aussi és lieux où l'amour de l'or prend racine, aucun bon & vtile conseil n'y peut germer, la vertu s'y seiche, la fidelité meurt, la prosperité se perd, & la grandeur des Empires roule à sa decadence: *Depuis que l'or a commencé d'estre en honneur*, disoit Seneque, *le vray honneur de toutes choses est decheu, deuenus mutuellement marchands & venaux, nous ne demandons plus quelle est chaque chose, mais à quel prix elle se vend.* On n'ayme plus, dit le mesme en vn autre endroit, *la vertu gratuite, laquelle toutefois n'a rien de*

Senec. ep. 115.

Senec. cap. li. 4.

magnifique, depuis qu'elle a quelque chose de venal. D'où Saluste escriuoit à Caius Cesar pour vne certaine maxime d'Estat, qu'és Republiques où l'or & l'argent sont en credit, la vertu n'est plus en credit, parce que l'or y rauit les recompenses de la vertu, & la vertu qui n'a pas de recompense n'a que fiel & qu'amertume: Car quoy que la vertu soit aymable d'elle mesme, si-est-ce que le commun des hommes ne sçait l'aymer que pour l'honneur & pour le profit qu'elle apporte, si bien que quand l'or pouuant & faisant tout, la vertu est sans fruict, elle est bien-tost sans sectateurs. Depuis que la seule clef d'or ouure la porte aux honneurs, les hommes se portent à l'enuy & comme à qui mieux mieux, aux vsures, larcins, tromperies, con-

Salust. ad Caium Cas. de Rep. ordinand.

cussions & peculats, pour amasser l'or qui peut & fait toutes choses, & la societé ciuile deuient vn parc de bestes sauuages, où la plus foible est la proye de la plus forte, ou bien vne mer où les gros poissons deuorent les petits. Alors il arriue ce que disoit Saluian du malheur de son temps, *Les honneurs que peu acheptent, tout le monde les paye; les pauures qui ne sont pas à l'achapt contribuent au payement.* Ils n'ont pas la coulpe de l'ambition des richesses, mais ils en portent la peine. C'est pourquoy Lycurgue bannit l'or de Sparte pour couper chemin à tous ces desordres, mais il ne seroit pas necessaire de bannir l'or des villes, ains seulement la cupidité des cœurs, cupidité peste de toutes les vertus, racine de tous les vices, source des perfidies, mere de tous les

Saluian. de prouid. Dignitates quas pauci emunt omnes soluunt: pauperes emptiones nesciunt & solutionem sciunt.

les malheurs, & qui enfante comme le cheual Troyen la ruyne & desolation des Estats. Car depuis que ceux qui doiuent soigner le bien public n'ont d'autre but que l'interest priué, arriue-il pas au corps Politique ce qui arriueroit au corps humain, si l'estomac qui doit cuire la nourriture pour tous les membres, ne la cuisoit que pour soy mesme, ou si le poulmon qui doit communiquer à tout le corps l'air qu'il respire, le retenoit tout dedans soy? Le corps qui receuroit cette injure de ses parties nobles, ne pourroit subsister; & la societé ciuile qui en reçoit vne plus grande de ceux dont elle attend sa conseruation, comment pourra-elle euader sa ruine?

R

Des maux qu'enfante le respect de l'vtilité priuee.

CHAPITRE XVI.

PRemierement le respect de l'vtilité priuee estouffe dans les conseils profitables au public, tout ce que la prudence conçoit de bon, la malice le fait mourir auant que naistre, ainsi la suffisance deuient inutile, & depuis que l'or de Philippe a jetté son esclat, Demosthene n'a plus de langue, *depuis que les yeux sont esblouys, la bouche deuient muete*, dict l'Escriture. En outre ceste passion est vn nuage, qui offusque l'entendement, & le rend semblable à l'œil malade, qui ne void pas les choses comme elles sont, mais comme il est luy-mes-

Eccl. 20.

me, ne receuant pas la couleur des objects, mais leur imprimant la sienne: Ainsi l'esprit preoccupé par l'interest propre ne peut voir en consultant, la verité des choses, voyant son vice par tout, & dans le public mesme ne regardant que le particulier: Son profit luy sert d'object en tous ses conseils, il void en toutes choses l'or qu'il ayme, il le trouue par tout, & change en or, non comme Mydas tout ce qu'il touche, mais tout ce qu'il regarde. D'où Tacite a prononcé cette maxime veritable, *Que l'vtilité priuee est le venin & le poison du sain iugement, & de la droite affection des hommes.* Et Tite Liue, *Que les affaires priuees ont tousiours nuy & nuiront tousiours aux conseils publics.* C'est pourquoy dit Aristote en ses Politiques, la loy des Thebains deffen-

Tacit. li. 3. hist.

Tit. Liu. li. 22.

Arist. li. 3. polit. cap. 5.

R ij

doit qu'aucun ne se meslast du public qui ne se fust abstenu de tout commerce & marchandise l'espace de dix ans.

Ce n'est pas tout: encore que ceste passion empesche les bons conseils, aueugle les esprits, & desregle les volontés, elle produit bien des effects plus funestes quád la puissance fournit d'instrument à sa malice. Car c'est la nature du feu qui ne s'assouuit iamais de s'éflammer à mesure qu'il rencontre plus de matiere, s'il ne trouue pas où agir il s'esteint du tout, s'il a peu d'aliment il brusle peu, & comme si l'abódance le rédoit affamé, plus il trouue, pl⁹ il deuore, plus il deuore, plus il se mótre insatiable : c'est l'image viue de la cupidité, qui comme le feu cóuertit tout en son bien propre, la matiere qu'elle trouue ne l'esteint pas, mais l'allume, le bien ne l'assouuit pas, mais l'irrite; elle est petite és pauures, elle est ardáte és riches, elle est deuorante és grands, & lors qu'elle rencontre quelque grande fortune, croissant & brulát comme la flamme à mesure qu'elle monte, elle ruine les villes, & rauage les Empires. Ceux que le feu de cette passion embrase vne fois, sont du tout aueuglez, & leur arriue ce que disoit Dauid, *Le feu leur est tombé dessus, & ils n'ont point veu le Soleil.* Ils ne considerent pas qu'il n'y a rien de si honteux & de si lasche que le profit qu'on tire des sanglots des miserables, que c'est se rendre, comme disoit sainct Basile, maquignon, courretier & trafiqueur des calamités publiques; que comme les laboureurs desirent la pluye

Basil. hom. in auaros. Nolite fieri institores, & caupones humanarũ calamitatum.

& le mauuais temps pour faire croiftre leurs femences, c'eft non pas defirer, mais qui eft pis eftendre & amplifier les afflictions des peuples, pour s'augmenter de leur defchet, & leur faire femer les larmes pour en moiffonner l'or moiffon mal-heureufe d'vne femence fi funefte. Cet Empereur Romain qui tiroit tribut des vrines n'eftoit d'auenture digne que de rifee: mais ceux qui par leurs concuffions & violences rendent tributaires à leur auarice les larmes du peuple affligé, commettet vn acte non feulement vilain, mais encore inhumain, & fi bien comme à celuy-là, l'argent qui en prouient fent bon à eux-mefmes, fi eft-il de mauuaife odeur & aux hommes qui les maudiffent, & Dieu qui les condamne.

Suetonius in Vespasiano.

Or les grands maux qu'enfante la cupidité n'ayant esgard qu'au propre interest, montrent assez combien l'integrité qui procede de la Iustice, est importante & requise en celuy qui a charge du public, lequel ne doit pas regarder ce qui est permis à sa puissance, mais ce qui est commis à sa foy. C'est vn sainct depost que la foy doit garder, non l'auarice conuertir à ses vsages, ou plustost à ses abus, & si les loix appellent sacré ce qu'on depose entre les mains des particuliers; combien l'est dauantage ce qu'on commet à la foy publique? L'integrité engendre la fidelité, fournit les bons conseils, nourrit la prudence, esclaire l'esprit, regle les desirs, dispose bien l'affection enuers le deuoir, & ne se laisse ny corrompre par le profit, ny flechir par les faueurs, ny vaincre par la crainte, ny changer par le temps, pour violer le droict & la Iustice. Elle est inseparable d'auec l'amour du bien public, qui est la derniere & la plus belle perle de la couronne de la Iustice Politique.

L'amour du bien public dernier deuoir de la Iustice Politique enuers le public.

CHAPITRE XVII.

L A Iustice prise en sa propre signification est seule entre toutes les vertus qui regarde le bien d'autruy, voire elle-mesme est le bien d'autruy, dit le Philosophe en ses Ethiques: car d'vn acte iuste, tout le profit se jette hors de celuy

Arist. li. 5. Eth. cap. 1.

qui le faict sur celuy pour lequel il est faict, comme on dit que la chaleur du Soleil n'est que par saillie & reflexion hors de sa sphere. Le Soleil jette sa chaleur sur toutes choses, & ne la retient pas pour soy: ainsi l'vtilité que la Iustice produit se respand toute sur les autres, le merite seul reste pour elle. Et à cette vertu conuient particulierement ce mot doré, que Seneque disoit de la vertu en general, *C'est son prix, qu'aucun prix ne peut l'allecher.* Elle ne se propose que l'interest d'autruy, non seulement sans esgard à son profit, mais aux despens de son propre interest, qu'elle foule aux pieds pour son deuoir: & auant que violer le droict, & la raison, elle est preste à renoncer aux dignitez comme Phocion, à la partie comme Aristide, à la vie

Senec. ep. 90.
Virtutis pretium est non posse pretio capi.

comme Regulus. Voire s'il se rencontre, comme il peut quelquefois escheoir, qu'il faille ou exposer sa renommee, ou blesser sa conscience; en cette extremité le Magistrat qui suit la Iustice, aymera mieux estre bon, & paroistre meschant, qu'estre mechant, & paroistre bon deuant les hommes, & pour soigner leur salut ne craindra pas leur disgrace: Car bien souuent le peuple iuge temerairemẽt des actions & conseils de ses Superieurs, & en ce cas la Iustice n'a pas esgard à l'opinion des hommes, mais à leur bien, & mesprisant ce qui se dit, cherche ce qui se doit. *Il faut tendre*, disoit Seneque, *à l'-*

Sen. ep. 81. *execution d'vn iuste & honneste conseil, mesme au trauers de l'opprobre & de l'infamie. Aucun ne semble faire plus d'estat de la vertu que celuy qui pour* ne perdre la conscience d'homme de bien ne craind pas lors qu'il est besoin d'en perdre la renommee. Or la Iustice disposant l'homme de telle façon, que pour le bien des autres il se neglige luy-mesme, c'est la propre vertu de ceux qui ont le bien des autres en charge, & entre tous, dit le Philosophe, de ceux qui ont en charge le bien public, ou du Prince, ou de l'Estat. C'est la qualité essentielle, & inseparable, qui constituë la nature de leur office, & sans laquelle ils cessent d'estre ce que porte leur tiltre, comme des hommes peints, qui ne sont rien moins qu'hommes, quoy qu'ils en retiennent & le nom, & la figure.

Arist. li. 5. Eth. cap. 1. Virtus sola ex omnibus virtutibus alienū bonum videtur qui ad alterū spectat. est enim alterius conducibile, aut Principi aut Reip.

Aussi l'Escriture appelle le Pasteur qui n'a soin que de soy-mesme, au lieu de soigner le public, non Pasteur, mais Idole, parce qu'il n'est pas ce qu'on l'appelle, on l'appelle Pasteur par raport aux autres, & il ne paist que soy-mesme, si bien qu'il n'est plus qu'vne idole peinte, qui n'a rien moins que ce qu'on la nomme, & n'est rien moins que ce qu'elle paroist estre. Tiltre qui conuient pareillement à tous ceux qui obligez au public, ne soignent que leur bien particulier, & ne sont à vray dire que des idoles, & des fantosmes, dont l'apparence deçoit les yeux, & le nom trompe les oreilles : & à la verité puis qu'ils ne sont establis sur le public qu'auec l'obligation de le soigner, violant le deuoir de leur dignité, ils en ruynent la gloire, & ne faisans pas ce qu'ils doiuent, ils ne sont pas vrayement ce qu'ils se nomment. Ce sont des Idoles, puis que la figure leur reste, non des

CHRESTIENNES. 269

corps viuans puis que l'ame leur máque. On peut dire d'eux ce que disoit Dauid des Idoles des Gétils, *Elles ont des yeux & ne voyent pas, des oreilles, & n'entēdent pas, vne bouche, & ne parlent pas, des pieds, & ne marchent pas*, car ils ont des yeux, & conniuent; des oreilles, & font des sourds, vne bouche muets; des pieds, & fichez au cētre de leur propre interest, ils ne cheminent pas vers leur deuoir: Mais on ne peut pas dire ce que le Prophete adiouste, *Ils ont des mains, & ne touchent pas*, car bien souuent pour estre trop occupez à toucher & à prendre, ils perdét la veuë, l'ouye, la parole, & le mouuement. C'est pourquoy ceux de Thebes peignoient les Iuges & les Magistrats sans mains, parce que lors qu'ils ont les mains trop longues, il est à

Pierius in hierogl. li. 35.

craindre qu'il n'ait bien-tost les pieds gouteux, la langue empeschée, les oreilles dures, & les yeux esblouïs. Et l'Escriture dit, *Que ceux qui ont les presens és mains, y ont aussi les iniustices.* Ce n'est pas toutesfois que l'iniustice destruise l'authorité, laquelle par le droict diuin & humain demeure tousiours inuiolable, ains seulement és personnes l'honneur & le merite de la posseder, le titre reste, le merite defaut.

La Iustice donques qui regarde le bien d'autruy, estant vne qualité comme essentielle aux personnes publiques, les oblige à aimer & procurer tousiours le bien public: ce que non seulement les loix & la raison enseignent, mais encore la Nature, car voyons-nous pas en l'Vniuers que tout ce qui est destiné pour le bien commun n'opere pas pour soy-mesme, mais trauaille pour tous ? Le Ciel iette-t'il pas hors de soy ses influences, le Soleil ses rayons, la terre sa fœcondité, l'arbre ses fruicts, la fontaine ses eaux, l'abeille son miel, le ver à soye son ouurage ? Le foye distribue-t'il pas le sang à toutes les veines, le chef le mouuement à tous les nerfs, le cœur la vigueur à tous les membres ? Y a-t'il chose en la Nature qui destourne à son propre vsage ce qu'elle a receu pour le bien commun ? Voyons-nous pas és raisonnables vn desir, és irraisonnables vn mouuement, és insensibles vne inclination enuers le bien general de l'Vniuers, par lequel subsiste leur bien particulier ? Voyons-nous pas que par vn instinct naturel la main se iette au deuant du corps, pour receuoir sur soy-mesme les coups qui le menacent, & que chaque partie est inclinee à conseruer son tout, voire par sa propre ruine? Ce que l'inclination naturelle fait en toutes choses, la cognoissance, la raison & la iustice le feront-elles pas és hommes? mais y a-t'il rien de si glorieux, ny qui approche tant la creature de l'imitation de Dieu, que de chercher & procurer le bien public? se restreindre est-ce pas vne marque d'indigence, & se respandre vn signe d'abondance? Qui est si abondant que Dieu, & qui se respand comme Dieu? la pauureté restreint & reserre, l'abondance eslargit & dilate. Dauantage tout ce qui est le plus excellent & premier en toutes choses, est-ce pas ce qui se rend le plus commun

commun & le plus vniuersel? Entre les Anges, les plus hauts & releuez, sont-ce pas ceux qui ont soin ou du mouuement des Cieux, ou du gouuernement du monde, ou du genre humain en general ; les mediocres ceux qui ont en charge vn Royaume seulement, vne prouince, ou vne ville; & les plus bas, ceux qui n'ont que la conduite de chaque homme particulier? entre les Astres, le Soleil qui tient le premier rang, donne-t'il pas ses lumieres & ses influences & au monde celeste, & au monde elementaire ; la Lune qui vient apres, au monde elementaire seulement, les Astres inferieurs à quelque espece, ou indiuidu de ces choses sublunaires? Mais ie vous prie, y a-t'il rien de si noble au monde que Dieu, en l'homme que l'ame,

S

au corps que le cœur, en l'arbre que la racine? la racine nourrit tout l'arbre, le cœur fait viure tout le corps, l'ame conduit tout l'homme, Dieu gouuerne tout le monde. Exercer la vertu enuers soy-mesme, est vne chose glorieuse, mais l'exercer enuers les autres est vne chose plus grande, l'exercer enuers plusieurs est vne chose excellente, l'exercer enuers tous est vne chose diuine. *Et tout ainsi*, dit le Philosophe, *que celuy qui exerce la malice enuers soy-mesme, & enuers les autres, est le plus mechãt & le pire de tous: de mesme celuy qui exerce la vertu enuers soy-mesme, & enuers les autres, est le meilleur, & le plus iuste de tous.* C'est le sommet de la vertu, la consommation de la iustice, la perfection de l'homme, le degré plus proche de la Diuinité.

Arist. lib. 5. Polit. c. 1.

Epilogue de tout ce discours de la Justice par forme d'Epiphoneme.

CHAPITRE XVIII.

MAis Platon disoit, que si la vertu pouuoit estre veuë viuante, & animée de ses propres attraits, elle feroit naistre l'admiration dans les esprits, & l'amour das les cœurs. Le discours ne peut la representer que morte, & l'eloquence n'a pas d'assez viues couleurs pour inspirer en l'image l'ame & la beauté du corps naturel. Ainsi pour voir en sa viue & naïsue grace la Iustice que mon rude pinceau s'est efforcé de tracer, il faut jetter les yeux sur quelque modele viuát (s'ils en trouue encore quelqu'vn au monde) qui

S ij

exprime en soy la belle idee de ceste fille aisnee de Dieu, que la plume ne peut depeindre. O plus digne du nom de Grãd qu'Alexãdre ny Pompee, hóme donné du Ciel, & pl⁹ approchãt de Dieu que des hómes, celui qui se moule sur ce pourtrait, & de qui l'ame est la carte, la vertu, le pinceau, les actiõs les couleurs, la vie, l'ame d'vne image viuante, tiree sur le prototype de ce diuin exemplaire! Dieu luy a graué dans le cœur vne viue cognoissance de cette verité, que ceux que la dignité approche d'auãtage de luy, s'en doiuét rendre les plus proches par culte & par amour; Que le degré de la pieté doit esgaler le degré de l'honneur; Que la grandeur du bienfaict receu doit estre la mesure de la recognoissance; Que les pre-

CHRESTIENNES. 277
miers Anges sont les plus ardans à l'aymer, les plus prompts à cognoistre & executer ses commandemens; & de ce principe comme d'vne celeste semence on void sortir les sainctes maximes conformes aux veritez eternelles, les iustes conseils, les sages aduis, l'administration des choses de la terre, selon les loix du Ciel ; bref, tous les fruicts dignes de ceste Chrestienne & diuine Philosophie. Il void apres que la Iustice estant obligee de rendre à chacun ce qui luy est deu, apres le seruice deu à Dieu, le reglement des mœurs deu à soy-mesme tient le premier rág en l'obligation; & doit tenir le premier en l'acquit. Il sçait que la reigle qui est le niueau de tout le monde doit estre plustost droicte elle-mesme. Que

S iij

les paroles de la Iustice semblent fades à la bouche, si l'ame n'a le goust des fruicts; Que gouuerner bié, & viure mal, s'il n'est incompatible, est au moins deshōneste; Que les sages conseils ne profitét qu'aux autres, mais la vie fole porte dōmage à sō autheur; Qu'il n'y a rien de si sot que d'imiter le ver à soye, qui file la soye pour nous, mais se tuë en mesme téps, industrieux pour autruy, à soymesme pernicieux? Il void en fin qu'apres s'estre reglé soy mesme, le dernier deuoir de la Iustice Politique, c'est de soigner le bien public, & mespriser son propre interest.

Que c'est se rendre vrayement pretieux que de ne pouuoir estre achepté par aucun prix: Qu'il n'y a rien de si glorieux que de se mōtrer incorruptible en vn siecle auquel l'esclat de l'or tente la foy de tous, & surmonte la constance de plusieurs: Que l'integrité merite plus de loüange lors que pour la corruption du temps l'auarice semble n'auoir pas de crime: Qu'au reste c'est chose indigne que les excremens de la terre soiét les Idoles de l'homme, & que de vils metaux que la Nature enseuelit aux plus bas cachots, occupent la premiere place en l'affection de l'ame raisonnable; Que c'est vne honte & vn opprobre aux Chrestiens de voir que les Payés ayent móstré plus d'integrité que nous, plus d'incorruptió & d'amour du bien public en l'administration des charges: *Que les anciens Romains*, comme tesmoigne Valere le Grand, *de ceux de la famille*

Ælienne, ayent mieux aymé estre pauures en vne riche, que riches en vne pauure Republique, & que maintenant ceux qui font profession de cognoistre le vray Dieu, ne rougissent pas d'appauurir les villes & les Royaumes, pour enrichir leurs maisons priuees des despoüilles publicques?

De ces considerations naist & procede ceste belle resolution, de mépriser le particulier pour le zele du public, de se montrer liberal des richesses, auare de la vertu, & surmontant l'or qui vaincq toutes choses, se rendre du tout inuincible. De là les conseils salutaires qu'enfante la liberté genereuse d'vne ame franche de cupidité, & tous les beaux actes de fidelité enuers le Prince, de moderation en la puissance, de support à l'innocence, de resistance à l'iniure, d'incorruption contre toutes sortes d'appas. De là la paix des villes, le repos des prouinces, la grandeur des Empires, les sainctes loix, les iustes reglemés, & tous les beaux desseins que les Princes conçoiuent du mouuement de ces grandes ames, qui apres Dieu, & apres euxmesmes sõt les premiers mouuans de leur cœur & de nostre biẽ. Car tout ainsi que les astres qui se rẽcontrent en regne auec le Soleil seruent grãdement à rendre bonnes & fauorables ses influences, comme les Pleïades qui rendent douce & gracieuse sa lumiere au retour du renouueau, au lieu que la Canicule le rend bruslant en Esté; de mesme ceux qui par leurs bons & iustes conseils meuuent la volonté, & l'autorité des bons &

iustes Princes, concourent auec eux pour estre les organes & les instrumens d'vn siecle fortuné. O bien-heureux siecles, qui ioüissez de pareils miracles, & de semblables tresors, miracles pour la rareté, tresors pour la necessité! O France fortunée, qui parmy tes mal-heurs n'as iamais eu manque de ces braues Catós, & Phocions, qui t'ont sauuee mille fois du naufrage, lors que le danger retirant les ambitieux, & la crainte les lasches, le zele t'a donné les bons, le courage les forts, & Dieu les necessaires! O grandes ames, qui cóceuez ces genereux desseins de ne respirer que le bié public, & mespriser le particulier, vous quittez vn petit profit, & remportez vn honneur incomparable : ce que vo⁹ foulez n'est qu'vn peu de ter-

Symm. Bonis, & iustis principibus bona & decora suadentes instrumenta sunt boni saculi.

CHRESTIENNES. 283

re, & en eschange l'approbation des Roys, les suffrages des Prouinces, l'acclamation des peuples, les Eloges de l'Histoire, les benedictions des hommes, la gloire de Dieu çà bas, les loüanges, & là haut les couronnes immortelles sont vostre recompense!

Fin du second liure.

LIVRE TROISIESME,

Des vertus & qualitez qui donnent la vigueur & la grace pour executer.

Proposition & diuision des matieres deduites en ce dernier liure.

CHAPITRE I.

ÇAVOIR le bien, & le vouloir, le cognoistre & le chercher, le voir & y tendre, n'est pas encore y paruenir, le pouuoir est necessaire pour arriuer où l'on aspire. Car dequoy seruiroit aux animaux

d'auoir le sens pour aprehender, & l'appetit pour s'incliner vers ce qui leur est conuenable, s'ils n'auoient en outre ou des pieds, ou des aisles, pour les porter où leur appetit s'encline, & obtenir ce que leur sens apprehende? L'art & la volonté de nauiger, de labourer, de peindre & de bastir, dequoy seruiroient-ils au Pilote, au Laboureur, au Peintre & à l'Architecte, si l'vn n'auoit sa truelle pour mettre la main à l'œuure, l'autre le pinceau pour exprimer ses idees, l'autre la charruë pour remuër la terre, l'autre les auirons, & les Matelots pour pouuoir fendre les vagues? La cognoissance est inutile, où la puissance manque, & le desir vain qui ne peut sortir son effet. La sagesse de Dieu conoit toutes choses, & sa bonté n'a pas de mesure : mais s'il n'auoit vne égale puissance pour produire au iour ce qu'il sçait, & ce qu'il veut, sa bonté demeureroit sterile, & sa sagesse oyseuse, l'vne ne pourroit paroistre, ny l'autre se communiquer, & nous ne cognoistriós pas ny combien l'vne sçait, ny combien l'autre nous ayme. Ce n'est dócques pas assez d'auoir traicté és deux Liures precedens des vertus qui instruisent l'entendement pour cognoistre le bié, & de celles qui disposent la volonté pour aymer, & chercher le bien cognu, si nous n'adjoustons encore les qualitez requises pour le pouuoir produire & mettre à execution, à fin d'armer la vertu Politique de toutes les pieces necessaires. Premierement, la Sapience & la Prudence donnent la capacité &

CHRESTIENNES. 287

la suffisance: Puis la Iustice, la probité, & leurs compagnes inspirét la bonne affection, & la droicte intétion. Il reste de voir les parties qui adjoustét la force & l'efficace. Or desia les vert⁹ qui seruét pour sçauoir, & vouloir le bien, concourent aussi pour le pouuoir, & pour le faire: car toute vertu est vne habitude & perfection adioustee aux puissáces de l'ame raisonnable, pour luy donner ou l'adresse, ou la vigueur, ou l'aisáce & la facilité d'operer, & agir conuenablemét aux reigles de la raison. D'où les Philosophes appellent generalement la vertu, vne habitude operatiue, parce que toute vertu tend à l'action, & comme dit Aristote, *Vertu n'est autre chose qu'vne qualité qui rend bon celuy qui la possede, & bonne son operation.*

Arist. li. 2. Eth. cap. 6. Virtus est qua bonum facit habētē, & opus eius reddit bonum.

Tellement que S. Augustin n'a pas eu mauuaise grace de nommer en general la vertu, *Vne qualité pour bien dresser les actiõs de la vie*, & plus briefuement encore, *le bon & droict vsage du libre arbitre.* Ainsi puis que toute vertu regarde l'action comme son but & son fruit, les vertus qui donnent la lumiere pour cognoistre le bien, & l'inclination pour l'aymer, donnent aussi l'habilité pour le produire. La mesme vigueur de le racine qui sert à l'arbre pour conceuoir & former le fruit, luy sert aussi pour l'esclorre & pour le meurir, & le mesme vent qui fait demarer & voguer le nauire, le pousse iusques au port. La mesme agilité qui fait descendre en la lice le coureur des ieux Olympiques, le fait courir, toucher le but, & remporter la palme

Virtus est qualitas quâ rectè viuitur. Aug. li. 2. de lib. arb. sap. 18. & 19.

Virtus est bonus vsus liberi arbitrij ibid.

& ce

ce qui commence de donner le branfle à fa courfe, luy donne en fuite le progrez, & la victoire. La Sapience & la Prudence ne feruent pas feulement deuant l'actió pour voir ce qu'il faut faire, & les moyens qu'il faut prendre, mais encore elles guident le cours de l'action, & l'vne feruant de phanal, l'autre conduifant, & prefcriuant la mefure, l'accompagnent, & la portent iufqu'à fa fin defiree. Semblablement la Iuftice, la probité, & toutes les vertus qui en dependent, outre qu'elles difpofent & inclinent l'ame aux actions honneftes & loüables, encore feruent-elles beaucoup en l'exercice des actions mefmes, & font non feulement que l'hóme veut, mais auffi qu'il peut operer le bien. Mais neantmoins ie trou-

T

ue qu'il y a certaines qualitez & vertus propremét destinees pour faire esclorre & sortir au iour, ce que la prudence a conceu, & la Iustice desseigné d'vtile & d'honneste, vertus & qualitez sans lesquelles la Iustice n'a bien souuent que de bons souhaits sans fruict, & la prudence de sages conseils sans succez. Et ces qualitez sont principalement requises és personnes publiques, qui rencontrent en leurs plus sainctes entreprises mille obstacles qu'il faut rompre, empeschemés qu'il faut abatre, difficultez qu'il faut vaincre, ce que ne pouuant sans les armes necessaires, leur probité demeure vaine, & leur sagesse infructueuse, s'ils en sót despourueuz. Ie reduis ces qualitez à ces quatre chefs, authorité, bon-heur, courage & eloquence;

autorité fait receuoir les sages & iustes cóseils, le bon-heur les fait reüssir, le courage les fait valoir, l'eloquence les persuade, & sans l'eloquence bié souuét ils semblét amers, sans le courage ils sont foibles, sans le bon-heur inutiles, & nuls sans l'authorité: mais l'authorité leur fait vaincre les obstacles; le bon heur, les difficultez; le courage, les resistances; l'eloquence, les erreurs, & les passions des hómes. Or ie ne veux pas dire, ny que l'eloquéce soit vne vertu, ny l'autorité, & le bon-heur des qualitez inherantes, & attachees à l'homme comme des habitudes: le courage qui naist de la force, & de la magnanimité, tient bien l'vn des premiers rangs entre les vertus politiques, comme nous monstrerons en la suitte de ce discours:

T ij

mais l'authorité, & le bon-heur ne sont que des dons exterieurs de Dieu, qui ne sont pas en nous, mais en sa seule faueur, lors qu'il nous authorise parmy les hommes, & fait succeder heureusemét nos bons conseils pour sa gloire, & pour le bien public; Et quant à l'éloquence, ce n'est pas vne vertu, mais vn instrument qui fait valoir les vertus, & vn ornement qui les embellit & les decore. Ainsi pour mettre ces quatre qualitez en leur rang & en leur office, l'authorité donne la creance; le bon heur, les bons succez; la force, la resolution & la constance; l'eloquéce la persuasion, la grace, & comme l'embellissemét, & toutes quatre donnent la perfection à la vertu politique, & la fin à mon œuure.

De l'authorité.

CHAPITRE II.

L'Authorité dont ie parle icy n'est pas la dignité, ny la puissance que la charge confere, mais vn credit, ou si vous voulez vn poix & vn prix, que l'opinion & l'estime des hommes donne d'vn commun consentemét à la vertu, conseil, faits & paroles de quelques personages esleuez aux charges, que tous regardent comme des Dieux en terre, ou comme des hommes donnez de Dieu pour le bien & salut public. Car il s'en trouue plusieurs constituez en dignité, ornez de vertu, doüez de iugement & de sçauoir, qui toutefois pour estre despourueuz de ceste authorité, que la persuasion

T iij

publique donne à quelques-vns, ont manque du principal instrument qui faict valoir les hommes entre les hommes, quoy qu'ils donent de bons & sages conseils, & où la suffisance reluit esgalement auec la fidelité, si est-ce qu'ils ne sont pas seulement escoutez ; ce qui vaudroit beaucoup en la bouche de quelques autres, perd son prix en la leur, & leur prudence est comme l'or, & les perles en certaines contrees, que les habitans, ou ne regardent pas, ou mesprisent pour en ignorer la valeur. Qui n'a ouy dire que les coquilles marquee du coing public, sont la monoye de quelques peuples nouuellement descouuerts, quoy que ce ne soit pas la disette de l'or & de l'argent qui les reduise à telle extremité, mais l'ignorace ou le mespris, ou l'vsage contraire? L'or & l'argent y abondent, mais ils cedent à de viles conques, sinon en prix pour le moins en employ, & perdent en l'estime des hommes le rang & la dignité qu'ils ont en la Nature. L'or n'estoit pas employé en la ville de Sparte par les loix de Lycurgue, mais le fer seulement, qui portant la marque publique, pouuoit & faisoit toutes choses au comerce: cependant que l'or, quoy que plus precieux, & plus riche, se roüilloit inutile dans quelque obscure retraicte; l'employ que le coin public donne aux monnoyes, l'opinion publique, & sur tout celle du Prince, d'où rejallit l'authorité, le donne aux hommes, & sans ce coing l'or ne vaut pas le fer, auec ceste marque le fer passe pour or. Ce n'est

T iiij

pas tant le prix comme l'estime qui faict valoir les choses au commerce du monde; & il en est de la prudence & de la vertu comme de la pierre precieuse qu'on appelle Phengite, qui, quoy que tres belle, & tres-esclatante, demeure sombre & obscure si le Soleil ne l'esclaire: ainsi les plus belles qualitez languissent, & se fanét incognuës, & mesprisees, si la lumiere de l'estime publique ne leur donne l'esclat & l'authorité. Car il faut recognoistre le puissant Empire que l'opinion a acquis ou vsurpé sur les esprits des hômes, Empire si estendu qu'elle cognoist de toutes choses, & si absolu, qu'il n'y a plus d'appel des arrests qu'elle prononce. Et quoy qu'vn ancien sage ait dit, que la verité est la chose la plus forte, & plus puissante, si

CHRESTIENNES. 297
est ce que l'opinion prend le plus souuent ses habits, se saisit de son sceptre, & si vne fois elle a estably son throsne dans les esprits, la verité a bien de la peine de l'en deposseder : Elle command sans cōtredit, elle gouuerne à baguette, elle esleue ce qui luy plaist, abaisse ce qu'elle rejette, met le prix à toutes choses, aux esprits, à la vertu, à l'industrie, au sçauoir, & ce qui ne porte son sceau, a peu de mise, quoy qu'il ait beaucoup de valeur, C'est pourquoy, comme i'ay desià touché en passant au deuxiesme Liure, la vertu qui desire de se rendre vtile au public, doit rechercher les suffrage de l'opinion publique pour estre authorisee, & par l'authorité que l'opinion luy acquiert sur les esprits, donner le poix à ses con-

seils, & l'effect à ses iustes intentions. Et à la verité on ne sçauroit dire combien l'opinion qu'on a de quelque chose a du pouuoir, & de l'efficace pour la rendre receuable, voire bonne & vtile. L'opinion de la suffisance du Medecin, & de la bonté des remedes guerit plus de malades que ne font les Medecins, & les remedes mesmes; & bien souuent ceste persuasion a eu tant de pouuoir, que la seule veuë de la medecine a donné la guerison. On dit que la Tortuë conçoit en regardant par la force de l'imagination, & les Medecins tiennent que les enfans portent empraintes les images des objects que les meres ont ou regardé, ou apprehendé viuement au poinct de la conceptió, cóme ceste femme qui tenant la veuë, & l'attention fichée sur la figure d'vn More conceut vn Æthiopien. Et les Brebis de Iacob qui conceuoiét leurs Agneaux marquetez, & colorez cōme les verges, qu'on leur mettoit deuāt les yeux au loing du canal des eaux où elles estoient abbreuuees. Le champ seroit large s'il falloit mettre en auant tous les effects de l'imagination, qui fait des miracles au monde, iusqu'à rendre les hommes malades par la force de l'apprehension, & les guerir derechef par la mesme voye, tirāt leur remede de l'origine de leur mal, iusqu'à faire naistre des cornes au front à Cyppus Roy d'Italie, pour auoir trop viuemēt imprimé en sa fantasie le combat des taureaux, où il auoit assisté, iusqu'à produire des monstres, surpasser la loy commune, & se ioüer

Gen. Cap. 30.

de l'ordre des choses, faisant sortir, au iour des hómes demy chiés, demy poissons, ou demy cheuaux, enfans de l'imaginatió, prodiges, & estonnemens de la Nature. Or sans m'estendre plus auant au recit de telles curiositez, j'allegue cecy, pour dire que la mesme force que l'imagination a és choses naturelles, l'opinion l'a és morales & ciuiles. Car n'est-ce pas vne merueille de voir quelquefois vne populace mutinee, grondant & escumant de fureur, comme les vagues d'vne mer orageuse, renuersant & massacrant tout ce qui s'oppose auec le fer, les bastons & les pierres, & les autres armes que la rage rencontre, emmenant & entraisnant tout de sa violence, comme les flots d'vn torrent desbordé, s'arrester tout d'vn coup à la premiere veuë d'vn personnage graue, & tel que le descrit le Poëte:

Qui paroissant soudain, bride leur insolence. *Virg. 1. Æneid.*
Reprime leur fureur, leur impose silence
Et sa bouche, d'où flue vn miel coulant & doux,
Calme par ses discours, les flots de leur courroux.

N'est-ce pas vne merueille, que comme le courroux enflé de la mer, qui menace d'abismer toute la terre, se brise contre le sablon du riuage; aussi ceste tempeste d'vn peuple mutiné s'appaise à la rencontre d'vn homme desarmé, & que l'opinion arreste ce que la force, le fer & les armes ne pourroient arrester? l'estime & l'opinion conceuë de la vertu de cest homme dissipe tout cest orage, comme on dict, que le vent d'vn chapeau destourne les coups des foudres & des canons. Mais n'est-ce pas encore vn exemple plus remarquable de l'efficace de l'opinion, de voir vne armee qui prend desia la desroute, se remettre soudain, & reprendre cœur à la veuë, ou à la voix d'vn Capitaine renommé, & comme si vn homme seul inspiroit la force à tous, ou si tous combatoient en vn seul, tous par vn, ou vn par tous remporter la victoire; Ce n'est pas la force, ny le courage du Capitaine, qui faict ceste merueille; car que peut adiouster à toute vne armee la force d'vn homme, quand ce seroit bié vn Hercule, vn Alexandre, ou vn Cesar? c'est l'opinion qu'on a conceuë de sa valeur & de sa conduite; opinion qui inspire le cœur aux plus lasches, la force aux plus foibles, l'ardeur aux plus refroidis, & plus viuemét que le son des trompettes, où l'influence de l'estoile de Mars les animé tous à combatre? semblablement en mer l'opinion de l'experience du Pilote redouble le courage des Matelots parmy l'effroy des tempestes plus perilleuses? la presence du maistre assis allegre à la poupe leur donne plus d'esperance que le feu sainct Elme luisans dans le hune, c'est leur phare & leur Cinozure, il eschauffe leur cœur, & reforce leurs bras pour luiter contre les vagues, & la creance que s'est acquise l'authorité de ceux qui gouuernent sauue plus de nauires que leur art ny leur adresse. Il en arriue de mesme en vn conseil & assemblee, où l'authorité d'vn homme qui est en credit & reputation sert beaucoup plus pour faire receuoir vn bon aduis, ou reietter vne mauuaise proposition, que ses raisons, ses discours, ny sa sagesse. Tádis qu'il n'a pas encore parlé à peine les autres osent ouurir la bouche, craignans de n'estre pas conformes à ses aduis, son authorité les tient en bride, son silence en suspens; & aussi tost qu'il commence à parler chacun tient l'œil pendu à sa face, & l'oreille à sa voix ; il imprime tout ce qu'il dict, il persuade ce qu'il veut, & plus le poix de son nom que de ses paroles, fait incliner les iugemens du costé où sa balance prend le traict, si bien que le plus souuent tous les autres se laisserent tirer à luy comme le fer à l'aymant à l'aymant, sans estre pressez d'autre force plus puissante que de celle de sa presence; tant peuuent sur les esprits l'authorité & l'opinion. Les exemples de ceste verité sont frequens dans les histoires, où nous voyons souuent la presence d'vn homme de creance arrester par son authorité les esmeutes ciuiles, inspirer l'ame aux assemblees, donner le branle & le mouuement aux cœurs, aux langues & aux mains, & tourner où il incline, les volontez de tout le monde. L'authorité d'vn Phocion à Athenes, & d'vn Caton à Rome, a fait souuent de semblables merueilles, quand il a esté question ou de faire passer vn bon aduis, ou d'en rejetter vn mauuais, ou d'establir la Iustice, ou de repousser la violéce. Et ceste authorité est vne

V

des plus fortes armes de la vertu Politique pour executer les belles entreprises.

D'où vient ceste authorité.

CHAPITRE III.

TOut bien procede de Dieu, source & fontaine des biens, & particulierement l'autorité dõt nous parlons, coule de ceste source, & il semble que Dieu mesme graue de son doigt, ie ne sçay quel traict d'vne Majesté non commune, sur le front de ceux qu'il veut authoriser, & rendre vtiles à la societé des hommes. On dit que plusieurs familles Romaines auoient certaines marques hereditaires, comme d'vne lentille, d'vn poix chiche, ou d'vne verruë, qui paroissoient sur le front des enfans, & faisoiét aussi tost cognoistre leur nom & leur tige à ceux mesmes qui ne les cognoissoient pas: Ainsi Dieu semble choisir en tous ses Estats, Royaumes & villes certaines maisons, & certaines races pour instrumens de sa prouidence, en la conduite & aduancement du bien public, en telle sorte que tous ceux qui en descendét portent ie ne sçay quel charactere, & monstrent ie ne sçay quel air qui les fait recognoistre à tous, & les authorise sans autre preuue de leur suffisance, que cet honneur qui les suit par titre d'heredité. Et que Dieu choisisse certaines familles qu'il marque cóme de son seau, & donne à tous ceux qui en sortent l'autorité auecques le nó,

V ij

outre que l'experience le declare assez, L'Histoire sacree nous en fournit de beaux tesmoignages, & de remarquables exemples. Car nous lisons que la race des Machabees ayát esté choisie & inspiree de Dieu pour releuer la Iudee de l'oppressió des tyrás & vsurpateurs, & la chose reüssissant à leur honneur par plusieurs belles victoires, & celebres triomphes; vn Iosephe, & vn Azarias piquez d'vne emulation enuieuse conceurét vn dessein de s'acquerir de la reputation à l'enuy des Machabees. Ils s'equipent, ils dressent vne armee ils paroissent aux champs, ils attaquét l'ennemy, mais à leur honte qui suiuit de prés leur desroute & leur fuite, *par ce que*, dit le sacré texte, *ils n'estoient pas de la race de ceux d'où deuoit sortir le salut d'Israel.* Pa-

Li. 1. Mach. cap. 5.

Ipsi nõ erãt de semine virorũ illorũ per quos salus facta est in Israël.

role tres remarquable, par laquelle Dieu noꝰ declare l'ellection que sa prouidence fait de quelques familles, pour s'en seruir comme d'instrumens en ce qu'il desseigne pour le salut commun des Empires. Ainsi entre toutes les familles du monde il choisit jadis celle d'Abrahá pour y conseruer le culte de son nom, & l'esperace du salut de tout l'Vniuers. Il choisit apres la famille de Leui pour le Sacerdoce. La famille de Iuda pour la Couronne: La famille des Machabees comme nous auons dit, pour venger l'opprobre d'Israel. Athenes, & Rome semblablement ont eu certains noms, & certaines races fatales à leur gloire, & qu'on pouuoit nommer les colomnes, & les bazes de leur grandeur: Et nostre Histoire conserue la memoire glo-

V iij

rieuse de plusieurs illustres familles qui semblent auoir esté destinees par le Ciel pour defédre contre les iniures du téps la beauté de nos Lys, & maintenir au milieu des orages de la fortune la grandeur de nos Roys, & la gloire de leur Couronne: Les noms en sont si cognus, que de les coucher sur ce papier n'estant pas de necessité, pourroit estré soubçonné d'adulation. Or ie dis que ceux qui descendent de telles maisons portent du ventre de leur mere, non comme ceux de nos vieux Romás la marque d'vne ardente espee emprainte sur la cuisse, mais l'authorité d'vn credit hereditaire graué dessus leur nom, qui leur prepare & aplanist le chemin aux belles & grandes actions. Ce qui m'a fait dire que cette authorité est vn don de Dieu, puis que le sort de nostre naissance ne vient pas de nostre choix, mais de la disposition de la diuine Prouidence: Car s'il dependoit de l'eslection des hommes de choisir le lieu de leur origine, Chacun, disoit elegamment Seneque, iroit enuahir quelque riche, & quelque illustre famille: mais lors que nous ne sommes pas, Dieu qui nous donne l'estre, choisit pour nous, & prend le temps & le lieu. Et non seulement de ce costé l'authorité dont nous parlons est vn don du Ciel, mais encore par ce que Dieu donne à quelques-vns certaines graces naturelles qui les authorisent, & les rendent agreables aux peuples, & aux Roys. Ainsi Dieu authorisa Ioseph en Egypte deuant Pharaon, Daniel en Babilone deuãt

Nabuchodonosor, Mardocheen Assyrie deuāt Assuerus, Esdras en Perse deuant Artaxerxes, & plusieurs autres en diuerses occasiōs, qui se seruant de ceste authorité, non pour leur bien particulier, mais pour le bien public, ont paru comme des anchres sacrees au fort de la tempeste pour retirer le peuple de Dieu du naufrage eminent. Et icy peuuent entrer tous les dons qu'on appelle de Nature & de fortune, & ceux encore que la Theologie nomme dons de grace gratuitement donnee, qui ne dependent pas de nous, ny de nostre merite, mais de la pure dispositiō, & liberalité de Dieu. Car comme le Poëte Lucrece disoit, que la lumiere du Soleil n'est pas d'vne piece continuë, mais rejallit sur nous de l'assēblage de plu-

Lucret. Largus enim liquidi fons luminis æthetius Sol. Irrigat as-

sieurs & divers rayons, qu'il nous eslance si dru les vns sur les autres que nous ne pouuons en apperceuoir l'entredeux : Ainsi l'autorité, qui est la lumiere de la vertu, naist & esclate de l'heureuse rencontre de plusieurs belles parties. Premierement la Noblesse, & l'antiquité du sang authorise grandement la vertu d'vn homme, comme nous auons desia touché; Et quoy que quelques-vns ayent voulu dire ce qu'Vlisse respondit à Ajax, que ce que nos majeurs ont fait de beau n'est pas à nous, mais à eux ; si est-ce qu'à parler comme il faut, il est nostre en deux façons, nostre par le titre de la succession qui nous donne droit, non seulement au bien, mais à l'honneur de nos peres, & encore plus nostre, par le titre de l'imitation, quand nous

sidue cælū candore recenti Suppeditaque nouo confestim lumine lumē.

marchons sur les vestiges de leurs exemples vertueux. Et quoy que d'autres ayent dit, que la Noblesse de la race estant vn bien externe, n'adiouste rien à l'homme, si est ce que mesme à le prédre à la rigueur, ce bien externe adiousté aux biens internes, est vn surcroist de bien, en telle façon que qui n'a pas ce bien, a máque de quelque bien, & qui a ce bien par dessus vn autre, quoy que d'ailleurs toutes choses soient egales, il a tousiours de l'auátage sur luy. Et puis nous ne cósiderons pas icy l'homme metaphysiquement, seul, abstraict & separé des autres hommes, nous le regardons en la communauté, & societé ciuile, ou sans doute la celebrité, & la Noblesse de la tige luy acquiert aussi tost vn poix & vne creáce, qu'vn nouueau venu, quelque sage & vertueux qu'il soit, ne peut acquerir qu'apres auoir donné beaucoup de preuues de soy. C'est pourquoy Saluste remarque que les anciens Romains croyoiét souïller & flestrir l'honneur du Consulat de le donner à vn homme nouueau, quoy que remply de merite & de vertu. Apres tout, s'il faut aduoüer que la Noblesse sans la vertu ne fait que honte, aussi voit on que la vertu sans la Noblesse demeure basse, mais la Noblesse decore par la vertu, & la vertu releuee par la Noblesse portét vn home au plus haut feste de l'honneur, & celuy en qui ces deux se trouuét assemblez, à toute la gloire qu'vn homme peut auoir, puis qu'il a l'hereditaire ioincte auecque l'acquise. En second lieu, les richesses don-

Salust. de coniur. Catil. Existimabant pollus consulatum si cum quauis egregius nouus homo obtineret.

nent beaucoup d'authorité, quád elles viennent ou d'vne iuste succession, ou d'vne legitime & honneste acquisition : car il en est des richesses comme des eaux, qui ne peuuent estre belles & nettes, si la source n'en est pure, & quand on voit quelque maison abondante en biens temporels, les hommes disputent aussi-tost de l'origine d'iceux, comme les Geographes de celle du fleuue de Nil. On reproche tousiours les déts au chié, au loup sa gueule, au lyon ses ongles, à l'aigle ses griffes au renard ses tromperies, la fraude ou la violence, à toutes les bestes de proye, & quoy que Cacus fasse marcher à reculos vers sa cauerne les bœufs qu'il a rauis, si est-ce que les moins rusez y sçauent aller tout droict pour découurir ce qu'il croit estre caché. Mais quand les richesses sont legitimement acquises, elles donnent beaucoup de credit à la vertu; outre qu'elles luy seruent d'instrument pour l'execution de ses iustes & genereux desseins. D'où le Philosophe a desiré les biens de fortune comme pieces necessaires à l'entier accomplissement de la beatitude de l'homme: Et sainct Thomas mesme le maistre de la Theologie reçoit ceste propositió pour ce qui touche la beatitude imparfaicte de ceste vie en laquelle l'homme a non seulement vne ame qui se contente des biés interieurs mais aussi vn corps qui a besoin des exterieurs : mais en l'autre vie despoüillez de ce corps caduq́ue Dieu seul sera nostre bien accomply, & nostre parfaicte felicité : Quoy qu'encore

Arist. lib. 1. Eth. cap. 8

D. Thom. 12. qu. 4. art. 7.

apres la resurrection le corps estát reüny à l'ame glorieux & immortel, les biés du corps concourront derechef sinon cóme essentiels & necessaires, au moins comme adjoints & bié seans à la perfection de nostre beatitude. Ainsi vous voyez de tous costez que les biés externes adioustét quelque chose au bien de l'hóme. Non toutefois que nous soyons de l'opinion des Peripateticiés, qui estimoiét conformement à leur Aristote, qu'on ne pouuoit estre bien heureux en ceste vie, sans l'abondance des choses exterieures, veu qu'au contraire la discipline Chrestiéne prefere la disette de telles choses à l'abondáce, & le mespris à la possession : mais nous disons seulement que quand la droicte raison vse des biens temporels à la gloire de

Dieu, ils sont vn grand & puissant instrumét, pour l'exercice des vertus, en l'vsage desquelles consiste nôtre felicité presente. Les richesses sont indifferentes d'elles mesmes, le bon employ les fait bónes, l'abus les rend mauuaises, & cóme elles seruent de matiere au vice entre les mains des meschans, aussi fournissent-elles des armes à la vertu des bons. Et principalement à la vertu qui paroist en public, & qui pour se produire sur le theatre du monde a besoin de ces choses exterieures, sans lesquelles la vertu se trouue foible & languissante, & sinon sans merite deuant Dieu, au moins sans action, sans fruict, & sans gloire deuát les hómes. Car comme les crimes qui ne sont qu'en la volóté, n'apportent aucun preiudice à la societé ciuile,

> D. Thomas
> loco citat.

& par conſequent ne meritét aucun chaſtiment de la iuſtice humaine, ſuiuant les regles des Iuriſcóſultes (ſinon és cas de leze Maieſté, où tout eſt puny, & le deſir, & l'effect, & le cœur, & la main) auſſi le bien qui n'eſt qu'en l'intention, n'apporte aucune commodité à la Republique, ny ne merite d'icelle aucune gloire ou recompéſe. Or la vertu qui n'a pas les inſtrumens des richeſſes pour produire au iour ſes beaux deſſeins, eſt contrainte d'eſtouffer mille & mille biens, pour ne pouuoir les eſclorre, & autant que la pauureté luy oſte d'occaſions de paroiſtre, & profiter aux hómes, autát luy fait-elle perdre de gloire, de credit & d'authorité; tellement que ſa genereuſe inclination la hauſſant d'vn coſté, mais

ſon

Voluntatis pœnam nemo patitur.

son impuissance l'abbaissant de l'autre, il luy arriue comme à celuy de l'Embleme, que la pierre affaisse à mesure que la plume l'esleue. Outre que les choses du monde sont tellement disposees, & les iugemens & affections des hommes, ont pris vne telle pente, que tout cede & obeyst aux richesses, comme mesme le Sage l'aduoüé dans l'Escriture, L'or dit le Philosophe, sert comme d'vn fideiusseur, & d'vn plege fidele, pour obtenir tout ce qu'on demande, & de là procede que pouuát tout & faisant tout parmy les hommes, il acquiert beaucoup de creance à ceux qui le possedent, & en oste autant à ceux qui ne l'ont pas.

Alciat. Vt me pluuia leuat sic graue mergit onus.

Pecuniæ obediút omnia. Prou. c. 10. Nammus est veluti fideiussor habents pro eo quodcunque homo voluerit. Arist. lib. 5. Polit. cap. 6.

X

Suite du mesme discours.

CHAPITRE IV.

D'Auantage les Estats, les honneurs & les dignitez contribuent beaucoup pour acquerir de l'authorité, & sur tout quand elles sont le salaire du merite, & non la proye de l'ambition, ou la recompense du vice: Car lors que quelque voye illegitime, ou deshonneste a seruy de plache & d'eschelle pour monter aux honneurs, ou l'on n'ose pas exercer la charge auec le courage & liberté requise, ou bien l'on rencontre des oppositions fondees sur des reproches qui diminuent la creance: Mais celuy à qui la vertu a seruy de degré pour s'esleuer à la dignité, il l marche le cœur hardy & la teste leuee, sa conscience releue son courage, & en tout ce qu'il entrepréd de iuste & d'honneste, l'honneur le deuance, la liberté l'accompagne, & l'authorité le suit. Les dignitez sont le theatre de la vertu, c'est-là qu'elle paroist, & produit ses belles actions à la veuë des hommes. Les charges authorisent les hommes, pourueu que les hommes honorét les charges, & qu'on puisse dire d'eux ce qu'ō disoit du Thebain Epaminondas, qu'ils administrent tellement les honneurs, qu'ils semblét plustost leur donner ornement, que non pas en receuoir d'eux. Et certes comme la lumiere du Soleil qui se communique à toutes choses indifferemment, ne rend toutesfois lumineux que les corps transpa-

Honores ita gessit vt ornamentum non accipere, sed dare ipsi dignitati videretur Iustinus lib. 6.

X ij

rens, & diposez à receuoir en eux les impressiós de sa clarté comme le cristal & le verre; aussi les dignitez peuuent tomber en vn siecle d'ambition & de desordre entre les mains de qui que ce soit: mais iamais l'esclat de l'honneur & de l'authorité qu'elles apportent ne fait reluire que ceux qui peuuent respectiuement les honorer & les authoriser. Les charges sont des jettons qui valét beaucoup entre les mains des riches marchands lors qu'ils font leurs grands comptes, peu ou rien entre les mains des pauures qui n'ont rien a cópter. Toutesfois si la dignité sans la suffisance n'a pas beaucoup de credit, aussi la suffisance sans la dignité ne peut s'authoriser au monde, ains demeure incognuë, inutile, & oyseuse dans l'obscurité de sa retraicte, comme les mines d'or non descouuertes dans les cachots de la terre, & bien souuent l'estain & le cuiure sont mis au cours du commerce, tandis qu'on croit auoir disette de l'or qu'on laisse roüiller. Il importe pour le bien public que ce qui peut profiter à tous soit employé pour l'vsage cómun, que le Soleil soit esleué sur le firmament, la lampe sur le chandelier, la vertu sur le throne des honneurs, puis que releuée & authorisée elle sert à tout le monde, mesprisée ou negligee elle reçoit vne iniure dont tous reçoiuent dommages.

Mais entre tous les biens de fortune qui authorisent la vertu, la faueur & le credit enuers le Princes tient le premier rang, quád on l'employe non pour le bien parti-

Principibus placuisse viris non vltima laus est.

culier, mais pour le bié commun. Car comme disoit vn ancien Poëte, d'auoir peu plaire aux Roys & aux Princes n'est pas la derniere loüäge, & d'auoir gaigné le cœur de ceux qui possedét les cœurs de to⁹ les hommes, ce n'est pas auoir fait vne petite conqueste: c'est en gaignant vn cœur auoir conquis tous les cœurs. Quoy de plus grand & de plus illustre, disoit cet ancien Chancelier de Thierry Roy des Gots, que d'auoir merité la loüange, & l'approbation de ceux à qui la grädeur oste le soupçon de la flaterie! Car l'estime que les Roys fõt de quelqu'vn ne procede que d'vn iugement qu'ils en rent de ses actions, & de sa vie. Vn esprit muny de l'authorité du souuerain commandemét ne daigne tant applaudir par adulation. Tellemẽt qu'il n'y à chose qui authorise pl⁹

Cassiod. ep. 3. lib 1. Var. Quid ma-ius quæritur quàm hic inuenisse laudum testimonia, vbi gratifi-catio non potest esse su-specta Re-gnátus quip-pè sententia indicium de solis actibus sumis, nec blandiri di-gnatur ani-mus domi-ny potestate munitus.

vn homme que l'approbation du Prince, dont l'estime & le iugemẽt donne prix & cours aux hommes comme son coin aux monnoyes.

11. Apres les biens de Fortune suiuent les dons de Nature, du corps & de l'esprit, qui seruent grandement pour donner du credit & de l'authorité parmy les hommes. Car seulement la beauté & la maiesté du corps a tant de force pour captiuer les cœurs, & imprimer dans les esprits ie ne sçay quelle reuerence, qu'elle a semblé digne aux Anciens des Empires, & des Couronnes. Et Dieu voulãt donner vn Roy au peuple d'Israël, choisit Saul, dõt la belle taille, & le port maiestueux sembloit luy acquerir la preeminence de la dignité sur tous les autres aussi bien que celle du corps. Il paraissoit, dit le *Ab humero & sursum.*

LES POLITIQVES

eminebat super omnem populum. Reg. l.1.c.8.

sacré texte, *haut & relevé sur tout le peuple des espaules, & la teste,* comme cet autre duquel parle le Poëte.

Humeris super eminet omnes virg.

Il paroist dessus tous de toutes les espaules.

Iesus-Christ méme qui pour donner l'exemple du mespris du monde, a foulé soubs les pieds les honneurs & les richesses, & tous les biens de fortune, n'a pas mesprisé ce don de Nature, & a voulu surpasser tous les enfans des hommes en la grace & beauté du corps, d'où son port remply d'vne majesté venerable luy acqueroit vne douce, mais puissante authorité sur les cœurs. Et sainct Basile fait vne belle remarque, que Dieu ayant donné à l'homme le commandement & la puissance sur la femme, vouluft en recompense

Speciosus forma præ filij hominum. Psal.

Basil. lib. de Virginitate.

aduantager la femme par dessus l'homme en la beauté du corps, afin que la mesme authorité que l'homme auoit sur la femme par le droict de sa dignité, la femme l'acquist sur l'homme par les attraicts de sa grace. Bref, il n'y a charme plus fort pour gaigner les cœurs & posseder les volontez, que la beauté & majesté du corps, qui s'establit sans loix & sans satellites vn Empire insensible sur tous ceux qui le regardent.

Que si les appas & les attraicts de l'esprit se rencontrent auecque ceux du corps, c'est pour rendre vn homme seigneur de tous les cœurs, & Roy absolu de toutes les affections, veu que par les graces exterieures il gaignera l'opinion du vulgaire, & par les interieures le iugement & l'estime des sages

& prudens, si bien que captiuant sous soy les vns par le corps, & les autres par l'esprit, il se rendra possesseur & maistre de tous. Or entre les dons de l'esprit, la force & solidité du iugement est preferable à tous, & c'est ce qui fait plus reuerer vn homme, & l'authorise dauantage; Car tout ce qu'il y a de plus fort au monde estât contraint de ceder en fin à la force de la raison, celui qui a l'efficace de faire mieux paroistre la raison en ses cõseils, en ses paroles & en ses actiõs, demeurera tousiours, quelque attaque qu'il récontre, le plus fort & le seul inuincible. Les richesses, le credit, les dignitez, les faueurs, les amis, la sciéce & l'eloquéce peuuét vaincre pour vn temps, mais à la fin la raison triomphe, & celuy qui a l'vsage de se bien seruir de ses armes, il l'instrument pour surmonter toutes choses.

A tous ces dons de fortune & la Nature, les dons de grace, que les Theologiens appellent gratuitement donnée, & que Dieu donne pour le bien commun & vniuersel des hommes, à ceux qu'il veut authoriser & rendre vtiles à la communauté, adioustent beaucoup de poix & d'efficace. Tels sõt les dons de conseil, de science, de prudence, d'eloquence, & autres dons du Ciel, qui cõsiderez comme dons de grace, ont quelque chose du plus haut & de plus releué, produisent de plus grands effets que les mesmes qualitez considerées simplement comme habitudes acquises. Et cecy authorise grandement vn homme, lors qu'on cognoist en luy quelque chose qui surpasse l'ordinaire, & qui tesmoigne quelque faueur, & quelque grace particuliere de Dieu.

Suite du mesme discours: Comment il faut bien employer les belles parties dont l'on est doüé pour s'authoriser.

CHAPITRE V.

C'Est vn commun Prouerbe, Que chacun est l'artisan de sa fortune. Ce qui signifie que Dieu ne fait pas tout, mais que l'home doit aussi cooperer de son costé, pour bastir son duâcement, soit temporel sur la terre, soit eternel dans les Cieux Nous auons parlé des parties, qualitez & dons de

Fortune, de Nature & de Grace, qui rendent vn homme celebre parmy le monde, & luy acquierent de l'authorité en l'opinion des hommes. Mais ce n'est pas tout que le Ciel soit liberal enuers quelqu'vn, & luy departe largement ses faueurs, si luy-mesme n'est prudent & sage pour les mesnager discretement, & les employer sainctement à la gloire de Dieu, vtilement au bien cõmun, heureusement à son hõneur. Car ont dit bien que les Aigles & certains serpens portent en leur teste des pierres precieuses, & que les Griffons de la Scythie Aquilonaire, gardent en des grottes & cauernes, de gros monceau d'or, & d'argent: mais toutesfois parce qu'ils ne sçauent pas eux-mesmes comment il s'en faut seruir, ce thresor qu'ils possedent leur est inutile. De mesme il arriue quelquesfois qu'vn homme est doüé de plusieurs qualitez, qui peuuent le rendre celebre & recommandable, & neantmoins ces belles parties demeurans cachees & estouffees entre ses mains, restent sans fruict, & luy sás nom & sans creance. Or on ne peut pas nier que quelques-vns ne soient accompagnez de ie ne sçay quelle infortune, qui estouffe tout ce qu'ils font de beau, & quelque chose qu'ils desseignent, quoy qu'ils tétent, de quelque costé qu'ils se tournent, les trauerse par tout, & aussi tost que l'esperance de quelque fruict commence à poindre au milieu de leurs trauaux, ou la fait mourir en sa fleur ou la leur arrache des mains. Soit que leurs actions ne rencontrent iamais l'opportunité fauorable, la disposition des personnes, du temps, & du lieu, & autres circonstances necessaires à vne action pour s'esclorre heureusement & glorieusement au iour; mais il leur arriue côme aux fleurs qui se perdent, ou aux enfans qui meurent en naissant, pour estre sortis ou trop tost, ou trop tard, & auoir failly au poinct, & au moment que la Nature cherche, soit que Dieu (à la prouidéce duquel il faut referer toutes choses, puis que toutes luy sont sujetes, & que celles mesme qui sont fortuites à l'hôme, sont preueuës à Dieu) ne vueille pas les autoriser & aduancer au monde, ou les reseruant à quelque plus grand bien, ou preuoyant que le progrez de leur fortune tireroit à sa suite le dechet de ser auec le sang des peres en leurs enfans, mais iamais l'honneur ne passe qu'auec le merite. La naissance donne l'vn, mais il n'y a que l'imitation qui puisse transmettre l'autre, & si l'vn suit le nó, l'autre ne suit que la vertu. Car c'est la maxime du Philosophe, que les choses se conseruent par les mesmes moyens qu'elles s'acquierent & se perdent par les contraires, comme l'eau qui a acquis la pureté par le mouuement, la conserue par le mouuement, & la perd par le repos, & le fer qui a acquis la chaleur dans le feu, & la conserue dans le feu, & la perd hors du feu. Or ce n'est pas le sang ny le nom, mais ce sont les faits genereux qui ont acquis aux maisons illustres le credit & l'authorité, & partant ce n'est pas la succession du nom, &

Divina inſtitia emolens optima rum fortitudinem naturalium donationibus Dionyſ.

sa grace, ou, cóme dit sainct Denis, ne voulant pas eneruer la force de leur vertu, par la donation des choses temporelles, ou bien pour punir les crimes du siecle, & le priuer du fruict qui reuient au public, de l'administration des gens de bien capables & vtiles, suiuant les menaces qu'il en faict dans l'Escriture, ou pour quelque autre raison tousiours saincte & iuste, quoy qu'occulte & cachee. Quoy qu'il en soit, il est certain par l'experience iournaliere, que plusieurs doüez de belles & excellentes parties demeurét tousiours reculez, sans nom & sans authorité, bié qu'il n'y ait pas de leur faute, & qu'il ne tienne pas à eux, ny au defaut d'vne sage & prudente conduite, qu'il ne se rendent recommandables, & dignes qu'on
les

les employe. Et ceux-là doiuent se contenter du sentiment de leur merite, & du tesmoignage de leur conscience, qui vaut mieux que to⁹ les Sceptres & Couronnes du monde, & qui est la seule recompense que ny la fortune, ny l'ingratitude des hommes, ne peut oster à la vertu; meriter les honneurs & ne les auoir pas, est chose plus honorable que les auoir sans les meriter, & la loüange est bien pl⁹ grāde quād on demāde pourquoy le peuple Romain n'a dressé des statuës à Caton en la place publique, que non pas quand on s'enquiert pourquoy il luy en a dressé: La vertu qu'on voit sans couronne, est tousiours prisée de ceux qui sçauent le prix des choses, là où il n'y à rien de si honteux qu'vn honneur, & vn salaire dont

Plut. in Catone.

Y

on recherche la cause. Mais quoy qu'il soit veritable que le malheur accompagne le merite de quelques-vns, si est-ce neantmoins que côme plusieurs rejettét sur le Diable les pechez qu'ils ont cômis, souuent aussi les hommes changét la fortune, ou le siecle de leurs propres erreurs. Car s'ils ont des qualitez recommandables, ou ils ne sçauent pas en vser bien à point, ou tout à fait ils en abusent, ou ils negligent d'employer les occasions, ou le trauail les espouuante, ou l'oisiueté les attire, ou la volupté les pipe & les seduit. S'ils sont Nobles, ils degenerét; si riches, ils n'employét pas leurs richesses auec honneur; si esleuez en dignité, ils ne fôt pas valoir leur charge; si sçauãs, ils font seruir leur science à leur propre contentemét, & non au bien public; si doüez d'autres belles qualitez, ils les laissent inutiles, comme le Dragon du iardin des Hesperides, qui gardent les pommes d'or, & n'éscait pas cueillir; Quelle merueille dócques, si tous chargez de merite, ils demeurét tousiours vuides de nom & de creance? Quelques-vns cachent aussi à dessein leur talát comme les fourmis leur grain, pour iouyr du repos d'vne vie priuee, qu'ils preferent à toutes choses, & de ceux-là il ne faut pas s'estonner s'ils ont ce qu'ils demandent, & s'ils n'ont pas ce qu'ils fuyét: mais s'ils font cecy par vn vray mespris du monde, & vn pur amour de Dieu, ils sont dignes d'admiration, si pour euiter le trauail, & se cótenter eux-mesmes, ce qui arriue le plus souuent, oubliát leur deuoir pour suiure leur humeur, & preferant leur propre plaisir au bien commun, ils ne sont pas seulement dignes d'excuse. Ce n'est doncques pas assez d'auoir des heureux aduantages, & des parties recómandables pour acquerir du nom & de l'authorité, & s'ouurir le chemin à profiter pour le public; le principal est de les bien employer; car de telles choses comme de l'or & des richesses, l'vsage vaut mieux que la possession & l'employ que la iouyssance.

Or pour bien employer les dós du Ciel, & s'establir & authoriser par ce moyen il y faut de la peine, de la prudence & du bon-heur, de la peine à chercher les occasiós, de la prudéce à les choisir, du bó heur à les trouuer, & s'en seruir vtile-

ment. Le bon-heur ne dependant
pas de nous, doit estre remis à la
prouidence de Dieu, le trauail &
la discretion estāt en nostre puissance, sont de nostre deuoir.

Et premierement ceux qui sont
sortis de maisons illustres, anciennes & authorisees doiuent reconoistre que pour maintenir l'authorité de leur maisons, il faut
qu'ils en maintiennent la reputation par la vertu, & que s'ils veulent heriter de la gloire & de la
creance de leurs peres, ils doiuent
succeder par imitation aux belles
actions qui les ont rendus si celebres. Où la vertu n'est hereditaire
la gloire ne le peut estre, celle-là
defaillant, celle-cy tend à son dechet, & la flestrissure de la fleur ne
tarde guere à suiure la mort de la
racine. La Noblesse peut bien pas-

des armoiries, mais la suite hereditaire des actions vertueuses qui peut la maintenir, & la conseruer. Que si les enfans degenerent de leurs majeurs, & qu'au lieu du trauail l'oisiueté, au lieu de l'industrie les voluptez, & les delices, au lieu de la continence & de la iustice les dissolutions & la superbe, se glissent & s'écoulent, aussi tost la grandeur & l'authorité des maisons dechoit; & comme disoit Saluste. *La fortune se châge auecque les moeurs.* L'experiéce de ceste verité se voit tous les iours au môd, où le vice & la nonchaláce raualent le credit de tant de familles, que l'industrie & la diligence auoient esleuuees en honneur & en pouuoir, & la gloire des peres au lieu de seruir d'ornement aux enfans, ne leur sert que d'oprobre. Car

Imperium his artibus retinetur quibus initio partum est. At Fortuna simul cum moribus immutatur. Salust. de coniur. Catil.

comme Caius Marius reprochoit aux Nobles de Rome, qui vouloiēt s'autoriser par la renommee de leurs majeurs, dont ils ne suiuoient pas les traces, *Plus la vie des predecesseurs est illustre & recōmandable, plus est honteux & vituperable le vice des enfans, la gloire des majeurs sert aux descendans comme d'vne lumiere, qui met au iour & à la veue du public, tout ce qu'ils font ou de bien ou de mal.* Et cecy doit seruir d'aduertissement à ceux qui descendent de peres celebres & renommez, que la Nature & la loy ciuile peuent bien leur donner l'heritage de leurs parens, mais que la vertu seule les peut maintenir en la possession de leur authorité, & qu'ils n'ont pas tant de loüange à estre sortis de leur race, comme ils ont d'obligation à se rēdre dignes de

Salust. de bello Iug. Quanta maiorum vita præclarior tātò horum socordia flagitiosior.

Maiorum gloria posteris quasi lumen est, neque bona eorum neque mala in occulto patitur.

leur origine, & faire comme l'eau des fontaines, qui rejallit & remonte aussi que sa source.

Suitte du mesme discours.

CHAPITRE VI.

Comme la grandeur & celebrité de la maison ne donne pas de l'authorité aux lasches & indignes de leur nom, aussi les richesses n'en donnent pas ny aux prodigues qui abusent de leur bien, ny aux auares qui en ignorent l'vsage, mais ceux qui sçauét les employer és occasions, ont vn grand instrumét pour establir, & pour maintenir leur creance; La liberalité & la magnificence sont deux vertus qui esclatent grandement au iour, & rendent fameux & celebre le nom de leur autheur, l'vne par les bien-faits departis &

dispensez par la prudence, qui sçait choisir les personnes, les sujects, les temps & les lieux, l'autre par les despences honorables employees és actions signalées, ou és ouurages publics, qui regardent ou l'honneur de la Republique, ou la gloire & culte de Dieu: car cóme mesme le Philosophe a remarqué, *Les despëces qui apportēt plus de gloire, sont celles qui concernent le seruice deu à la Diuinite*; Et si toutes actions grandes doiuent auoir vn grand object, quel object plus digne & plus proportionné aux grādes despences de la magnificence que l'honneur qu'on doit à la grādeur infinie de la Majesté Diuine? *La maisõ que ie veux edifier sera grāde & somptueuse, parce que nostre Dieu est grēd & Maiestueux*, disoit le Roy Salomon, lors qu'il dessei-

Honorabiles sumptus sunt maximé qui pertinent ad diuino sacrificia. Arist lib. 4. Et. car. 2.

Domus quā edificare cupio magna est, magnus enim Deus noster Paralip lib. 2. cap. 2.

gnoit le bastiment de ce magnifique Téple, l'vn des miracles du monde n'alleguant pour raison de la magnificence de son ouurages, que la grandeur de Dieu. Car ces grandes despences qu'on exerce en des occasions vaines & folles, dont la memoire passe aussitost comme le vent & la fumee & dont bien souuent le subject est honteux ne meritent pas le nom de magnificence ains plutost de profusion, & n'apportent pas du credit & de la gloire, mais du blasme & du reproche à leurs autheur. Comme donner mal à propos, ce n'est pas sçauoir donner, mais c'est ne sçauoir pas conseruer, aussi despencer en des sujects indignes ou friuoles, ce n'est pas estre magnifique, c'est n'estre pas aduisé C'est l'object qui donne l'espece, le prix & la valeur à l'action. Mais quand les dons sont bien colloquez, & les despences bié employees, la liberalité esclate, & la magnificence paroist, & toutes deux acquierét beaucoup d'authorité parmy les hommes à celuy qui les exerce. Donner, & bien faire, c'est imiter Dieu qui a non seulement la bonté pour vouloir, mais aussi la puissance & les richesses pour pouuoir faire du bien. Imiter la beneficence & magnificence de Dieu, c'est se rendre admirable aux hommes & comme disoit nostre Seigneur dans l'Euangile, ceux qui sont en honneur, & en credit parmy le monde s'appellent bien faicteurs. Et partát ceux qui ont des richesses en doiuent vser comme du sang, que les hommes conseruent

Qui dat beneficium Deus imitatur Seneca de benef.

plus cherement que toutes choses quand il n'y a pas de necessité de l'espandre; mais quád il s'agist de defédre la cause de Dieu, du Prince ou de la Patrie, & d'acquerir de l'hóneur en vne bataille, il n'y a rié que les courageux & magnanimes espanchent plus libremét & plus gayement. En telles occasiós c'est lascheté de garder son sang, gloire de le verser. Ainsi le droict vsage des richesses, c'est de les conseruer auec vn soing moderé quand il n'est pas ou necessaire, ou vtile, ou honorable de les despenser: mais quand le suject se presente ou de bien faire aux hommes, ou de se monstrer magnifique en quelque action celebre, les employer auec la mesme allegresse que le soldat verse son sang, & aymer tousiours d'auantage la gloire que l'or, l'authorité que les biens.

Ainsi la liberalité, & la magnificence sont des moyens pour acquerir & maintenir le credit par les richesses: mais par les hóneurs, estats & dignitez, la Iustice, la moderation, l'amour du bien public, & la protectió & deffence des petits & des foibles en acquierent beaucoup. Car quád on voit ceux qui sont constituez en dignité ne se seruir de leur puissance que pour faire valoir le droict & la raison, pour soustenir l'nnocence & oster à l'iniquité la licence de mal faire ; ne porter pas pour cela le cœur plus enflé de gloire, mais seulement l'esprit plus chargé de soing, ne se passionner que pour l'interest public, & ne chercher par leur propres trauaux que le bien & repos d'autruy : ne regner pas pour eux mesmes, mais seruir à tous en commandant; se monstrer la terreur des oppresseurs, & l'Asyle des oppressez, & n'employer l'authorité que pour deffendre ce qui a besoin de support ou resister à ce qui ne peut estre repoussé que par vne Iustice qui a les forces en main : c'est ce qui rauist les hommes en admiration, c'est ce qui acquiert & maintient la creance en l'opinion publique, & faict reuerer ceux qui practiquent telles actions comme les Dieux des autres hommes. C'est ainsi que Iob represente le credit qu'il auoit acquis parmy ceux de sa nation par sa iustice, & par son equité. Quād ie m'approchois, disoit il, de la porte de la Cité, & qu'on me preparoit vne chaire au milieu de la place, les ieunes se retiroiēt, & les vieil-

Iob. cap. 29.

lards se leuoient, & se tenoient debout par honneur. Les Princes cessoient de parler, & mettoient le doigt en leur bouche. Les Gouuerneurs faisoient silence, & leur langue demeuroit attachee à leur palais. L'oreille qui entendoit mes discours m'estimoit bien-heureux, & l'œil qui contemploit ma grauité tendoit à tout le mõde tesmoignage de moy: parce que i'auois deliuré le pauure, qui n'auoit que les cris & les souspirs pour se deffendre, & l'orphelin oppressé qui ne trouuoit pas de secours. I'ay consolé le cœur affligé de la vefue. Ie me suis reuestu de la Iustice comme d'vn vestement d'honneur, & d'vn Diademe de gloire. I'ay esté l'œil de l'aueugle, le pied du boiteux, & le pere des pauures. Voylà clairement en cet exemple tiré de l'Escriture, comme le credit & l'authorité d'vn Magistrat est le fruict de sa iustice

iustice, & de son integrité.

Il faut qu'vn soldat sçache manier les armes s'il veut que les armes le deffendent. Il faut aussi que celuy qui est doüé des belles qualitez de l'esprit sçache les employer s'il veut qu'elles l'honorét, & le mettent ou le mantiennent en authorité : car il faut sçauoir prendre les temps, les momens, & les occasions fauorables pour se produire, & pour éclater au iour; & l'obseruation des saisons, des constellations, des iours, & des heures n'est pas plus necessaires à ceux qui se meslent de l'Agriculture pour planter, semer, anter, ou proigner heureusement. Si la prudence ou la fortune manquét à ce poinct on n'aduancera iamais rien, & soit qu'on choppe par indiscretion, soit qu'on glisse par malheur sur ce passage, on donnera tousiours esgalement du nez à terre, si ce n'est que l'imprudence sera digne de blasme, l'infortune d'excuse.

Mais pour conclure tout ce discours de l'authorité, ce n'est pas tout de l'auoir acquise, mais il faut prendre garde de n'en abuser pas, & la perdre ou l'affoiblir en l'employant à tous propos, & hors de necessité. Car comme ceux qui prennent tous les iours medecine, la rendent inutile & inefficace par le trop frequent vsage, & luy ostét la vigueur & la force par l'accoustumance; ainsi ceux qui en toutes affaires & en toutes rencontres veulent se roidir, & faire valoir leur authorité, l'eneruent, & l'affoiblissent, & ne voulãt iamais relascher ny desbander l'arc, le rompent tout à fait. Il faut ceder quelquefois és choses moins importantes ce qu'on ne voudroit pas, pour obtenir ce qu'on veut és principales; & pour trauerser vne riuiere il n'est pas à propos d'aller droict contre son courant, & s'affliger d'vn trauail inutile, mais il vaut mieux vaincre sa force en luy cedant vn peu, & en descendant plustost qu'en montant la rompre, & la passer. Qui sçait ceder quád il faut par discretion, il vaincra tout par patience. Il faut garder l'Anchre sacree pour les grandes tempestes, le credit & l'authorité pour les grandes occasions, & les petites ne doiuent pas l'espuiser, afin que les grandes la rencontrent entiere. Nous en auons vn bel exemple dans Tacite, où vn Senateur celebre Caius Cassius dit *Tacit. li. 14. Annal.*

ces belles paroles au Senat en vn subject de consequence: Souuentefois ie ne me suis pas opposé à plusieurs choses assez desraisonnables, qu'on a proposé en cette assemblee, pour ne destruire pas par des contradictions trop importunes, & frequentes tout ce que i'ay d'authorité, mais le garder entier pour les necessitez de la Republique, si quelquefois les affaires auoient besoin d'vn fort & libre conseil. Voylà comme la prudence doit mesnager l'authorité.

Sæpe non sum aduersatus ne quicquid in nobis authoritatis est crebris contradictionibus desterneretur sed maneret integrum, si quando. Resp. consilijs equisset.

Du bon-heur.

Chapitre VII.

C'Est l'ordre renuersé quand vn aueugle conduit vn clairvoyant, & toutefois és affaires du monde, si la fortune ne conduit pas la prudence, pour le moins elle luy ouure le chemin, & la faict toucher à son but. La prudence peut marcher sans la conduite du bon-heur, mais non arriuer sans la faueur de son escorte à la fin où elle aspire: si bien que la prudence inuentant les sages conseils, & la fortune donnant les heureux succez, le clair-voyāt dispose la voye, mais l'aueugle trouue le port. Ce n'est doncques pas assez d'auoir la prudence pour proposer de bons aduis, le credit, & l'authorité pour les faire receuoir, si la fortune n'en accompagne l'execution pour les faire reüssir. Car quoy qu'il soit vray que le Sage ne doit pas respōdre des euenemens qui sont hors de sa iurisdiction, mais seulement des conseils qui dependēt de luy,

Z iij

si est ce neantmoins qu'il cherche & desire sa fin comme toutes les autres choses, & lors qu'ayant fait pour y atteindre tout ce qu'il doit & tout ce qu'il peut, il s'en trouue frustré, la gloire de sa prudence ne luy plaist guere sans le fruict, & s'il ne merite le reproche, il semble digne pour le moins de compassion. Voire mesme parce que le vulgaire des hommes ne regarde pas és affaires les conseils, mais les succez, ils prisent plus vn mauuais conseil qui succede heureusemét, qu'vn bon & sage qui ne reüssit pas ; & depuis que le bon-heur manque à quelqu'vn, & sagesse, & prudence, & iugement, & toutes choses luy deffaillent en l'estime des hommes. A la verité ceux qui ayans faict de leur costé tout ce qu'ils doiuent ne manquent que succez, peuuent se defendre par la responce que Siramnes gentilhomme Persien fist à quelques-vns, qui s'esmerueilloient comme ses entreprises ne reüssissoient pas heureusement, veu que ses propos estoient si sages: C'est, dit-il, pour ce que ie suis seul maistre de mes propos, mais des effets c'est la fortune: mais neantmoins quand les bons conseils reüssissent, il semble tousiours aux hommes qu'ils soient meilleurs, & quand ils ne succedét pas, l'euenement contraire des rend suspects en quelque sorte. Apres tout, la prudence sans succez est vn arbre sans fruict, & c'est le succez, non l'aduis, qu'on estime & l'on le conseil que les hommes de sçauoir principalement, veu qu'on ne cherche le conseil que pour le succez, la voye est pour le but, &c.

Plutar. en ses Morales, desdits notables des Princes, Roys, & Capitaines.

Z iiij

milieu que pour le terme, & le moyen que pour la fin.

Or le bon-heur dont ie parle ne procede pas ny de cette aueugle fortune, que des esprits encore plus aueugles ont forgee, ny de ce destin imaginaire aux arrests inflexibles, duquel les Anciés ont assubjetty les conseils de Iupiter mesme, ny de la disposition des corps celestes, à qui la vanité des tireurs d'Horoscope sousmet tout l'ordre des choses qui arriuent au monde, soit naturelles, soit volontaires, soit contingentes, & casuelles. La fortune est vne fable, le destin est vn songe, & la necessité que les Astrologues iudiciaires pretendrent estre imposee par les Astres aux actions humaines & libres, & aux euenemens casuels & fortuits, c'est vne erreur euidente,

& vne manifeste impieté: car pour ce qui concerne les effects qui dependent des causes naturelles, & necessaires, l'ordre du monde & de la Nature qui range les corps inferieurs soubs les corps superieurs, donne à ceux-cy l'authorité, à ceux-là la dependance, & regle les actions des corps elementaires par la loy de l'influence des celestes. *Tout ce que Dieu a fait est estably auec ordre*, dit l'Apostre. Mais quelle puissance veut-on donner aux Astres ou sur les actions humaines qui sortent de la volonté, ou sur les accidens fortuits, qui estant des effects casuels ne peuuent auoir par consequent aucune cause naturelle, certaine, & reglee? La Nature qui est determinee à vn but certain & infaillible selõ la maxime de la Philosophie, *Quæ à Deo sunt ordinata sunt.*

Natura ad vnum determinatur.

quel commandement, & quelle authorité peut elle auoir ou sur la volonté de l'homme qui est indeterminee, libre, & indifferente à l'vn ou à l'autre de deux côtraires objects, ou sur ce qui estant purement fortuit, peut arriuer, ou n'arriuer pas ? Les Astres qui sont des corps que peuuent-ils imprimer sur l'ame de l'homme qui est spirituelle ? ce qui n'a pas de raison sur ce qui est raisonnable ? ce qui est necessaire sur ce qui est libre ? ce qui est determiné sur ce qui est indifferent ? & parillement pour ce qui touche les choses fortuites, ce qui est casuel & fortuit quelle subordinatió peut-il auoir aux influences des Astres, qui sont des causes reglees, necessaires, & infaillibles ? N'est-ce pas vouloir combatre toute raison, & abuser de la foiblesse, & credulité des esprits, que d'oser seulement, ie ne diray pas soustenir, mais aduancer de si absurdes propositions? Les Astres doncques, ô hommes! seront coulpables de vos crimes, autheurs de vos bônes œuures, causes de vos prosperitez, instrumens de vos infortunes; Si vous faictes du bien, ils en auront le merite, & par consequent le salaire leur sera deu, non pas à vous. Si vous commettez du mal, ils en auront la coulpe, & vous pourrez iustement en rejetter sur eux la punition. Et pourquoy parmy vous les loix, si les Astres vous donnent la loy? Pourquoy les supplices, si ce sont les Astres qui pechent? Pourquoy les recompenses, si ce sont eux qui meritent? Si les Astres sont les causes de vos bonnes & mauuaises actions, & vous seulement les instruments, à qui est deuë la peine du mal, & la couronne du bien, au moteur, ou à l'outil, à la cause, ou à l'instrument ? Voyez-vous pas que si ces propositiós sont vrayes, vous foictes iniure aux Astres de vous approprier le salaire du bien qu'ils font, & tort à vous mesmes de vous infliger le chastiment du mal que vous ne faictes pas ? Qui ne voit que ces propositions renuersent toute raison, toute iustice, toute vertu, tout ordre, & toute police ? Semblablement si ce sont les Astres qui enuoyent les heurs, ou les malheurs, les prosperitez, ou les aduersitez aux hommes, ce sót eux doncques qui gouuernent le monde, qui esleuent les vns, qui raualent les autres, qui departent les honneurs, qui donnent les victoires, qui transferent les Sceptres, qui disposent des Couronnes. Mais si cela est, pourquoy en vn temps le merite est-il esleué, en vn autre temps l'ambition a tous les honneurs? est-ce que les Astres vsent en vn temps de iustice, en vn autre de faueur? Pourquoy en vn siecle l'industrie donne-t'elle ses dignitez, en vn autre l'or, ou le sort de la naissance? Est-ce que les Astres se changent & s'accommodent à l'abus du temps aussi bien que les hommes? Pourqnoy en vne nation l'election baille-t'elle les Couronnes, en vn autre la succession? Est-ce que les Astres suiuent les mœurs des contrees, & departent diuersemét leurs bienfaicts suiuant les loix du pays? Ils font bien de s'accommoder aux loix, de peur qu'on ne leur resiste, & qu'ils ne trouuent quelque chose de plus fort que leur puissance. Pourquoy de deux qui naissent en mesme moment, & soubs mesmes constellations, l'vn est-il heureux, l'autre mal heureux, & l'aspect des Astres estant semblable pour tous deux l'effect en est si different? Qui ne voit que les Astres estans de causes naturelles & necessaires, qui operent en tous temps, en tous lieux, & enuers tous de mesme façon, des effets si inconstans & si changeans selon les lieux, les momés, & les circonstances ne peuuent estre soubmis à leur reigle, que par des esprits qui n'ont ny regle, ny raison?

La raison naturelle monstre clairement la vanité de leurs discours, l'Escriture les condamne comme remplis de superstition, d'erreur & d'impieté : Ne craignez pas les signes du Ciel, que les Idolatres craignent, parce que les loix des peuples sont vaines, dit le Prophete Hieremie, & l'Eglise les rejette, & les deteste comme contraires à la vraye pieté. Les Astrologues iudiciaires, & les Planetaires, dit S. Augustin, sont condamnez par la loy Chrestienne. Et sainct Epiphane rapporte que Aquila Ponticus, lequel en la primitiue Eglise du temps de l'Empereur Adrian, auoit traduit le vieux Testament de la langue Hebraique en la Grecque, fut chassé de l'Eglise, par ce qu'il s'adonnoit à l'Astrologie iudiciaire. Tous les saincts Peres d'vn cómun accord combattent contre ceste erreur, & sainct Basile monstre comme elle confond l'esprit de l'homme, &

A signis cæli nolite metuere, qui timent gentes, qui leges populorum vanæ sunt. Hierem. c. 10. Astrologi & Planetarij damnantur à Christiana, & vera pietate. D. Aug. li. 4 confes. c. 3. D. Epiph. li. de pond- & mensuris.

D. Basil. in c. 14. Isa.

oste la prouidence de Dieu: Voire mesme les loix des Republiques bien constituees des anciens Payens ont chassé ces iudiciaires, & diseurs de bonne aduanture, comme pernicieux à la societé ciuile: Et nous lisons dans Tacite vn Senatusconsulte fait du téps de l'Empereur Tybere pour les bannir de toute l'Italie; sur quoy ce graue autheur adjouste vn traict remarquable, que ce genre d'hommes a esté tousiours chassé de Rome, & neátmoins tousiours conserué & retenu, chassé par les loix publiques, mais retenu par la superstition, & folle creance des particuliers. Ainsi ny les actions humaines, ny les euenemens fortuits ne despendent pas de la disposition des Astres, ny comme causes efficientes, ny comme signes, & marque

Factum est Senatus cōsultum de Mathematicis Italia pellandis; genus hominum quod in vrbe nostra, & expelletur semper & retinebitur. Tacit.li.1. Ann.

CHRESTIENNES. 371

...de ce qui arriue, contre l'er-
...d'Origene qui a dit que quoy
...e les Astres ne puissent estre *Euseb.li.6.*
...ses de ce qui se fait ou libremét *de præp.*
...par l'homme, ou casuellemét par *Euang.*
...hazard, si est-ce qu'on peut co- *cap.9.*
...gnoistre ce qui arriuera, par l'in-
spection des Astres, comme par la
lecture d'vn liure, où Dieu a escrit
& imprimé de son doigt en gros
& lisibles characteres tout l'ordre
des choses futures, ainsi qu'en vne
table, ou exemplaire de sa diuine
prescièce, qu'il a exposée aux yeux
des hommes, erreur, que l'Escriture condamne aussi bien que la
premiere, nous defendant d'auoir
recours aux Astres en aucune fa- *Gen. cap.1.*
con, si ce n'est pour cognoistre les
temps & les saisons, & ce qui arriue par vn ordre naturel & necessaire.

Aa

Mais premierement pour ce qui concerne les actions humaines, elles n'ont d'autres cause prochaine & interieure que le libre arbitre de l'homme qui se determine au bien, ou au mal, & pour les causes esloignees & exterieures, quand l'homme agist droictement, & selon la raison Dieu concourt comme cause mouuáte, ou par son concours general (ou particulier d'vn ordre naturel cóme veulent quelques vns) és actions naturelles & morales, ou par vne grace particuliere, & d'vn ordre surnaturel és actions Chrestiennes & surnaturelles. Apres la loy, soit diuine soit humaine, les iustes coustume, du pays où l'on habite, & le bon exemple ou des anciens ou de ceux auec lesquels on conuerse, sont des resorts exterieurs

D. Thô. 1.2. qu 8. Art. 4. 5 & 6.

qui meuuent interieurement la volonté à s'incliner du costé du bien. Et quand l'homme se porte au mal, ses actions desreglees ne se peuuent rapporter hors de sa propre determination qui en est le ressort interieur, & principal, à d'autres causes exterieures qu'à l'impulsion des Demons, persuasion des meschás, exemple pernicieux, attraits des choses creées, & occasions pendantes, & panchantes au vice : mais aux Astres elles ne peuuent se referer si ce n'est indirectement, en tát que les Astres peuuent mouuoir les passions en l'appetit inferieur, & les passions la volonté. Pource qui touche les euenemens fortuits, sujet de nostre question, ils n'ont d'autre cause que la disposition & la rencontre fortuite de quelques circonstance des temps, des lieux, & des personnes, d'où tels effects incertains depédent comme de causes non certaines & reglees. Or i'appelle cette rencontre fortuite quant à nous, mais non pas quant à Dieu, à qui rié n'est fortuit, mais tout preueu par sa prescience, & reglé par sa prouidence. Car si mesme vn passereau ne tôbe pas sans la prouidence de Dieu, ainsi que dit l'Euangile, seroit-ce pas vne manifeste impieté de penser, que rien arriue aux hommes que Dieu ne l'ait preueu par sa conoissance, & s'il est bon, ordonné par son expresse volonté, s'il est mauuais, permis par sa secrette & occulte, mais tousiours saincte & iuste prouidence? Ainsi le bon-heur dont nous parlons qui fait reüssir heureusemét les bons desseins, &

CHRESTIENNES.

les sages conseils, ne procede que de la disposition & rencontre fortune des circonstances, qui doiuent concourir pour produire ces heureux succez, ce qui est biē souuēt fortuit quāt à nostre prouidēce, mais tousiours preueu, & reglé quant à celle de Dieu, qui dispose si bien les lieux, les temps, les personnes, & les affaires en faueur de ceux desquels il se veut seruir pour l'execution des grandes choses, que tout leur cede, & leur succede fauorablement.

Que ce bon-heur accompagne quelques-uns, & comme il le faut mesnager.

CHAPITRE VIII.

CE bon-heur entendu comme nous l'auons expliqué, est vn

don du Ciel, que Dieu a tellemét attaché à quelques-vns, qu'il les suit, & les accópagne par tout, cóme l'ombre le corps; & nier cecy ce seroit ignorer tout ce qui se lit dás l'histoire, & tout ce qui arriue iournellemét au cours des affaires humaines. Car qui peut considerer le progrez, & la suite de la fortune d'Auguste, qui entre tous les Empereurs & Monarques de la terre a merité le nom d'Heureux, qu'il n'y remarque la disposition, & l'ordre de la prouidence de Dieu, qui fait rencontrer les affaires, les humeurs, le temps & les autres circóstáces au point & en l'estat qu'il les falloit, pour l'eleuer & le porter comme par la main à l'authorité souueraine de l'Empire du monde? Iules Cesar auoit ja commencé de jetter le plan de la

Monarchie, mais parce qu'encore les choses n'estoient pas du tout disposées à vn si grand changement, que l'amour de la liberté, & le zele pour la maintenir boüilloit dãs les esprits, le succez ne respondit pas à sõ courage, & son dessein n'ayant pas manqué de valeur pour entreprendre, manqua seulement de fortune pour reüssir. Mais sur le point qu'Auguste commença de paroistre sur ses rangs, toutes choses se monstrerent fauorables & inclinees à ses souhaits; le peuple irrité pour la mort de Iules Cesar contre ceux qui deffendoient la liberté de la Republique, les affections & les humeurs tournees au changemét, Anthoine sous pretexte de venger ceste mort combatant auec l'adueu de tous, contre la liberté publique,

A a iiij

Ciceron trompé par l'apparence d'Auguste, pour lors nommé Octauius, le mettát en credit, & ouurant sans y péser le premier passage à sa future grandeur ; Apres la coniuratió auec Antoine & Lepidus, pour se defaire des principaux chefs du party de la Republique , & partager l'Empire entre tous trois, les aduersaires esteints, la resistãce ostee, l'Empire diuisé, Lepidus faisant bien-tost place à ses deux compagnons, Antoine en fin à Auguste, toute l'authorité assemblee & reünie en luy seul, vne armee triomphante sur pieds pour le maintenir, l'affection du peuple & des Grands pour le receuoir, ses ennemis ou morts, ou vaincus, ou gaignez par bié-faits, les coniurations ou reprimees par la crainte, ou vaines par l'impuissance, ou surmontees & dissipees par sa clemence, en vn mot toutes choses disposees à le couroner, & proclamer Empereur du monde, qui ne voit à l'œil la prouidence de Dieu disposant tout en sa faueur, en ceste tissure & chaisne de prosperitez? Soit que Dieu par la Monarchie temporelle, voulut jetter dans Rome les fondemens de la Spirituelle, que Iesus-Christ qui deuoit pour lors paroistre au monde, venoit establir en son Eglise, soit que par vne paix vniuerselle, procedant de la conduite d'vn seul chef, il voulut disposer les hommes à la receptiō du Messie promis, qui portoit la paix sur la terre, soit qu'en rágeant toutes les nations souz l'authorité d'vn Empereur, il voulut ouurir par ce moyen, cóme a remarqué sainct

Leon, le cours à l'Euangile qui se deuoit annoncer & publier par tout l'Vniuers, soit encore outre toutes ces raisons, pour quelque autre cause secrette & cachee, on peut cognoistre clairement que celte grandeur d'Auguste n'est pas vn ouurage de sa vertu, mais de son bon heur, & son bon-heur vn œuure, non du hazar, du destin, ou des Astres, mais de la prouidence diuine. I'allegue cest exemple si vulgaire, & si cognu de tout le monde, pour monstrer que le bon-heur qui accompagne quelques-vns, ne depend que de la rencontre des circonstances bien disposees & ordonnees, par la prouidence de Dieu, qui veut faire reüssir leurs desseins pour se seruir d'eux, soit qu'ils y pensent, ou qu'il n'y pensent pas, à l'executio de ses decrets eternels. Si leurs desseins sont bons & iustes, il s'en sert par son expresse volonté, si mauuais & iniustes, il les permet, & en tire par sa sagesse le bien qu'il a destiné.

Or ce bon-heur semble tellement affecté à quelques-vns, qu'il suit nõ seulement leurs personnes, mais tout ce qui les touche, comme la prosperité d'Auguste suiuoit tous ses Lieutenans qui luy acquierent auec vn heur incroyable mille celebres victoires; la fortune d'Alexádre le Grand se communiquoit mesme à ses images, & les Anciens ont estimé que ses portraits pédus au col, rendoient heureux & fortunez ceux qui les portoient; & nous lisons dans les histoires de Boëme que ce fameux Capitaine Iean Zisca, qui ne perdit iamais bataille, où il ait esté present, se confioit tant en sa bonne fortune, qu'il cómanda qu'on l'escorchast apres sa mort, pour faire de sa peau vn tabourin, & le battre au front de l'armee, comme se persuadāt que le bon-heur qui tousiours durant sa vie auoit suiuy sa personne, suiuroit encore apres son trespas son cadauer, & sa peau. Ce mesme bó-heur qui suit és batailles les Capitaines celebres, & qui font de grandes exploits, accompagne és actions de la paix ces grandes ames, dont Dieu benit les aduis & les conseils pour la prosperité des Estats ; en telle sorte que tout ce que quelques-vns conseillét, reüssit & sort à effect, & ce que d'autres non moins prudés & capables proposent & mettent en auant est vain,

& sans succez, pour monstrer que parmy les arrests de la prudence humaine, la fortune, ou pour mieux parler, la diuine prouidence veut maintenir son Empire.

Mais quoy que d'auoir ce bon-heur, ne soit pas chose depédante de nous, non plus que de trouuer vn thresor caché, que non le dessein, mais la bonne fortune fait rencontrer, si est-ce que comme vn bon mesnager fait mieux profiter le thresor trouué, que non pas vn prodigue qui le dissipe, de mesme le prudent & sage employe mieux le bon-heur, que le fol & l'indiscret, qui le perd pour en abuser. C'est Dieu qui donne le bó-heur, mais c'est l'hóme qui en vse; sa faueur nous le depart, mais nostre prudence le doit mesnager & códuire. Et cóme la grace de Dieu n'exclud pas, mais demande la cooperation de l'homme és choses qui touchent son salut eternel, ainsi la faueur de Dieu n'oste pas, mais requiert le concours de l'homme, en ce qui regarde la conduite des affaires temporelles; & la bonne fortune qu'il donne à quelques-vns depend en telle sorte de sa beneficence, que leur prudence, leur diligéce & leur industrie y sont tousiours requises pour la faire valoir. Car Dieu ne se sert pas de l'homme comme d'vn instrument inanimé & irraisonnable, qui ne coopere en rien de soymesme à l'action de l'ouurier, mais luy laisse tout faire; il en vse comme d'vn instrument doüé d'ame & de raison, qui estant meu, se doit aussi mouuoir luy-mesme, & suiuāt de son propre & volontaire poix, le premier bransle qui luy donne son moteur, acheuer auec luy l'ouurage desseigné. La bonne fortune a accompagné Auguste, depuis le berceau iusqu'à la sepulture, mais uoyez neantmoins comme il l'a tousiours employee par ses trauaux, cultiuee par sa diligence, mesnagee par sa sagesse, si bien qu'il a laissé en doute, si sa prudence, est plus obligee à sa fortune, de l'auoir si heureusement suiuie, que sa fortune à sa prudence de l'auoir si bien conduite. Alexandre semblablement a esté heureux, & semble que la fortune l'ait choisi pour son mignon: mais s'il se fust endormy dans l'oysiueté, s'il n'eust secondé sa fortune par son trauail, & par son courage, la fortune ne luy eust pas porté dans le lict les victoires & les triophes qui luy ont acquis le tiltre de Grand. Il faut donc que ceux qui sont suiuis du bon-heur en leurs desseins, & en leurs conseils, trauaillét de leur costé pour l'employer vtilement, & le mesnager discrettement.

Ie dis discrettement, car bien souuent la fortune s'irrite contre ceux qui abusent de ses faueurs; qui tentent toutes choses, qui entreprennent sans considerer ce qu'ils font, & sás sonder le gué se jettent dás des precipices, croyant que leur bonne fortune ait faict pacte auec leur imprudence, & se soit obligee à la suiure par tout. Il n'y a si grádes fináces que la prodigalité n'espuise, ny si bóne fortune que la temerité ne perde. Et d'ordinaire l'on voit au monde
que

que les plus fortunez sont à la fin accueillis des plus gráds malheurs, parce que se confians trop en leur prosperité, ils commettét les plus grandes imprudences ; de sorte que le mesme bon-heur qui les aueugle en les fauorisant, les perd en les aueuglát, & leur faict payer pour leur folie l'vsure de ses bien-faicts. Il faut recognoistre que la fortune estant aueugle peut choper, se tenant sur vne boule peut tourner, ayant des aisles peut fuir; si la prudence ne l'esclaire, la discretion ne l'affermist, & la reuerence qu'on luy porte ne l'oblige à s'arrester.

La discretion doit estre suiuie de la modestie, & le plus dangereux escueil qui menace les heureux, c'est l'orgueil, & l'insolence, qui s'engendrent volontiers de la

Bb

bonne fortune, & neantmoins perd tousiours & ruine ce qui l'enfante. Car la presomption porte les hommes à ne mesurer pas leurs forces, les precipite à des hazards d'où leur bonne fortune ne peut les desgager, les jette au mespris des autres, le mespris suscite les enuies, des enuies naissent les contrepoinctes, les inimitiez, & les contradictions, qui en fin esbranlent la fortune des plus heureux, pour s'estre portez insolemment en leur bon heur. Et c'est pourquoy on ne sçauroit suiure meilleur conseil que d'imiter la modestie d'Agatocles, qui de la poterie estant paruenu à la Royauté, faisoit seruir sa table de vaisselle de terre parmy celle d'or & d'argent, afin que le souuenir de sa bassesse l'empeschast de s'enorgueillir en grandeur. Ainsi quelque prosperité qui accompagne l'heureux, il ne doit iamais oublier qu'il est homme, & que ce qui le semble esleuer sur les autres, ce n'est que le vent d'vne fragile fortune, qui peut l'abandóner en vn moment, comme le vent qui faict voguer vne Nauire la laisse souuét au mitan de sa course. Il doit considerer que plusieurs choses contribuent pour conseruer & maintenir le bon-heur, & principalement la bien-veillance, & l'amitié des autres hommes, qui se perd par la superbe, se concilie, & s'entretient par la moderation. Mais puis que le bon heur est vn don du Ciel, & vne faueur de Dieu, comme nous auons mostré cy-dessus, le plus asseuré moyen pour le conseruer, c'est l'humble recognoissance en-

Bb ij

uers celuy qui le done, recognoiſ-sáce qui conſiſte en deux poinɑts, à luy en rendre l'honneur & la gloire par les actions des graces, & à ne l'employer qu'en des entre-priſes iuſtes & conformes à ſa ſain-cte volonté par vne pure, & droi-cte intention. Car quád on abuſe des biés faicts de Dieu ou qu'on en préd l'honneur pour ſoy-meſ-me, ou qu'on les employe pour ſon profit ſeulement, ou qu'on s'en ſert contre le donateur, Dieu reuoque d'ordinaire ſes dons, ou les tourne à la ruine & confuſion des ingrats. D'où nous voyons en l'hiſtoire, & en l'experience iour-naliere, qui ceux qui ont plus d'heur, & de proſperité eu mon-de tombent le plus ſouuent en des fins tres funeſtes, & tres malheu-reuſes; en quoy il faut recognoi-

CHRESTIENNES. 301
ſtre la Iuſtice des iugemens de Dieu, & le chaſtiment de leur ingratitude.

De la force & courage.

CHAPITRE IX.

LA Iuſtice rencontre pluſieurs empeſchemens en l'execution du bien qu'elle deſſeigne, & empeſchements quelques fois ſi forts, & ſi violens, que l'authorité ne les peut vaincre, ny le bon-heur deſtourner, ſi la force & le courage ne les rompt & ne les ſurmonte. C'eſt pourquoy la force eſt vne vertu tres-neceſſaire pour faire & executer en vainquant les reſiſtāces qui s'oppoſent, & c'eſt de cecy qu'il nous faut maintenant traicter.

Bb iij

La Nature a imprimé en toutes choses vne inclination non seulement à pourchasser le bien, & fuir le mal, mais encore à resister aux choses contraires, qui empeschent la poursuitte de ce qui est vtile, ou jettent à la trauerse ce qui est dommageable. Car le feu a vne propension naturelle non seulement à s'esloigner des lieux inferieurs qui ne luy conuiennent pas, & à tendre à sa sphere, qui est son lieu conuenable, mais encore à resister aux choses qui le veulent corrompre, ou empescher qu'il ne s'esleue en haut. L'eau a non seulement vn mouuement pour couler vers la mer, qui est le lieu qu'elle cherche, mais encore vne roideur, & violence pour se faire voye au trauers des digues, & des tranchees, des rochers, & des montagnes qui veulét arrester son cours. La pierre outre le poix qui la fait descendre vers son centre, à la force, & la dureté pour briser & froisser tout ce qui s'oppose à sa descéte. Tous les animaux outre l'appetit naturel qui les incite, & les porte vers les objects de leurs sens, sont espoints par vn secret aiguillon à s'armer ou de leur bec, ou de leurs dents, ou de leurs ongles contre tout ce qui les destourne de l'approche, ou iouïssance des choses qu'ils appetent. Semblablement l'homme est doüé non seulement de l'appetit concupiscible qui l'incline au pourchas des choses conformes à sa nature, & à la fuite des contraires, mais encore de l'appetit irascible, qui luy sert d'aiguillon, & luy donne la vigueur pour combatre contre les empeschemens qui le destournent du bien, & contre les maux qui l'attaquent & l'assaillent. Les saillies, & les mouuemens de cét appetit irascible, cóme l'esperance, l'audace, & la cholere (les trois principales passions de l'irascible) estans bié reglez, & conduits par la raison, seruent comme de soldats à la vertu, pour combatre soubs son enseigne contre les difficultez, & resistances qu'elle rencontre en l'execution de ses desseins. Ainsi S. Gregoire de Nice appelle elegamment la colere, vn soldat qui prend les armes pour la concupiscence, contre les choses qui s'opposent à ce qu'elle poursuit, vn soldat qui s'arme pour la querelle de l'amour, pour renuerser & surmonter tout ce qui trauerse ses desirs; que si la temperance regle-

Greg. Nic. Nemesius li. 4. Philos cap. 13. Ira est armigera concupiscientia.

CHRESTIENNES. 395

si bien les desirs de l'amour, que l'homme n'ayme & ne poursuiue que ce qui est conforme à la raison, en ce cas les mouuemens de l'irascible s'armans contre les empeschemens, sont iustes & raisonnables, & seruent d'instrument à la vertu. Car les Stoïciens auoient mauuaise grace de condamner comme vicieuses toutes les passions, & de les vouloir du tout oster de l'homme, comme les passions sont naturelles à l'homme, & le vice ne vient pas de la Nature, mais de la volonté. C'est pourquoy la Philosophie rejette ceste proposition comme fausse, & l'Eglise mesme en vn Concile celebré du temps de S. Hierosme, contre certains Anachoretes, qui vouloient introduire ie ne sçay quelle apathie & impassibilit, la con-

Que les passions de l'irascible bien reglees seruent grandement pour l'execution des belles entreprises.

Ce Lycurgus Roy de Trace qui arracha toutes les vignes, parce que le vin enyuroit les passions &c.

damnée comme heretique: *Veu,* dit ce S. Pere, *qui vouloit oster du tout les passions à l'homme, c'est vouloir oster l'homme de l'hôme.* Ie diray dauantage, que c'est vouloir oster à l'homme l'aiguillon de la vertu, car Dieu a inseré en l'appetit de l'homme ces eslans & ces mouuemens naturels, non pour les suiure comme les bestes sans raison & sans bride, mais pour s'en seruir par la raison, comme d'aiguillons qui l'excitent en la fuite du mal, ou en la poursuite du bien. La raison monstre le bien & le mal à l'homme, la volonté le meut vers le bien, & le retire du mal; les passions bien reglees par la raison seruent comme d'esperon à la volonté, pour la pousser auec plus d'ardeur & de vehemence, où la raison la conduit, & où son mou-

Hier. ep. ad Ctesiphontem contra Pelag. Ex homine passionis omninò tollere hoc est hominem ex homine tollere.

uement la porte. Mais principalement lors que le bien que la vertu se propose est ardu, & de difficile execution, la vertu implore les passions de l'irascible pour lui prester main forte, & prendre comme soldats les armes pour son party; & aussi tost à sa semonce, l'esperance qui est le premier mouuement de l'irascible commence de s'armer pour luy releuer le cœur; l'esperance est suiuie d'vne audace genereuse comme d'vn second champion, qui surmontât la consideration des empeschemens qui veulent arrester sa carriere, se iette & s'eslance sans crainte du peril, aux moyens qui peuuent seruir pour executer la resolution. Que si la resistance des meschans s'oppose, & se met à la trauerse, la cholere vient au secours côme vn troisiesme soldat, qui piquant & esueillant l'ame, ainsi qu'vn vif aiguillõ, l'eschauffe, & l'enflamme d'vne saincte ardeur contre la violence, & contre l'iniquité. Mais parce que ces trois soldats sont dangereux, s'ils ne sõt reglez par les loix d'vne bonne discipline, & que l'esperance peut deuenir temeraire, l'audace folle, la cholere precipitee; c'est pourquoy il faut prendre garde que l'esperance presomptueuse n'engage en des entreprises desesperees, l'audace indiscrete en des choses impossibles, la cholere aueuglee en des ruines ineuitables; mais que pluftost la consideration conduisant l'esperance, la discretion, l'audace, la raison, la cholere, la vertu puisse employer ces trois champions, pour executer sa gement, valeureusement, & heureusement ses desseins. Car il y a ceste difference entre ceux qui suiuent la violence, & la boutade de leurs passions, & les autres qui les reglant par la raison, s'en seruent seulement pour aiguillon de la vertu: que ceux-là s'enferrent follement eux-mesmes dans le propre glaiue que la Nature leur a donné, ceux cy l'employent sagement à l'vsage qu'il faut, ceux là ny trouuent que leur ruyne, ceux-cy en tirét leur gloire, ceux-là, s'ils entreprennent quelque chose de bon, se laissant emporter à la fougue & à la precipitation, perdent bien-tost leur feu au progrez de l'entremise, ceux-cy gouuernant leurs eslans par le iugemét, se renforcent à mesure qu'ils s'enfoncent dans le peril, & monstrent plus de vigueur à la fin, qu'au commencemét. D'où le Philosophe a prononcé ceste maxime veritable, *Que les audacieux deuant les perils, s'y eslancent, & dans les perils s'enfuyent.* La temerité les y iette, la laschetés les en retire. Et cela procede de ce que telle sorte de gens audacieux qui suiuent la premiere apprehension, ne se donnent pas le loisir de preuoir toutes les difficultez qui s'opposeront à leur dessein, tellement que comme les Andabates, ils se precipitent les yeux fermez dans le peril, & puis quand ils sont engagez en la meslee, trouuát plus de dangers qu'ils n'auoient imaginé, ils s'estonnét, defaillent & reculent. Mais ceux qui guident leur fougue par la raison, preuoyent sans se precipiter tous les perils qu'ils pourront

Arist lib. 3. Eth cap. 7. audaces prœuolantes sunt ante pericula, in ipsis autem discedunt.

rencontrer en l'affaire qu'ils desseignent; & c'est pourquoy non la passion, mais le iugement de la raison, les faisant ietter dans le peril, du commencement ils semblent froids, prenant leur temps, & mesnageant leurs forces : mais quand ils sont vne fois enfoncez dans le danger, ils excitent pour lors leur froideur comme le Rinocerot, & employent genereusement l'aiguillon de l'audace & de la cholere, pour espoinçonner leur courage.

Or la prudence est icy necessaire, comme toutes les vertus se tiennent par la main, & ont besoing mutuellement l'vne du secours de l'autre, mais neantmoins, comme dit le Philosophe; C'est le propre office de la vertu de force, de regler, & gouuerner les passiõs de l'irascible. La prudence regle bien le mouuement de l'esperance, & le contient dans les bornes de ce qui se peut, & se doit esperer, suiuant les circonstances des affaires qui s'offrent à traicter, veu que c'est la marque d'vne ame imprudente de porter ses esperances aussi loing que ses desirs, & ses desirs aussi loing que ses songes; mais c'est la vertu de Force qui contient le mouuement de l'audace dans les bornes de la discretion, & le mouuement de la cholere dans les limites de la raison. Car il faut vne grande force pour reprimer l'indiscretion de celle là, & la violence de celle-cy; & c'est vn grand argument de foiblesse, que de se laisser sans frein, & sans bride emporter à leurs mouuemens, d'où Seneque disoit, *Que les*

choleriques

cholériques sõt impetueux en leurs paroles, & menaçans en leurs gestes, mais en leur cœur foibles, lasches & pusillanimes. Ainsi la prudéce & la force reglent ces trois passions, & rangent ces trois soldats souz les loix de la discipline, pour estre employez apres auec discretion, & heureux succez en l'execution des belles & grandes entreprises.

Seneca lib. 1. de ira c. vlt. Irascentium strepitus magnus, & minaces sunt, intus mens pauidissima.

De la necessité de ceste force pour l'execution.

CHAPITRE X.

Et d'icy naist le courage, dõt ceux qui ont charge du public doiuent s'armer & se munir, courage que la raison guide, que la prudence accompagne, que la

Cc

discretion regle, que la force soustient, qu'vne audace genereuse
anime, & qu'vne saincte cholere
espoinçonne, pour vaincre les resistances que la iustice rencontre. Car dequoy leur pourra profiter d'estre sages pour cognoistre
ce qu'il faut faire, prudens pour
inuenter les moyens, iustes pour
les rapporter au bié public, autho-
risez & heureux pour les faire receuoir & reüssir, s'ils ne sont en
outre courageux & forts pour rópre les empeschemés qui s'opposent à l'execution ? Le Philosophe

Arist. lib. 6. Eth. cap. 6. Diu. deli-berandum, sed citò exequen-dum.

dit, qu'il faut proceder lentement
& auecque loisir en la consultation d'vne entreprise, & c'est le
propre office de la prudence, mais
en l'execution il faut vser de diligence, vitesse & promptitude, qui
est bien aussi vne partie de la pru-

dence, mais plus proprement l'effect du courage. Il faut conceuoir les desseins de lógue main & sans precipitation, comme l'Elephant qui porte son fruict dix ans, ou comme la palme qui demeure, à ce qu'on dit, cent ans à donner ses dates, ou comme la Nature, qui employe plusieurs siecles à la formation de l'or, & ne procede que lentement en la production de ses œuures plus excellétes, & non pas faire comme la Chienne & l'Ourse, qui pour se haster trop, n'acheuent iamais de former entierement leurs petits dans leurs ventres, mais les enfantent, la Chienne aueugles, & l'Ourse imparfaits, d'où est venu le Prouerbe, *La chienne qui se haste fait ses petits aueugles*. Mais aussi depuis que l'entreprise a esté meurement

Canis properans catos parit catulos.

conceuë, & formee par vne tardiue deliberation, il faut l'esclorre & la mettre au iour par vn courage prompt & hardy, & non pas faire comme les Biches peureuses, qui retenás leur fruict tant qu'elles peuuent, pour l'apprehension des douleurs, n'enfantét, comme on dit, que contraintes par vne plus grande crainte, quãd le tonnerre les essaye C'est vne grande lascheté d'enfanter lentement & en tremblant, ce qu'il faut enfanter vistement & courageusement, & telles executions tardiues & craintiues ressemblent aux mines euentees, qui font plus de bruit, que de coup. Ainsi le courage est necessaire pour executer promptement: Il est requis en outre pour executer heureusement.

Car d'ordinaire la fortune est

amoureuse du courage, & ne fauorise volontiers que ceux qui sont hardis. Elle assiste aux forts, & rejette les lasches, disoit vn ancien Poëte. Les grandes craintes rencontrent les grands perils, & les hardis desseins, les heureuses issuës. *Es combats*, disoit Saluste, *ceux qui ont plus de peur, courent plus de fortune, l'asseurāce sert de rāpart.* Tout resiste à celuy qui craint, tout cede à celuy qui ose. Qui craint l'ortie & ne la touche que du bout du doigt, s'y point & s'y pique, qui la serre hardiment auec toute la main, luy oste son aiguillon. Craindre la resistance, c'est estre desia vaincu, qui sçait la mespriser, sçait coment il la faut vaincre, il faut oser pour faire, qui craint tout, ne fait iamais rié. Les craintifs se forgent des difficultez

Salust. in coniur. Catil. In pralijs ijs est maximum periculum qui maximè timent, audacia pro muro habetur.

és choses plus aisees, des precipices és chemins plus vnis, ils consultét tousiours, desseignent souuent, n'executent iamais, & tant s'en faut qu'ils puissent rópre les obstacles qui sont, qu'ils fuyent mesme deuant ceux qui ne sont qu'en leur fantaisie, destruisāt eux mesmes leurs plus beaux desseins par leurs propres Idees. Ils font comme Demosthene qui pensoit fuyr deuant des soldats, & ne fuyoit que deuant des chardós, ou comme l'armee Romaine, qui fut surprise d'vne terreur Panique, pour voir la Lune mourante, ou comme celle d'Alexandre, qui voyant le flus & reflus de la mer, trembloit espouuantee, & n'osoit passer plus auant Ces vaines peurs sont tres-pernicieuses és personnes publiques, qui rencontrét en

Plut. in Demost.

Tacit. lib. 1 An.

Quintus Curtius.

leurs plus iustes entreprises assez de vrays empeschemens, sans qu'vne apprehension sans fondement, en forge d'imaginaires. Combien de tempestes, de vents, d'escueils, de dangers menassent la Nauire auant qu'elle arriue au port ? Combien de difficultez, de trauerses, de rencontres heurtent vn iuste dessein auant qu'il touche son but ? Que si le Pilote ne s'armoit du courage aussi bien que du timon, & le Magistrat de force, & de resolution, aussi bien que de prudence, celuy-là auec son timon cederoit au premier orage, cestuy-cy auec sa prudence à la premiere opposition. Les meschans ne faillent iamais à contrequarrer les gens de bien qui cherchent le bien public, & parce que la raison leur manque, l'audace les seconde. Si le courage ne surmonte l'audace, en vain la Iustice resiste à l'iniquité. Si l'audace rencontre la lascheté, l'iniquité triomphera de la Iustice. Tout le monde ne cede pas au droit & à la raison, c'est pourquoy l'authorité & la force est donnée aux Magistrats; mais qui leur seruira l'authorité, si le courage ne la fait valoir? la main fait craindre le glaiue, & le courage fait respecter l'authorité Que profite le glaiue au Casseron qui n'a pas de cœur? On dit que la Tortuë est sãs cœur, & c'est la cause qu'elle marche si lentemét, & semble n'auoir aucune vigueur. Ceux qui executent si tardiuement, & si froidemét, cóme s'ils n'osoient pas y toucher, font soupçoner qu'ils n'ont pas de cœur, & donnent aux plus

CHRESTIENNES 411
lasches l'audace de les contrecarrer.

Que les mols, & les lasches ne sont propres à rien de grand.

CHAPITRE XI.

C'Est pourquoy le S. Esprit aduertist dans l'Escriture les mols, & les lasches, de n'entreprédre pas les charges publiques. Ne cherche pas d'estre fait Iuge, dit il par la bouche du Sage, si tu ne peux par ton courage, & par ta vertu rompre les iniquitez du peuple. Les natures molles ne sont propres à rié de grand, & ne pouuant ny faire fruict, ny acquerir de la gloire en vn Estat par le rang de l'authorité elles doiuét se contéter de l'honneur qui vient de l'obeyssance.

Noli quærere fieri Iudex, nisi virtute valeas irrumpere iniquitates populi

Mais l'ambition suit sa vanité sans regarder ses forces, & comme l'arondelle levent la porte où les ailes ne la pourroient esleuer. Elle ressemble au lierre, qui rampant de sa nature, & se trainant dessus la terre cherche les arbres & les murailles pour se hausser par ce soustien, où il ne pourroit monter par la force de sa racine; & puis estant monté où il aspire, il ne produit que des fueilles, & des graines pour perpetuer sa sterilité. Tels sõt les fruicts de l'ambitieux que non son propre merite, mais l'appuy de la faueur esleue aux dignitez: Apres qu'il est monté où il pretendoit, soustenu par les faueurs, par les amis, ou par l'argent il tolere tout, il conniue aux desordres, il nourrit les abus, il lasche la bride à la licence, les faueurs le lent, les promesses le vainquent, les menaces l'estonner, il ne cherche que de maintenir sa creance aux despens du public, & tous les fruicts qu'il donne à la Republique, ce sont les fueilles des pompes, & du faste, & la graine d'vne semblable ambition, qui pousse, & se prouigne auec ses honneurs en sa posterité. Oliuier Chācelier de France auoit bonne grace sur ce subject, de comparer les François, qui sont de leur nature ambitieux, aux Singes & Guenons, qui rencontrans vn arbre, montent & eschellent de branche en branche iusqu'au plus haut sommet, & puis quand ils ne peuuēt se hausser d'auatage ils s'asseét & mōstrét le cul. Ainsi, disoit-il, ceux de nostre Nation, sans attédre d'estre appellez aux dignitez, & sás tascher de s'en rendre dignes, & sans sóder leurs forces, aspirét aux plus hauts grades où la faueur peut les esleuer: ils eschellent de bráche en branche, d'honneur en honneur, & puis quand ils sont bien haut, & à la veuë de tout le monde, ils descourent à tous leur foiblesse, & leurs defauts, & le siege d'hóneur n'est qu'vn theatre qui les expose bien souuen˜ à la risee. Car comme disoit Iules Cesar dans Saluste: *Ceux qui demeurẽt bas, demeurent incognus & leur renõmee marche mesme train que leur fortune, s'ils faillent en quelque chose, fort peu sçauent leurs fautes, mais ceux qui viuẽt en vn grade eminent sont exposez eux & leurs actiõs à la veuë de tous les hommes.*

Salust. in coniur. Catil. Quide missi in obscuro vitam agũt eorum fama, & fortuna pares sunt Si quid deliquere, pauci sciũt, Qui verò in excelso ætatem agũt, corum facta cuncti mortales nouere.

Quelles choses sont requises pour acquerir & conseruer la grandeur de courage.

CHAPITRE XII.

OR plusieurs choses doiuent côcourir pour former cette force, & cette grandeur de courage, qualité si requise pour donner au public le fruict qu'il attend des grandes charges, pour faire valoir l'authorité d'icelles, & pour en soustenir & maintenir l'honneur. Premieremét vne nature forte & genereuse: car ny la nature n'employe pas toute sorte de matiere pour former l'or, ny Phidias pour faire son Iupiter, ny Apelles pour peindre son Alexãdre; & Platon disoit, que les Dieux ont composé

1. Vne Nature forte & genereuse.

de terre & de boüe les hommes communs, mais d'argent, d'or, & des plus precieux metaux ceux qu'ils ont destinez pour gouuerner, ou administrer les Empires. Voyons nous pas que tout ce qui tient le premier rang en toutes choses est composé d'vne matiere plus pure, l'escarboucle entre les pierres, l'or entre les metaux, le feu entre les Elemens, le Ciel l'Empiree entre les corps celestes, le Soleil entre les Astres, l'homme entre les animaux. L'air & le feu predominent en la composition du corps de l'homme le plus parfait animal, l'eau & la boüe en la composition des vers, des insectes, & des animaux plus imparfaicts. La constitutiō naturelle est vne grāde dispositiō aux vertus morales qui sōt de l'ordre naturel, & mesmement à la grādeur de courage digne de ceux qui tiénent les premiers rang entre les hommes. D'où le Philosophe disoit, Que les autres sciences s'acquierent, mais que la Politique eschet par sort: comme voulāt dire que la disposition naturelle, chose qui ne depend pas de nostre volonté, ny de nostre trauail, mais procede puremēt de la faueur du Ciel, y contribuë beaucoup. Car la Nature est vn grand fondemēt pour les vertus politiques, & surtout pour la magnanimité, vertu propre pour executer les choses grandes.

Alia artes discuntur, Politica forte contingit.

Apres le fondement de la disposition naturelle, la bonne institution est de tres-grande efficace; Et les Poëtes disent, qu'Achille fust si genereux, & si courageux, pour auoir esté nourry de la

2. *La bonne institution.*

moüelle des Lyons. Le chien de Lycurgue, qui s'eslança genereux sur la proye ce pendāt que l'autre sorty de mesme ventree, couroit gourmand & paresseux à la soupe, mõstre les effets differés de la bõne & mauuaise educatiõ, ou pour hausser ou pour raualer les courages. La bonne discipline rēdoit si magnanimes les Spartiates, & la mauuaise, si paresseux les Cretois, si mols les Sybarites, si lasches les Ioniés. Semiramis esleuee à la generosité sçait cõduire les armees; Sardanapale nourry dans les delices, ne sçait que tourner le fuzeau, si bien que par la bonne institution, les femmes se rendent hommes, & par la mauuaise les hommes deuiennent femmes. C'est pourquoy Platon, Lycurgue, & tous ceux qui ont trazé ou dressé

les

Plut. in Lycurgo.

Republiques ont recomman-
de deuant toutes choses la bonne
institutio de la ieunesse, veu qu'on
ne peut attendre des plantes mal
dressees, que des arbres mal-faits.
La Nature encore molle & tédre,
coule facilement comme l'eau du
costé où l'education luy donne la
pente, s'encline comme l'arbris-
seau du costé qu'on la ploye, & reçoit comme la charte blanche, les
impressions qu'on luy engraue du
vice, ou de la vertu, de la lascheté,
ou de la magnanimité. Ainsi Socrates estoit curieux d'attirer à soy
tous les ieunes enfans des plus il- *Plut. in*
lustres familles d'Athenes, pour *Alcibiade.*
en former par les instructions de
la Philosophie, par les exhorta-
tions viues & enflammees, & par
les aiguillons de ses reprehen-
sions, qui leur tiroient souuent les

Dd

larmes du cœur & des yeux, ces courageux Capitaines, & ces genereux Magistrats, dont tous les siecles conseruent la memoire immortelle. Et les anciens Romains donnoient tous les enfans des maisons plus Nobles, que leur rang deuoit appeller vn iour aux grandes charges de la Republique, à ses grands hommes d'Estat, que nous admirons & reuerons encore, afin que leur conuersation, leur instructió & leur exemple inspirast de bonne heure, & influast en ses ames tendres la semence de leurs vertus, & l'instinct genereux de la grandeur de leur courage. Car les Lyonceaux n'apprennent la generosité qu'auec les Lyons, que si on les esleue auec les bestes domestiques, leur education abastardist leur nature,

& les rejettons des palmes transplantez auprés des arbres vulgaires, deuiennent steriles, mais auprés des palmiers masles, ils donnent leurs fruicts, monstrent ce qu'ils peuuent, & font paroistre ce qu'ils sont. Tant peu non seulement és hommes, mais mesme és bestes & és plantes la culture & l'education.

Mais les Medecins nous aduertissent, que la tumeur du corps imite l'embonpoinct, quoy que toutefois elle en soit la ruine. Ainsi l'ambition qui est l'enflure du cœur contrefaict la grandeur de courage, & cependant c'est ce qui la destruit. Et icy s'abusent plusieurs, qui pensent esleuer leurs enfans à la vertu & à la generosité, en leur imprimant, & leur faisant succer auec le laict la vanité, &

3. Estre exempt de l'ambition & de l'Amour dereglé des dignitez.

l'ambitió des dignitez, quoy qu'à vray dire, il n'y ait chose qui les rende si lasches, & moins dignes de ce qu'ils leur souhaitent. Le Philosophe dit, Que les animaux qui ont le cœur petit sõt plus hardis & plus genereux, au contraire ceux qui ont vn plus grand cœur, sont plus craintifs & plus timides, parce que la chaleur naturelle ne peut pas si bien eschauffer & enflammer de courage vn grand cœur comme vn petit, comme le feu eschauffe mieux vne petite maison qu'vne grande, le monde appelle d'ordinaire ceux qui ambitionnét les honneurs, hommes de grand cœur, & ceux qui les mesprisent, hommes de petit cœur. Mais quand on vient apres à l'espreuue, on voit la vanité de son iugement. Car ceux qui sem-

Arist. lib. 3 de partib. animal. c. 4.

CHRESTIENNES 423
soient auoir si grād cœur, cedent par lascheté à la moindre resistance, comme ces gros balons enflez de vent, qui perdent toute leur rumeur à la plus petite piqueure, là où ceux qui paroissoient auoir le cœur si bas, & si petit, descouurent és occasions la grandeur de leur courage. On voit alors que le feu de la vertu n'eschauffe pas ces cœurs gros d'ambition, & enflez de vanité, mais bien ceux qui pour la cognoissance d'eux-mesmes se monstroient petits, & cachoient leur grandeur en leur humilité. Tellement qu'vne des principales dispositions à la grandeur de courage requise en vn Magistrat, c'est d'estre exempt de ceste passion ambitieuse, qui amollist les cœurs à mesure qu'elle les enfle, & leur oste autant de force, qu'elle leur

D d iiij

donne de vent. Il n'appartient de se monstrer genereux, & par la generosité faire valoir les charges qu'à celuy qui peut les mespriser, & ie ne sçay comment ceux qui les ayment les prostituent, & n'y a que ceux qui les meprisent, qui sçachent les honorer. L'vne passion nourrit, l'autre, l'amour esleue la crainte, qui ayme és charges l'honneur plus que le deuoir, il craint plus de perdre la dignité, que la vertu, & cet amour desreglé le rendant esclaue d'vne crainte si lasche, luy faict prostituer sa charge à l'iniquité. Et partāt pour couper ce mal à sa racine, il faut arracher du cœur cet amour desreglé des honneurs & des dignitez.

Senec. ep. 5.
Desines ti-
mere, si a-
mare de-
sieris.

Si tu cesse d'aymer, tu cesseras de craindre, disoit Seneque à Lucilius, & la crainte ostee, voyla le courage libre, pour exercer és occasions les actes heroïques de generosité.

Suite du mesme discours.

CHAPITRE XIII.

A L'amour des honneurs doit succeder vn meilleur amour qui est l'amour de la vertu, & à la crainte de perdre les honneurs, la crainte de perdre le vray honneur, en commettant quelque chose d'indigne. Si cet amour conserue ceste crainte, ceste crainte conseruera la vraye grandeur de courage. C'est se monstrer magnanime que de craindre de la façon. C'est a ceste peur, dit Plutarque en la vie de Cleomenes, que

4. L'amour & la crainte de Dieu.

les Spartiates si genereux & si magnanimes auoient dressé vn temple, comme voulant dire, que la crainte de defaire quelque chose contre son deuoir, estoit la nourrice de la magnanimité. Mais l'amour le plus noble, c'est d'aymer Dieu, l'honneur le plus grád, c'est de chercher sa gloire, & la crainte plus genereuse, c'est de craindre de l'offencer. *Vos paroles ont faict trembler mon cœur*, disoit le Prophete Dauid. Il trembloit deuát Dieu, & s'asseuroit deuant les Princes, leur annonçant sa parole, deuant les Lyons, les despeçant à belles mains, deuant les Goliaths armez, les attaquant sans autres armes qu'vne fronde, ceste asseurance qu'il monstroit deuant les hommes, procedoit de la crainte qu'il auoit deuant Dieu. L'arbre bien

Psal. 118.
A verbis tuis trepidauit cor meum.

...raciné ne reste pas de trembler vers le Ciel, mais se tient ferme vers la terre, & le mesme vent qui faict trembler la cime, affermit ses fondemens. Le cœur qui donne place à la crainte qui vient du Ciel, ne sçait rien craindre du costé de la terre, & la mesme crainte qui le faict trembler deuant la presence de Dieu, le rend inesbranlable deuant les appas, deuant les menaces, deuant les attaques du monde. Quand il y va de l'interest de la Iustice & de l'honneur de Dieu, nous ne sçauons craindre que Dieu, disoit le grãd S. Basile Euesque de Cesarée à ce President de l'Empereur Valens, qui le pressoit de la part de son maistre auec toute sorte de menaces de souscrire à vn poinct contre la foy. A quoy le President ayant reparty, qu'il n'a-

D. Greg. Naz. Inoratus sum. D. Basil.

uoit iamais rencontré hóme qui luy parlaft de la façon: Tu n'as iamais peut-eftre rencontré d'Euefque, luy repliqua cette ame genereufe, Il faut aduoüer certes que la vraye fource de la grandeur de courage conuenable, & neceffaire non feulement aux Euefques, & Princes fpirituels, mais encore à ceux qui gouuernent le temporel, c'eft le zele de la gloire de Dieu à qui tout fe doit rapporter, zele qui procede de fon amour, & de fa crainte. Le Philofophe mefme a recogneu cette verité par la lumiere naturelle, quand il a prononcé cette belle fentence: *Que ceux qui font pieux & religieux enuers Dieu font genereux & inesbrālables*: & cette autre femblable, *Que ceux qui sõt les mieux difpofez enuers les chofes diuines font les plus magnanimes.* Mot

Arift lib. 2. Rhet cap. 5. Intrepidi funt & confidentes qui pÿ in Deum funt.
Arift eod. loco. Qui berè fe habent erga diuina audaciores funt.

prononcé par la Nature, & qui couaincq de folie & de vanité ces libertins, qui pour trop chercher la Nature, & fermer du tout les yeux à la lumiere du Ciel, estouffent en eux par vn iuste iugement de Dieu, non seulement la foy, qu'ils mesprisent, mais encore la raison naturelle, qu'ils idolatrent: car ils tombent en vn tel excez & d'impieté, & de stupidité, que de dire, que la pieté enuers Dieu réd les courages bas & pusillanimes, parce qu'ils voyent qu'elle les réd humbles & moderez, comme qui diroit que la medecine oste aux hydropiques l'embonpoinct, parce qu'elle leur oste la tumeur. Mais pour faire rougir ces impies, il ne faut que cette voix de la Nature prononcee par le Philosophe, sans alleguer la voix du S. Esprit parlant dans l'Escriture: *Le Seigneur est le protecteur de ma vie, deuant qui trembleray ie*, disoit le Prophete Dauid: *Si les armees se leuent contre moy, mon cœur sera sans crainte*. Et pour espouuenter ces nouueaux Geans, qui veulent trouuer la grãdeur de courage, non pas en Dieu, mais en eux-mesmes, il ne faut pas vne armee, mais vne parole seulement. Vne promesse, vne menace, vne faueur, vn interest du monde, met aussi tost par terre leur belle magnanimité, & monstre à leur confusion, qu'estre enflé & estre grand, estre arrogant & estre genereux, sont deux choses semblables en apparence, mais contraires en effect; L'vne est du creu de l'hóme, l'autre se deriue de Dieu, duquel emane tout bié. Le Magistrat qui porte engrauee en l'ame la crainte de Dieu, la pieté & le zele de sa gloire, qui considere qu'il represente parmy les hommes la personne de Dieu, qu'il tient sa place, qu'il administre la iustice de sa part, il s'enflamme à cest object d'vne saincte generosité pour combatre l'iniustice, il s'excite & s'esueille par cest aiguillon, comme le Lyon qui se prepare au combat? Il brise, comme Iob disoit de soy, les machoires aux meschans, *Iob. 6. 29.* & leur arrache la proye des dents qu'ils ne veulent lascher, il s'oppose comme vne forte digue, au debord de l'iniquité, il ne regarde ny la puissance, ny la grandeur, ny le credit, ny les richesses, mais le droict & la raison ; il est comme l'Eufrate, qui ne sçait destourner sa course pour la rencontre des plus hautes montagnes, il prefere son deuoir à ses honneurs, à ses biés, à sa vie, & s'il reçoit des hommes la persecution, il attend de Dieu la couronne de sa constance. C'est ce qui nourrist la vraye magnanimité. Et n'y a chose, disoit diuinement le grand S. Basile, qui rende vne ame si forte & si genereuse, que l'affection detachee du monde, & attachee à Dieu, le mespris des biens & des honneurs caduques, & l'object des eternels. L'esprit du Sage, disoit Seneque, releué au Ciel par contemplation, quand il s'asseoit apres sur le tribunal, ou sur la selle Curule, il recognoist cõbien ce siege est bas & rauale. Ceste cognoissance luy en donne le mespris, ce mespris la grandeur de courage, & comme il n'y est monté que pour le deuoir, il est disposé d'en descendre pour la iustice.

D. Basil. homil. de Inuidia.

Senec. ep. 68. Sapientis animus cœlo impositus cum sellam, aut tribunal ascenderit, intelligit quam humili loco sederit.

C'est monter que de descendre de la sorte.

Mais on dit que l'Hercule Gaulois ne captiua pas tant les peuples par la force de son bras, comme par la chaisne doree qui pendoit de sa langue, & Homere accompagne tousiours le valeureux Achil, de l'eloquent Vlysse, pour monstrer que le courage & l'eloquence l'ame genereuse, & la langue diserte, font vn heureux mariage. Ainsi nostre Politique semblable à Pericles fort & facond, genereux & eloquét, & à qui d'vn costé Minerue auoit donné sa sagesse, & sa force, & d'autre costé Python. La Deesse de Persuasion auoit basty son Temple dessus ses levres, doit faire valoir sa prudence, sa justice, & só courage magnanime par les armes de l'eloquence, eloquence qui estant comme l'ornement & l'embellissemét des vertus politiques, merite d'estre le dernier traict de ce tableau.

De l'Eloquence, qui est comme l'ornement des vertus politiques, & donne la vigueur et la grace pour les faire valoir.

Chapitre XIV.

Dieu ne s'est pas contenté d'auoir basty si richemét, & distingué si elegamment les parties de ce grand tout, mais encore à la structure & à la distinction, il a voulu adiouster la decoration, illustrant le firmament de tant d'estoilles, embellissant l'air de tant d'especes d'oyseaux, ornát les eaux
d'vne

d'vne si belle varieté de poissons, la terre d'vne si agreable diuersité d'animaux, d'arbres, & de fleurs, & les entrailles mesmes de la terre de tant de riches metaux, afin que la beauté qui brille & esclate de tout cet ornement, donnast & la perfection, & le nom à son ouurage. Et non seulement a t'il orné & embelly l'Vniuers en gros, mais encore chaque membre particulier, donnāt aux estoilles la lumiere, aux fleurs le teint, aux arbres la verdure, aux metaux l'esclat, aux pierres le bril, aux animaux ou les plumes, ou le poil, ou les escailles, qui leur seruent non seulement de deffence, mais aussi de parure, à l'homme la beauté de la face, l'ornement des cheueux, la grace qui rejallist de la droicture de son corps, & de la proportion harmonieuse des membres qui le composent. L'Art imitateur de la Nature tasche semblablement de releuer tout ce qu'il produit par quelque espece d'embellissement, la peinture ses tableaux par les ombrages & viues couleurs; l'Architecture ses colomnes par les frizes & moulures; l'Orfevrerie ses œuures par l'esmail; bref tous les Arts adioustent l'ornement à leurs ouurages pour leur donner la perfection. Ce qu'est l'ornement en toutes les œuures de la Nature, & de l'Art, il me semble que l'eloquéce l'est en l'homme vertueux, adioustant à ses vertus comme l'éclat à vn diamant, ou quelque viue couleur à vn tableau, le rehaussement, la grace, & la lumière. Et certes si la raison est l'ornement de l'homme, la parole le truchement de la raison, & l'eloquence l'ornement de la parole, qui ne voit que l'eloquéce est l'ornemět de l'homme? Et si la parole releue l'homme sur tous les autres animaux, quel plus riche ornement pourroit desirer vn homme, disoit l'Orateur Romain, sinon d'exceller par dessus les hommes, en ce que les hommes excellēt par dessus les bestes? Que si celuy qui suit d'auantage la vertu, suit aussi dauantage la lumiere de la raison, à qui semble plus conuenable l'eloquence qu'au vertueux, à fin que le mesme reglement que la loy de la raison a estably en luy, la suauité de sa persuasion le communique, l'estende, & l'imprime en tous les autres ; Mais à quelle vertu conuient mieux cét ornement qu'à la vertu politique, qui estant née pour autruy, procurant

Cic. lib. 1. de inuent. Præclarum quiddam videtur adeptus, is qui qua re homines bestijs præstent ea in hominibus ipsis antecellat.

Ee ij

le bien d'autruy, paroissant pour profiter à tous sur le theatre des honneurs, doit sortir ornee pour paroistre en sa bien seance, de ce qui peut la rendre deuant les hómes & recommandable & vtile? Ie dis recommandable, car y a-t'il chose qui acquiere plus d'authorité à vne vertu qui paroist en public que l'eloquence qui rauist les hommes en admiration? l'adjouste vtile, car tout ainsi qu'en la Nature l'vtilité, & l'ornement sont inseparables, & n'y a rien qui soit plus vtile à l'Vniuers, que ce qui l'orne dauantage, comme le Soleil, & la lumiere; ce qui se voit pareillement en l'Art, comme en l'Architecture, ou les colomnes qui sont la decoration de l'edifice, en sont aussi le soustien: de mesme l'eloquence que nous disons estre l'ornement des vertus politiques, n'est pas vn vain ornement, mais en qui le fruict accompagne la beauté, l'vtilité est ioincte à la venusté, & le bien qui en reüssit à la societé des hommes egale la delectation. Et comme l'œil apporte beaucoup d'ornement au corps, & tout ensemble beaucoup de commodité, ainsi l'eloquence d'vn homme d'Estat vertueux, orne grandement tout le corps d'vne Republique, mais luy profite encore plus. Car la sapience donne bien les bons conseils, la prudence les bons moyens pour paruenir à la fin, la iustice les bonnes intentions, le courage les bonnes resolutions, mais ce que la sapience cognoist, ce que la prudence choisist, ce que la iustice procure, ce que le courage resout

Cic. 3. de orat. Multum ego in excellenti Oratore, eodemq; viro bono pono esse ornamēti in vniuersa ciuitate.

& entreprend de bon, l'eloquéce le persuade, & le faict trouuer bon aux autres, si bien qu'elle adiouste à toutes les parties de la vertu Politique, non seulement la grace & la beauté, mais encore la vigueur, & l'authorité.

Ie ne veux pas icy resoudre ce que l'Orateur Crassus, & le Iurisconsulte Sceuola disputent dans l'Orateur Romain, si c'est la prudence, ou bien si c'est l'eloquence qui ait ietté les premiers fondemens des Republiques & societez des hommes ; toutesfois on pourroit bien dire, que si l'eloquence temeraire n'a peu faire ce chef-d'œuure, la prudence muette n'a peu le faire non plus, ains l'vne a eu besoin de l'autre, & l'eloquence des raisons de la prudence, & la prudence des persuasions de l'elo-

Cic. lib. 1. de orat.

quéce. Mais l'Escriture & la reuelatiõ de Dieu m'enseigne de mõter plus haut, & referer la source des Estats & Communautez, non pas aux hõmes, mais à Dieu, non à la prudence ou eloquence humaine, qui n'eussent sceu iamais, ny celle-là par ses conseils, ny celle-cy par ses appas, flechir & courber les hommes naiz à la liberté souz le ioug de l'obeyssance, mais plustost à l'inclination naturelle que Dieu a graué dans l'ame des hommes de viure en societé, & pour viure en societé establir vn ordre, & se sousmettre à l'authorité de quelqu'vn. Or il est bien vray-semblable que ceux à qui les hommes se sont sousmis premierement pour executer ceste volonté de Dieu, grauee & imprimee en eux, ont esté les plus excellens de tous, non seulement pour inuenter par la prudence les iustes & vtiles reglemens, mais encore pour en monstrer la iustice, & en persuader l'vtilité par la parole: & quoy que la loy pour auoir plus d'authorité n'vse pas de preface ny de persuasion, mais de plein & absolu commandement, si est-ce que ceux qui ont proposé du cō-mencement la loy aux hommes, ont deu leur faire voir par le dis-cours, que son commandement est equitable, non tyrannique, son authorité raisonnable, non violen-te. D'où l'Orateur Romain disoit, que les anciens Legislateurs, Ly-curgue, Solon, Pyttachus & les autres, ont eu & la sapience pour inuéter les bonnes loix, & ensem-ble, l'eloquence pour les persua-der. Voire l'Escriture remarque,

Cic. lib. 3. de orat.

que quand Dieu establist Moyse Legislateur & conducteur de son peuple, Moyse alleguant pour excuse le defaut de l'eloquence, vouloit se descharger de ceste commission, & alors Dieu ne se contenta pas de luy donner la puissance & la sapience, mais en outre desnoüa ce beguayement & empeschement de langue, qui luy estoit naturel, afin qu'il peut proposer & establir ses loix, non seulement auec sagesse & auec authorité, mais encore auec grace & persuasion. Et le fils de Dieu estant venu au monde pour dresser l'Estat de son Eglise, & donner aux hommes la loy de perfection, a voulu accompagner sa sagesse infinie en ordonnant, & son authorité souueraine en commandant, de son eloquence diuine en persuadant, en telle sorte, dit l'Euangile: Que la suauité des paroles de grace qui couloient de sa bouche, rauissoit les hommes en admiration, & leur faisoit aduoüer que iamais homme n'auoit parlé auec tāt de verité, de douceur & de force. Aussi la parole eternelle, la parole increée, la parole subsistante formoit ses paroles, & sa bouche sacree estoit l'organe, sa parole le cōcept, sa voix le son du Verbe Diuin. Et apres quand il enuoya ses Apostres pour aller bastir par tout le monde l'Estat Spirituel, dont il auoit ietté les fondemens en la Iudee, les langues furent la derniere piece dont il les arma, apres les auoir munis de sçauoir, de conseil & d'authorité: mais langues du Ciel, afin que comme leur puissance, & leur sapience estoient du Ciel, leur elo-

Mirabantur omnes in verbis gratia qua procedebant de ore eius.

Nunquam sic locutus est homo.

CHRESTIENNES. 445

quence le fust aussi, & que d'où venoit la loy & le commandement qu'ils intimoient aux hommes, delà mesme, & non de l'art des hommes vint la persuasion. Mais puis que Dieu, qui est Seigneur souuerain & absolu des hommes, a trouué bon & conuenable d'vser enuers eux, les voulant attirer à soy, non seulement de commandement, mais aussi d'exortation, ainsi que parle l'Apostre, auroit-il pas voulu dauanture nous apprendre en cecy, luy qui voit à nud les ressorts plus secrets, & plus cachez du cœur humain, qu'il n'y a rien qui exerce plus de pouuoir & d'Empire sur l'homme, que la parole & la persuasion raisonnable, & que le discours le gaigne plustost par la suauité de la raison, & par la douce

Tanquam Deo exhortante per nos.

force de la verité, que ne fait l'authorité imperieuse par la terreur de sa puissance?

De l'Efficace de l'eloquence.

CHAPITRE XV.

PArtant c'est vn heureux aduantage, quád l'eloquence & la faculté du discours se rencontre ioincte auec la sagesse, & auec l'authorité de ceux qui reglent ou gouuernent les hommes, & on ne sçauroit desirer ny vn plus bel ornement à leur dignité, ny de plus fortes armes à leur vertu. Car ils n'ont pas affaire ny à des bestes sans raison, que la force absoluë puisse captiuer, ny à des Anges sans passion à qui la raison proposee simplement & nuëment puisse tousiours satisfaire, ils ont à faire à des hommes, qui ont vne raison, laquelle il faut sçauoir contenter par la raison, & des passions qu'il faut quand il est besoin, sçauoir ou appaiser & adoucir, ou esmouuoir & enflammer par le discours Combien de fois la iustice a-t'elle perdu sa cause pour n'estre pas representee auec l'efficace qu'elle le deuoit estre, deuant des hommes preoccupez par la passion? Qui fit cõdamner Socrates à Athenes, & P. Rutiliº à Rome, l'vn & l'autre innocent, sinon que celuy là se contenta de refuter les calomnies de ses accusateurs, par des simples & nuës negations, & cestuy cy defendit à ses Aduocats d'apporter aucune force & vehemence d'oraison pour soustenir

Consil. 3. de orat.

son innocence, tout ainsi disoit l'Orateur Romain, que si on peut plaider sa cause en la Republique imaginaire de Platon, deuant des Philosophes exempts de toute passion & perturbatió humaine? Il seroit bien à souhaitter que la seule raison gouuernast les affaires des hommes, & que la passion ne peut rien sur eux, & pour lors la nuë, & simple propositió de ce qui est iuste, seroit peut-estre suffisante sans aucune eloquence pour les porter au bien. Mais puis que souhaiter cest ordre parmy les hommes, ce n'est pas l'y establir, il faut tascher le mieux qu'on pourra de regler le desordre, & songer plustost aux remedes du malheur, qui est, qu'aux vains souhaits d'vn bon-heur, qui ne peut estre. Et puis que les mauuaises inclinations les passions, les vices, les voluptez & les peruerses habitudes, ont iusques-là preoccupez les esprits des hommes, que le plus souuent le mensonge leur semble verité, & l'iniquité iustice, quel meilleur remede pour faire voye au trauers de tous ces empeschemens, au droit & à la raison, sinon la force de la raison mesme, expliquee par l'eloquence, illustree de paroles viues, animee de mouuemens efficaces, raison qui presentee à des esprits si mal affectionnez simplement & nuëment, seroit aussi tost reiettee, mais se presentât auec la grace & bien-seance de cet ornement conuenable, gaigne les cœurs plus reuesches, s'insinuë dans les moins disposez, guerit les plus vlcerez, & ce qui est vn bien heureux genre de guerison, les guerit auec plaisir? On dit que l'Aspic se laise charmer à la voix de l'enchanteur, & oublie sa rage naturelle, la lyre appaise le Tygre, la Musique le Dauphin, la harpe de Dauid, le Demon qui tourmentoit Saül, le son des flutes adoucit la douleur des goutes, & vn Musicien d'Alexandre sçauoit vn certain ton pour esteindre en vn moment le feu de sa cholere, & le faire desarmer soudain au plus fort de son ardeur; l'eloquence peut encore dauantage sur les passions des hommes, pour les moderer, pour les flechir, pour les adoucir, pour les vaincre, & leur faire rendre les armes à la raison desarmee. L'eloquence charme les sens, paistrist les cœurs, remuë les affections, forme ses desirs dans les passions d'autruy, commande

sans

sans loy, regne sans sceptre, force sans satellites, laisse libres les hommes, & exerce dans eux vn Empire secret, trouue des loups, & faict des brebis, rencontre des lyons, & laisse des aigneaux, ne touchant pas les corps, mais transformant les ames, & changeant les volontez, sans alterer la Nature. Quelle fut, ie vous prie, l'eloquence de ce Philosophe, qui loüant la temperance deuant vn ieune desbauché couronné de fleurs, batant des mains, trepignant des pieds, dansant au son des flustes, en habit & en geste d'vn qui celebre la feste des Bacchanales, & entré en cet equipage dans son eschole pour se moquer de luy, le toucha si viuement par les traicts de ses paroles, qu'il luy fist soudain ietter ses fleurs, quitter sa dance, briser ses flustes, composer son maintien, & tesmoigner par le changement de son corps celuy de son esprit? Quelle estoit la force de l'eloquéce de pericles, qu'on appelloit tónant & foudroyant, & qui parlant fichoit dans les cœurs comme des aiguillous, & agitoit les esprits de ie ne sçay quelles fureurs qui les portoient à la sagesse; Quelle la vehemence du torrent de Demosthenes, qui arresta si long-temps sans autres armes que sa langue, le cours des victoires, & du bonheur de Philippe? Quelle la vigueur de la parole de Phocion, qui releua mille fois par ses discours enflammez le courage de sa patrie non moins que la fortune par ses armes victorieuses; Mais l'authorité que les Orateurs auoient acquis enuers les Atheniens, & l'vtilité qu'ils portoient à leur Republique paroist clairement par cet exemple. Car lors que les Atheniens reduits à l'extremité par Alexandre le Grand, ne peurent obtenir la paix de luy, que soubs condition de luy enuoyer prisonniers leurs Capitaines & Orateurs, ils en vindrent-là, que retenant leurs Orateurs, ils le contenterent en bannissant leurs capitaines, si bien qu'il preferent l'eloquence à la valeur, & creurent qu'il estoit plus vtile de conseruer à leur ville la lãgue, que l'espee. Que diray ie des Romains chez qui l'eloquence a marché tousiours du pair auec la vaillãce, & toutes deux ont esleué ceste Republique en puissance, en grandeur, & en gloire sur tous les Empires du monde?

Que l'eloquence paroist principalemēt és Estats populaires, mais quelle peut seruir aussi beaucoup és Estats Monarchiques.

Chapitre XVI.

A La verité comme les Estats populaires d'Athene, & de Rome ont faict fleurir l'eloquence, aussi semble-t'il que l'eloquence soit plus requise, & fasse plus d'esclat és Estats populaires, où il faut persuader à vn peuple ce qui est vtile pour le bien de la Republique, que non pas és Estats Monarchiques ou ceux qui ont la charge de procurer le bien de l'Estat, n'ont qu'à proposer au Souuerain leurs cōseils & leurs aduis, & sur ce receuant ses commandemens, les intimer aux peuples ; ce qui est sans comparaison plus auguste, plus ferme, & plus solide pour le bien & repos des hommes, que l'aduis d'vn Tribun ou d'vn Orateur confirmé par les suffrages d'vne temeraire populace, mais ne donne pas vn si grād champ aux forces de l'esprit, ny vne si ample matiere à l'elopuence. Toutefois comme certains oyseaux, qui ne se seruent pas des ailes pour voler, & s'eslancer en l'air, s'en seruent neantmoins pour cheminer sur la terre auec plus de force, & de vistesse, ainsi l'eloquēce qui ne rencontre pas ces grands champs ouuerts pour s'essorer, s'il faut ainsi dire, à aisles desployees monstre tousiours son adresse, & sa vigueur dans les bornes estroittes qui l'enserrent, & ses aisles qui

Ff iij

ne peuuent luy seruir pour voler, l'aydent au moins pour marcher auec plus de disposition. Outre que l'inconstance des choses du monde ne fournist que trop souuent de subjects és Royaumes les mieux establis, pour d'vn costé faire paroistre la fidelité enuers le Souuerain, & employer d'autre costé l'eloquence pour son seruice, & pour l'vtilité commune, subjects qui ne sont pas a desirer non plus que les maladie, mais lors qu'ils se rencontrent, l'eloquence ioincte à la vertu & à l'authorité, monstre ce qu'elle peut, & porte bien haut la gloire de son autheur. Et apres tout, c'est vn chaton d'or à vn diamant, & vn precieux ornement, soit à la vertu, soit à la dignité que l'eloquence, qui authorise celle-là, releue celle cy, fait valoir l'vne & l'autre, & qui rauissant les hommes par ses appas, comme disoit l'Orateur Romain, fait admirer & reuerer comme vn petit Dieu parmy les hommes, celuy qui la possede.

Mais d'ordinaire ce qui est excellent est rare, il n'y a qu'vn Soleil au Ciel, & plus de deux mille estoilles, les cailloux se trouuent par tout, les diamants en quelque coing du monde, les escarboucles ne sont presque pas cognus, l'encens ne se cueille qu'en la Sabee, le basme jadis qu'en la Iudee, l'ambre gris que dans les isles Orchades, & semble que la Nature ait voulu adiouster à l'excellence de ses plus beaux ouurages, la rareté pour augmenter le prix. Et particulierement l'Orateur Romain a remarqué la sterilité, ou chicheté de la Nature à produire des hommes eloquens. Elle a donné la parole à tous, le discours à quelques vns, l'equence à si peu, que c'est vne merueille de voir en tous les siecles, & en tous les Estats, assez bon nombre d'excellens Capitaines, de sçauans Philosophes, de parfaicts Architectes, des Peintres accomplis, d'ouuriers tressuffisans en tous les Arts liberaux, & mechaniques, & à peine vn Orateur mediocre. Ce qui est digne d'estonnement, veu que l'eloquence n'a marqué iamais, sinon peut-estre en ce siecle qui n'adore que l'or, d'honneur & de recompense, qui sont ainsi que disoit vn Ancié, les deux demons qui gouuernent les conseils, & les entreprises des hómes. Et toutefois l'eloquéce quoy qu'honoree, recompensee, & cultruite par tous les plus beaux esprits qui ayent iamais fleury, a reüssi en si peu, & si rarement, que d'auanture le Phœnix, quoy qu'vnique en son espece, est plus frequent au monde que le bon Orateur, s'il est vray qu'il s'en trouue pour le moins vn en chaque siecle. A peine la Grece en a peu produire quatre ou cinq, & Rome deux ou trois qui meritent le tiltre d'Eloquent, & encore en vn si petit nombre, on diroit que la Nature à voulu vser de reserue, & s'est contentee de donner à chacun de ceux là quelque partie de l'eloquence, craignant peut estre d'entreprendre trop hardiment, si elle eut essayé d'assembler toutes les qualitez en vn. Car selon le iugement de l'Orateur Romain qui en faict le partage, Isocrates eu la

suauité, Lysias la subtilité, Hype-
rides la poincte, Æschines le resó-
nement, Demosthenes la force, &
la vehemence: mais en qui, ie vous
prie, se sont rencontrees toutes les
perfections ioinctes ensemble
pour former vn chef-d'œuure d'e-
loquence? Quant aux Romains,
Ciceron a emporté la palme auec
aduantage sur tous ceux de sa Nation, & dauanture sur tous les
Grecs, & Seneque n'a pas douté
d'esgaler ce grand esprit à la grandeur de l'Empire de Rome, mais
encore luy-mesme se recognoist
fort esloigné de l'Idee qu'il auoit
conceuë du parfait Orateur, & les
Censeurs & Critiques y ont trouué ie ne sçay quoy de mol, diffus,
& enerué, & ont dit de luy ce qu'il
disoit de Demosthenes, qu'il contentoit bien ses oreilles, mais ne

les rempliſſoit pas. Ie ne diray rien des Orateurs de l'Egliſe, qui ont cherché en leurs diſcours vne choſe meilleure que l'eloquéce, quoy que quelques-vns d'entr'eux, & meſmement d'entre les Peres Grecs en ont eu aſſez s'ils euſſent voulu en faire parade, non ſeulement pour approcher, mais meſme pour atteindre les Orateurs du ſiecle. Mais comme diſoit Seneque des eſcrits d'vn Philoſophe, ils ont cherché de parler, & d'eſcrire pluſtoſt aux cœurs qu'aux oreilles. Ils eſtoiét Ambaſſadeurs de Dieu, & leur Ambaſſade s'adreſſoit aux cœurs. *Parle au cœur de Hieruſalé*, diſoit Dieu à ſon Prophete.

Or ou les hommes ſont ſi foibles qu'ils ne font rien de parfaict, ou ſi difficiles que rien ne les contente, tellement qu'il ne faut pas s'esmerueiller s'ils ont conceu vne si haute Idee de l'eloquence, qu'ils n'ont peu, ny ne pourront la voir iamais en effect. Mais pour renuoyer les Idees à Platon, & parler des choses qui ont esté quelquefois, & qu'encore peuuent estre, il faut tant de qualitez pour former l'eloquent, non qui se peut conceuoir, mais qui se peut rencontrer, que quand la Nature en produit quelqu'vn, elle assemble comme Zeuxis tous les rares traicts des beautés les plus accomplis pour faire son pourtraict. Elle luy donne vn vif entendemét, vne imagination fecõde, vne memoire heureuse, vn iugemét solide, vn esprit clair, vne patience infatigable pour recueillir comme l'abeille les fleurs de tousliures, & de toutes les sciences, les raisons des Philosophes, les argumens des Dialecticiens, les secrets des Naturalistes, les arrests des Iurisconsultes, les thresors de l'Histoire, la pureté des Grammaires, les termes des Poëtes, & s'enrichir des despouilles de tous les Arts liberaux & mechaniques. Car l'eloquence doit sçauoir parler de tout auec proprieté, auec abondáce, auec ornement, & sans iamais demeurer à sec, resembler à vn fleuue qui ne s'arreste pas, mais va tousiours, & tantost coule doucement par les plaines, tantost bruit impetueusement au trauers des montagnes, tátost bout & escume rencontrát des rocher, emmenant tout ce qu'il trouue, entrainant ce qui l'empesche, par tout plein, par tout esgal, sinon qu'il croist & monte, plus il s'esloigne de son commencement, & monstre plus de vigueur, où il rencontre plus de difficulté. La beauté, disoit Seneque, où l'on ne remarque que quelque partie de belle, ne merite pas le nom de beauté, la forest n'est pas belle où seulement deux ou trois arbres paroissent entre les buissons, ny l'oraison eloquente, où vn membre est plein, & l'autre defectueux, mais celle en qui la proportion & perfection du tout, couure par son esclat la beauté de chaque partie. L'eloquéce est vne Royne qui ne marche en aucune part, qu'elle ne soit accompagnee de ses ornemens, qui ne monstre iamais la disette, & la pauureté, qui se presente par tout où elle va auec sa bien-seance, & Majesté Royale, & pour entretenir le train, & la pompe conuenable à sa qualité, tire tribut de tous les Arts, & de toutes les Sciences. C'est pourquoy les anciens Grecs ne separoient pas l'eloquence de la sapience & cognoissance des choses, mais appelloient sapience la force, & la faculté de bien dire, selon la remarque de l'Orateur Romain, comme au cótraire ceste superfluité de paroles vuides de solidité, qui a tát de vogue en ce siecle ne merite des sages que le tiltre de folie. Les Poëtes ont feint qu'Ixion embrassant vne nuë au lieu de la vraye Iunon n'eust que des Centaures au lieu des hommes pour enfans? Ainsi ces parleurs qui embrassent en leurs discours les ombres, & les fátosmes de leurs imaginations, en deffaut des raisós d'vne solide doctrine, croyant enfanter l'eloqué-

Vim dicen-di veteres sapientiam appella-bant. Cic. 3. de orat.

ce, ils n'enfantent qu'vn monstre, qui donne par sa nouueauté l'admiration aux foibles esprits, mais par sa deformité l'horreur aux iudicieux. Leurs discours sont cóme les animaux imparfaits qu'on appelle insectes, qui naissent non de generation, mais de corruption, car ce n'est pas la vigueur de l'esprit, mais pluftost vn flus du cerueau qui les enfante. L'esprit qui n'est nourry du bon suc des lettres & des sciences, & sur tout de la Philosophie, s'efforce en vain de conceuoir, & de produire vn discours masle, & vigoureux, & s'il pousse par la force de son imagination quelque chose que le resonnement fasse paroistre grande & pleine, ce n'est que le son d'vn autre enflé de vent & vuide de substance.

De la

De la fausse Eloquence de ce siecle.
CHAPITRE XVII.

Ais la science, & la doctrine n'est encore que la semence & la matiere de l'eloquence, il faut apres pour luy donner l'estre & la forme, la fecondité pour inuenter, la discretion pour choisir, la clarté pour disposer, la facilité pour exprimer, l'elegance pour orner, les lumieres pour illustrer, les mouuemens pour enflammer, le ton de la voix, & le geste du corps proportionné pour adiouster la perfection, & pour acquerir toutes ces parties vn grand naturel, vn grãd estude, & vn tres grand exercice. C'est pourquoy les anciens Grecs, & Romains qui estoiét opiniastres au labeur, & assidus en l'exercitation, ont acquis tant de gloire en ce mestier, comme a remarqué nostre Demosthene en son eloquence Françoise, où il a si dignement traicté ce subject, que d'en parler encore apres luy, ce seroit glaner apres les moissonneurs, & croasser apres la voix du Gygne. Ie diray seulement, que comparant les escrits des Anciens auec ceste engeance, & fourmiliere de liures, que ce siecle produit comme potirons esclos en vne nuict, & flestris en vn matin, il est aisé d'y remarquer la mesme difference qu'il y a entre les petits hommes de ce temps, & ces grands & robustes Heros du premier aage, que les Poëtes nous descriuent. Soit que chaque chose ait sa reuolution, soit que la Nature déchee, soit que le monde incline vers sa vieillesse, ne puisse plus former vne parole pleine & viue, comme en l'aage viril, mais retourne à la façon des vieillards, au begayement de son enfance, ou qu'on vueille chercher la cause de ce dechet, pour le moins l'effect en est euident. Il n'est pas besoing de rien dire de ces Escriuains & discoureurs de Cour, qui s'arrogent d'eux-mesmes l'authorité de donner loy au parler & à l'eloquence, & toutesfois n'ont autre chose qu'vn jargon de Damoyseau, & quelque froide rencontre de mots, & dictions semblables à ces Sophistes que Platon appelle par *Plato in* vn traict de mocquerie, Escri- *Sophist.* meurs des paroles, & dont sainct Basile compare les discours à ces *D. Basil.* petits gasteaux paistris auecque le *epi. ad Li-banium.*

Gg ij

miel qui n'ont qu'vn peu de douceur fade pour chatoüiller le goust des enfans, & point de suc pour repaistre les hommes. Ce que le Lacedemonien disoit au Rossignol, leur est tres conuenable; *Tu es vne voix, & rien plus.* Parlons de ceux qui à la façon des Tragiques, veulent marcher sur le Cothurne, ne tranchent que des releuez, & croient ne parler pas, s'ils n'estonnent les hommes par des choses inouyes, monstrueuses, & prodigieuses. Comme ces filles malades, & qui ont les pasles couleurs, trouuent fades les viandes conformes à la Nature, & vtiles à l'estomach, aymans mieux se repaistre de cendres, de charbons & d'araignees, marque d'vn goust depraué; ainsi les esprits de ce temps, rejettans en leurs discours les conceptions solides, & cóformes à la raison & au sens commun, comme vulgaires, & mesprisables, se iettent à des imaginations fantasques, qui n'ont ny sés ny fondement qu'en leur cerueau; signe d'esprits ou foibles par nature, ou affoiblis par la vanité, dót l'vn peut meriter le pardon, mais l'autre est digne d'vn double vitupere. Quand ils entreprennent vn suiect, ils n'entrent pas dans la matiere, il ne vont pas au but, ils s'en esloignent du premier pas, & se perdent aussi tost dans vn labyrinthe de passages inutiles, de confuses adaptions, & friuoles similitudes, qu'ils ioignent ou rauaudent comme lambeaux de diuerse couleur & estoffe, auec vn fil rude & grossier; s'il y a quelque cóception estráge, obscure & embroüillee, leurs discours l'attire à soy, cóme le vent Cœcias les nuees & les orages; s'il y a quelque nouuelle pierre és Indes, si quelque fleur, si quelque arbre au bout du monde, dont le nom soit inoüy, si quelque reuerie monstrueuse parmy les songes des Platoniciens & des Rabins, si quelque medaille enroüillee dans les monumens de l'antiquité, il n'y a subject, tát soit-il esloigné, où cela ne vienne, ou ne soit tiré par les pieds, ou par les cheueux, & c'est ce qui excite cóme rare & nouueau l'aplaudissemét de tout le theatre. Aussi comme disoit sainct Hierosme, la laictuë est digne des leures, quand l'asne mange les chardons. Bref le stile commun de ce siecle, ce n'est pas de discourir par raisons, mais par fantaisies & chimeres d'esprit,

Similes habent labra lactucas, Asino carduus comedents.

où l'on voit sortir de la teste d'vn hóme le corps d'vn bœuf, ou d'vn cheual, cóme en ces monstres que les frenetiques forgét en leur cerueau, que les Peintres peignent és grotesques, & que le vét forme és nues. Tels esprits imitét certaines femmes, qui n'estans grosses que de vent, n'enfantét que du vent, & lors que leurs cris, & leurs trachees violétes ont attiré tout le voisinage pour voir sortir quelque bel enfant au monde, deschargét leur grossesse, ou pour mieux dire leur enflure par l'enfantement d'vn peu d'air enfermé, poussé auec effort, & recueilly auecque risee. Ou bien il en arriue comme de ceste montagne, dont le bruit s'espandit par tout, qu'elle deuoit enfanter? tout le monde y accourut auec esperance de voir paroistre

Gg iiij

quelque nouuelle merueille: mais lors qu'on attendoit qu'elle pousfaſt de ſes entrailles quelque grād corps de Geant, digne fruict d'vne telle groſſeſſe, on n'en vid ſortir qu'vne ridicule ſouris, plus digne ſpectacle d'vne ſi folle attéte: *Les monts enfanteront, mais vn Rat en naiſtra.*

Or cecy procede d'vn deſir effrené, qui poſſede ces eſprits defaillans du ſens commun, de paroiſtre doctes & releuez deuant les ignorans, ſans prendre garde qu'ils ſe monſtrent ignorans deuant les doctes, & ridicules deuāt tous les bien-ſenſez. Car c'eſt la couſtume des pauures qui veulent paroiſtre riches, d'adiouſter, ſoit à leurs habits, ſoit à leurs maiſons, ſoit à leurs meubles, ſoit à leurs banquets, certains ornemens

hors de la saison & de l'vsage cõmun, qui publient d'auantage
leur pauureté, lors qu'ils la pensent
couurir, & les femmes laides qui
empruntent vne beauté menson-
gere du fard & du vermillon, des-
crient auec plus de honte leur lai-
deur lors qu'elles la cachent. Le
mesme marbre dont on veut parer, & embellir la deformité des
sepulchres, fait remarquer à ceux
là mesmes qui n'y prendroient
pas garde, que ce ne sont que des
tombeaux pleins d'ossemens des-
charnez, & de carcasses pourries;
la piece de pourpre ou de velours,
qu'on ioinct à la bure deschiree
d'vn viel manteau pelé, ne sert
par son esclat qu'à rendre plus vi-
sible la misere qu'elle couure; bref
en toutes choses les mesmes ornemens dont on veut couurir les

defauts manifestes, les rendent remarquables, au lieu de les celer. Ainsi ces inuentions chimeriques, ces fantosmes d'esprit, ses metaphores forcez, ces repports mandiez, ces recherches empruntez hors de propos pour la pauureté d'vn discours sterile & côtraint, ne cachét pas mais exposent en veuë l'ignorance de leurs autheurs. Ils veulent, disent-t'ils, éuiter les paroles vulgaires & les pensees communes : mais ne voyent-ils pas qu'il en est des mots comme de la monnoye, à qui le seul vsage donne le cours, le non-vsage le rebut, & qu'entre les concepts de l'esprit, les ordinaires & communs à tous, sont les plus sains & les plus raisonnables, les extraordinaires & particuliers portent la marque ou le soupço d'vne espece de folie? les chemins batus sont les plus droits, les sentiers desrobez font esgarer. Fuir és habits la façon commune, c'est se rendre ridicule ? euiter és discours les termes & les pensees vulgaires, c'est se ietter aux extrauaguantes. La Nature tādis qu'elle est saine, ne produit que les choses ordinaires, & toutes les fois qu'elle met au iour quelque chose d'extraordinaire, elle est malade, & enfante des monstres. Mais c'est l'vne des maladies du temps, & Seneque disoit fort bien, que le stile de l'oraison qui a cours, est vne marque des mœurs, & des humeurs du siecle. Parle, afin que ie ne te voye, disoit vn Philosophe, la parole proced edu cœur, & le ruisseau descouure la qualité de la source. Ce siecle donne tout à l'apparence, rien à la solidité, on ne cherche pas d'estre, mais de paroistre, on songe plustost à plaster qu'à bastir, les yeux d'autruy nous gouuernent, non nostre propre cognoissance, & iamais l'opinion n'eut tant de pouuoir au monde, ny si peu la verité. Le style de nostre discours porte les marques de ceste folle passion, car nous n'y cherchons pas la mouelle, mais la couleur, non la substance, mais le son, non le poix des raisons, & des sentences, mais l'esclat des vaines recherches, ou ie ne sçay quelle rencontre de paroles, qui batent l'air & se perdent souuent, & s'esuanouyssent, remplissent l'oreille, & laissent l'esprit affamé. C'est l'instrument resonnant, mais vuide, duquel parle l'Apostre, & où le son ne procede que du vent dont il est plein. Et tout ainsi que les

Essonans, & cymbalum tiniens.

pommes de Sodome sont belles à la veuë, luisantes & dorees, & ceux qui les contemplent de loing pendantes à l'arbre, se laissent facilement tromper à la beauté de leur escorce, mais s'ils s'auancent pour les toucher, en les maniant ils les font creuer aussi tost, & restent confus d'auoir cueilly des pommes, & ne trouuer que des cendres entre leurs mains. Il en est de mesme de la plus part de nos discours, que l'agencement affecté des termes & des paroles fardees, embellit de quelque lustre qui frape les sens, mais si on les sonde de pres, à la premiere touche ce vain esclat s'esuanoüist en fumee, & on ne trouue au dedans ny suc, ny grace, ny beauté. Toutefois le mal n'est pas inutile au monde, & s'il ne sert à d'autre vsage, il sert aumoins pour donner éclat au bien, comme les tenebres à la lumiere, le noir au blanc, les ombres aux viues couleurs, & les taches aux belles faces par la rencontre de leur opposition: Ainsi le stile ou monstrueux, ou fardé de la plus part des esprits degoustez de tout ce qui est bon & naturel, faict paroistre d'auantage les escrits & discours de quelque petit nombre, qui releuant l'honneur de l'eloquence Françoise parlent & escriuent auec elegance, pureté, & solidité. Ie les passeray sous silence, car ils sont assez cognus, & le iugement public donne à leur noms assez de gloire sans attendre le mien: mais i'ay voulu adjouster ce mot, affin qu'ayant parlé du vice de ceux qui par leurs escrits prodigieux diffamét tous les iours, &

CHRESTIENNES. 481

deshonorét nostre langue, on ne pense pas que ie vueille supprimer le merite ny estouffer la loüange de ceux dont l'eloquence naïfue, iudicieuse & solide, l'illustre & la decore.

De l'Eloquence propre au Politique
& la conclusion de ceste œuure.

CHAPITRE XVIII.

L'Eloquence affettee, si elle merite le nom d'eloquence, est messeante à tous, mais principalement à ceux qui traictent de choses importantes, & serieuses. Ny mesme ce grand ornement, & pompe de paroles arrondie, dont les Orateurs enflent leur veine, ne semble pas leur estre conuenable,

1. qualité la vigueur & l'energie du discours.

& les Anciens ont dit, que si Iuppiter vouloit parler aux hommes, il ne parleroit pas comme Demosthene, mais plustost comme Platon. Car les discours des personnes graues doiuent tenir plus du Philosophe que de l'Orateur, & c'est chose bien-seante quand les sentences sont leurs figures, les maximes leurs pointes, les raisons leurs ornemens, vne forte, solide & ronde briefueté leur eloquence ; bref quand les paroles qui coulent de leur bouche portent non la lime d'vn Art laborieux, mais le suc vif & agreable d'vne prudence digeree. Les Lacedemoniens parloiét peu, mais viuement, & solidemét, & leurs paroles estoiét comme les diamans, petits en masse, inestimables en valeur. On n'estime pas à la grosseur,

2. La briefueté.

mais aux prix, ny les pierres, ny les discours, vn petit escarboucle vaut mieux qu'vn grand rocher, vne sentence viue, qu'vne orason vaine & friuole, parler peu, dire beaucoup, c'est la parfaicte eloquence: C'estoit vne loy de la Cour d'Areopage, de ne dire rien hors du sujet: Phocion estoit appellé la hache des discours de Demosthene, parce qu'il retranchoit ses preambules inutiles, & c'est aussi la vraye regle du discours és matieres de consequence, de n'extrauager pas en des choses oyseuses, & superflues, mais viser droict à son but. Et certes si on ne doit parler que pour obtenir sa fin, cóme on ne chemine que pour aller au terme, c'est follemét qu'on va chercher les longs circuits, où les plus cours chemins sont les meil-

Arist. lib. 1. Rhet Nequid extra rem dicere tur.

leurs, & celuy qui pouuát aller par vne voye droite, & va tournoyant par des sentiers obliques, faict soupçonner ou qu'il s'esgare, ou qu'il veut esgarer ceux qui le suiuent. S'il s'esgare, il se declare ignorant, s'il veut esgarer, il se monstre malicieux; l'vn tesmoigne qu'il se trompe, l'autre qu'il veut tromper autruy. *L'oraison qui recherche la verité doit estre simple, & sans composition*, disoit vn Ancien, non pas simple sans suc, & sans grace, mais simple sans destours, & sans ambages, non pas simple sans energie, mais simple sans caption, non pas simple sans les attraits naturels & conuenables, mais simple sans le meslange des allegations inutiles, non pas simple pour la rudesse, mais simple pour la clarté, roudeur & naïfueté.

3. La simplicité.

Oratio quæ vacat veritati incomposita debet esse & simplex. Sen. ad Lucil.

CHRESTIENNES. 485

La simplicité du discours ne veut pas dire vne rude & mal polie inelegance, mais plustost comme l'Euangile appelle l'œil simple qui est pur, clair & net, sans brouillars, & sans nuages; aussi l'oraison est simple d'où vne pure & elegante neteté bannit la confusion & l'obscurité, & à parler proprement, il n'y a rien de moins simple que les discours rudes & grossiers, qu'vn tas de choses molles & oyseuses, rend embrouillez & confus, ny de plus simple qu'vne parole viue & elegante, d'où la pureté chasse les enigmes, & la solidité, les superfluitez. La Philosophie appelle simples les corps celestes, en comparaison des corps elementaires, & la Theologie donne la simplicité aux Anges & à Dieu, eu esgard aux choses composées de corps & de

si oculus tuus simplex sit totum corpus tuum lucidum erit.

Hh ij

matiere; si bien que la simplicité prise en son propre sens est la perfection des choses, & ne signifie pas vn defaut de grace, d'ornement & de beauté, mais plustost vne priuation heureuse d'impureté, d'imperfection & de meslāge. Les Cieux qui sont les corps plus simples, sont les plus beaux, & les plus lumineux, & leur beauté procede de ce qu'ils sont simples, & esloignez de la mixtion des corps estrāgers. Les Anges qui sont plus simples que tout le reste des choses créés, sont aussi plus excellens, & leur excellence consiste en ce qu'ils sont simples & separez de l'vnion & mariage des choses materielles. Dieu qui est tres-simple, est tres parfaict, & sa perfection vient de sa simplicité, sa simplicité, de ce qu'il est exempt de toute composition, qui denote vn defaut en ce qui n'a pas tout en soy, mais a besoing de s'allier à quelque chose exterieure pour obtenir le bien qui luy manque. Ainsi l'oraison la plus belle & la plus elegante, c'est celle qui est la plus simple, non pour estre despouillee de graces & d'attraits, mais pour auoir tous ses ornemens en sa vigueur, ses couleurs en son propre suc, & sans rien emprunter des choses estrangeres, esloignees & superfluës, tirer sa beauté de sa substance, son vermeil de son bon sang, & comme l'or son esclat de sa propre solidité. C'est l'eloquence digne des personnes d'authorité, qui se doiuent porter en leurs discours, comme en leurs vestemens, où ils ne fuyent pas l'ornement & la richesse, mais seulemét les façons curieuses, & les embellissemens empruntez d'vn art affeté. Que si on estime qne la vilité de l'habit desroge quelque chose de leur estat, il semble bien que celle du discours en rabate d'auantage, puis que la robbe ne monstre que ce qu'ils sont hors d'eux, & la parole marque ce qu'ils sont en eux-mesmes. Et puis si Dieu a embelly toutes les parties du corps de l'homme, & entre toutes celles qui sont plus en veuë, comme l'œil, & la face, de graces & d'appas, pourquoy voudra on que ce qui est de principal en l'hóme, ce qui descouure, & met au iour l'ame, & l'interieur, ce qui monstre & declare l'homme, ie dis la parole, image viue du cœur, & de la pensee paroisse vile, nuë & despourueuë des ornemens conuenables? La parole increée de Dieu, qui est son Verbe eternel, est appellee par l'Apostre, la splendeur du Pere, comme representant par sa beauté, la beauté parfaite du principe dont elle emane, qui est l'entendement diuin. La parole de l'homme est la splendeur & la lumiere de l'homme, & ce qui le fait esclater & reluire, puis que c'est le pourtraict animé de ce qu'il y a de plus excellent en l'homme, qui est la raison & l'entendement. Que si c'est sa splendeur, est-il bien-seant que sa splendeur soit sans grace, ou son ornement abiect & negligé? Qu'est-ce qui le fera reluire si ce qui doit estre sa clairté l'obscurcist, & d'où sortira son honneur, si son principal ornement le des-honore? La beauté n'oste rié à la simplicité requise en l'oraison graue & serieuse, mais plustost sa beauté, c'est sa simplicité & en la parole comme en toutes autres choses simple & pur, pur & beau, beau & parfaict, c'est le mesme. l'Escriture diuine qui est la parole de Dieu reuelee, est simple, mais non molle, non eneruee, non languissante, non oyseuse, comme les discours de ceux qui pensent defendre leur rusticité par cet exemple, & parce qu'ils sont rampans & trainans, croyent aussi tost auoir attein à la gloire de la simplicité du stile diuins, ains plustost elle est viue energique, puissante & animee, pleine de graces qui delectent, de pointes qui transpercent, de mouuemens qui emflamment, & d'vne suauité secrette, mais diuine, qui recele plus d'appas, que tous les

Orateurs du monde n'en ont peu jamais estalé dans leurs discours elaborez *Vostre parolle est plus douce que le miel à ma bouche*, disoit le Prophete. Qui l'escoute, se sent atteint, qui la lit, en est transformé: Et ce Theopompus, qui admirant l'energie cachee de ceste parole diuine, offencé neantmoins de la simplicité des termes, la voulut embellir des fleurs, & parolles peignees de l'eloqence humaine, comme rapporte Eusebe, ne prenoit pas garde que sa simplicité est plus persuasiue, que l'art des Orateurs; Aussi puny diuinement par vn transport de folie, espreuua-til la iuste peine de sa folle entreprise. La simplicité doncques n'exclude pas la grace, & la force du discours, mais seulemét le fard & la superfluité, qui à vray dire quoy qu'ornee de recherches & de paroles pompeuses, luy oste ses nerfs, & sa beauté naïfue.

4. L'vtilité. L'vtilité est vne autre qualité requise és discours du Politique, qui ne doit parler que pour le bien public. Tes disours sont comme les Cyprez grands & beaux, mais qui ne portent pas du fruict, disoit vn Ancien à vn ieune homme, qui estant monté sur la tribune aux harangues, entretenoit le peuple de vaines & inutiles paroles. Car il est bien loisible aux Sophistes & declamateurs, qui ne parlent que pour donner du plaisir à vne oyseuse assemblee, de se forger des sujets imaginaires, & là dessus s'estendre & s'esgayer à leur ayse, pour exciter vne vaine admiration, & remporter vn plus vain applaudissement, semant du vent & recueillant de la fumee. Mais ceux dont la bouche, comme celle des Oracles, est consacree à l'vtilité publique, ne doiuent iamais espandre leurs paroles en l'air, ny hors des lieux, du temps & de la saison, entamer des subiects d'importance, quoy que plausibles & agreables au commun, ains plustost attendre tousiours la necessité & l'npportunité pour parler, auec esperance de fruict. La parole est comme la semence, qui hors des lieux propres, & des saisons conuenables, quoy que bonne, est inutilement semee, & ne produit que la honte & le dommage du semeur. Et comme pour semer vtilement, il faut attendre la disposition du temps, & celle de la terre, aussi celuy qui veut parler fructueusement, attend tousiours la disposition des affaires, & celle des esprits, veu que si les affaires ne sont disposees, il les gaste au lieu de les accommoder, si les esprits, il les irrite au lieu de les adoucir, & tout le fruict qu'il remporte de sa peine, c'est que gastant les affaires, il se monstre indiscret, irritant les esprits, il se declare temeraire.

3. La liberté discrette & genereuse.

Mais aussi quãd la necessité demande vne parole libre & hardie, & que l'occasion semble s'ouurir au fruict qu'on en peut esperer, il faut alors paroistre auec vne liberté discrette & genereuse, qui est la derniere & principale qualité de l'eloquence ciuile. Sainct Iacques en sa Canonique, compare la langue de l'homme au timon ou gouuernail qui conduit les vaisseaux; ce qui conuient principale-

Naues cum magna sint circumferũtur à modico gubernaculo. Ita & lingua modicũ membrum est, & magna exaltat. Iac. c. 3.

CHRESTIENNES. 495

ment à la langue des Magistrats, & hommes d'authorité, qui par les mouuemens que leurs paroles inspirent aux cœurs des Princes ou du peuple, tournent & manient auec leur langue, comme auec vn timon la nacelle flottante des Estats & des Empires. Or il faut que celuy qui tient le timon soit hardy pour resister aux orages & aux tepestes, car c'est pour lors qu'il doit ou par le timon sauuer le nauire, ou mourir en bon Pilote le timon à la main. Les paroles libres sont necessaires és perils de la Republique, & c'est lors qu'il faut ou tirer les affaires du naufrage, par la liberté de la langue, ou bien perir en parlant genereusement. L'Escriture appelle les paroles des Sages des aiguillons & des cloux poignans, car

Verba sapientium quasi stimuli, & quasi claui in altum defixi. Eccl. 6 vlt.

elles doiuent estre libres & veritables, & la liberté ne peut estre sans pointe, ny la verité sans piqueure, comme on dit mesme, que le miel quoy qu'il soit si doux, & si suaue de sa nature estant appliqué aux vlceres, les point & les picque. Le miel estoit reprouué és sacrifices de l'ancienne Loy, ce que sainct Hierosme explique mystiquemét, & dit, que les discours destrempez dans le miel d'vne douce & flateuse adulation, & qui n'ont pas l'aigreur & la pointe d'vne verité libre & mordante, ne sont pas des sacrifices acceptables deuant Dieu. Car ceux qui sont en rang, & en authorité, sont obligez non seulement par vn lien ciuil, mais encore naturel & diuin, de parler hardiment & librement, quand l'honneur de Dieu, ou le bien public le

Leuit. cap. 2. D. Hier. ep. 35.

Deus dissipabit ossa eorum qui hominibus placent, confusi sunt quoniã Deus sp. exit eos.

CHRESTIENNES. 497
demande, & si pour lors ils flattent ou pallient pour se rendre complaisans aux hommes, Dieu les mesprise & les confond, dit le Prophete, & brisera leurs os, c'est à dire, leur puissance & leur grandeur, dont ils preferent l'interest à celuy de la Iustice.

Or pour voir les vifs modelles de l'eloquence Politique accopagnee de toutes les qualitez que i'ay representees. Il ne faut que ietter les yeux sur les belles harangues des anciens Capitaines, Magistrats, & hommes d'Estat, que nous lisons encore en l'histoire Grecque, & Romaine. Nous y voyons vne viue force, vne rode briefueté, vne elegante pureté, vne vtilité solide, vne liberté courageuse. Les paroles y sont fortes, les raisõs pressantes, les clauses courtes, les sétéces animees, *Exemple de l'oloquence Ciuile.*

les pointes aigües, le discours non estendu, mais ramassé, qui comme vn arc bandé ne iette pas des fleurs aux oreilles, mais des fleches aux cœurs: Rien de languissant, rien d'oyseux, rien de vain, tout sert au point, tout y fait coup, tout y porte, on n'en peut oster vn mot qu'on ne retranche ou du sens, ou de la clarté, ou de la vigueur, ou de la grace necessaire pour la persuasion. On y peut remarquer apres les occasions prises bien à point pour parler auecque fruict, la verité dite à propos, & auecque courage les belles maximes tirees de l'experiéce, qui sont l'sprit & l'ame de l'eloquéce Ciuile, & en fin les heureux effets qui reüssissoient des discours sages, & libres de ces braues & genereux esprits, les violences reprimees, les seditions calmees,

calmées, les mauuais desseins
estouffez, les bons conseils establis, les guerres esteintes, les cœurs
recociliez, les loix authorisees, les
peuples deliurez, bref les Estats
sauuez par ces langues diseries, &
prudentes, & ces grands vaisseaux
retirez du naufrage par la conduite d'vn si petit timon. C'est pourquoy tous ceux qui vouloient entreprendre d'entrer en la grande
mer des affaires ciuiles, s'estudioièt
& s'exerçoient sur toutes choses à
bien tourner ce gouuernail, qui
bien manié sauue les Republiques, mal & laschement, ou im-
prudemment conduit, les expose à
mille dangers : voire les Empereurs mesmes ne negligeoient pas
ce poinct, Cesar Auguste, Tibere,
n'estoient pas moins duits à l'eloquence qu'aux combats, & Taci-

I i

te remarque en ses Annales, que le premier qui a eu besoin de parler par emprunt, & d'estudier les Harangues composees par autruy, ç'a esté Neron, qui enerué par les delices, se seruoit à cet vsage de l'esprit de Seneque.

Conclusion de ceste œuure.

Mais non seulement la langue est le gouuernail des Empires, ains encore le timon sacré de la nacelle de l'Eglise. Les successeurs de sainct Pierre en sont les conducteurs, & leur langue truchement du Ciel, & interprete des veritez de la Foy, la conduit & la guide au trauers des vents, des erreurs, & des orages de l'Enfer, & du monde, ou pour mieux dire le sainct Esprit qui fait mouuoir leur langue, & qui est descendu en forme de langue pour les faire parler, est tout ensemble & le Pilote qui gouuerne le timon, & le timon qui conduit le vaisseau. C'est dans ce vaisseau que ie flote, c'est à ceste langue du Ciel à qui ie soubmets l'ignorance de la mienne, si parmy tant de paroles quelque erreur s'estoit glissée à mon desceu, c'est ce timon de qui ie proteste vouloir suiure la conduite, sans y penser, & contre mon intention, en la route de ce discours ie m'estois esgaré.

PANEGYRIQUE
DV ROY S. LOVYS
sur le sujet de la celebration de sa Feste.

Laudemus viros gloriosos, & parentes nostros in generatione sua, multam gloriam fecit Dominus magnificentia sua à sæculo. Ecclesiastici 44.

Oüons les hommes dignes d'honneur, que les siecles passez ont produit, celebrons la memoire de nos ancestres, qui ont illustré leur siecle, & ont lais-

sé en la gloire de leurs belles actions vn exemplaire de perfection à la posterité. Car Dieu s'est marqué en eux, & les a proposez à tous les aages futurs, comme les Images viuantes de sa vertu, grandeur, & magnificence.

C'est la semonce que nous fait le sainct Esprit par la bouche du Sage, & maintenant par la bouche du Vicaire de Iesus Christ, de celebrer auec loüanges la memoire glorieuse de ce grand Sainct entre les Princes, & Prince entre les Saincts, que la France honore comme Pere de ses Roys, & l'Eglise, comme Pere de Roys tres-Chrestiens. A ceste semonce du Ciel se joinct la pieté de nostre Roy, qui porté d'vn vray zele à renouueller & augmenter les honneurs deuz à celuy, duquel il faict glorieusement reuiure le nom, les vertus, & le regne oblige tous ses subiets à vne action si saincte & si religieuse, & par la demande que sa Maiesté en a fait au sainct siege, & par l'exemple de sa deuotion. Mais en outre les merites de ce grand Roy, qui a porté le nom François, par ses armes, iusqu'au bout de la terre, par son zele iusqu'au Ciel, par sa gloire iusqu'à l'Eternité, rendent la France si redeuable à sa memoire, qu'elle ne pourroit sans ingratitude differer plus long temps à luy rendre ce tribut d'honneur payé si tard, & deu si iustement. Et certes elle meriteroit desia le nom d'ingrate pour auoir tant retardé, s'il ne falloit recognoistre en ce retardement vne particuliere prouidence de Dieu, qui vouloit reseruent nostre siecle le fruict, & à nostre prince la gloire de ceste action. Car à qui appartenoit il mieux de releuer le nom de Iuste, qu'à celuy qui marche sur les pas de sa Iustice? A qui touchoit il d'auantage de le recommander qu'à celuy qui l'imite? Ainsi puis que toutes choses, & les vœux de la terre, & la voix du Ciel, & le zele de nostre Prince, & l'ordonnance de l'Eglise, & l'obligation de la France, & les merites de ce grand Sainct, autrefois Roy temporel, ore patron eternel de cét Empire, nous inuitent maintenant à vne plus solemnelle celebration de sa memoire, & que d'ailleurs le Sage nous aduertit que la memoire du Iuste doit estre accompagnee de Panegyriques, haussons nos voix à qui mieux mieux, honorons sa feste du recit de ses rares faicts, & des fleurs immortelles de ses vertus, dont Dieu luy fait là haut vne couronne de gloire, & les bien-heureux vne couronne de congratulations, faisons luy çà bas vne couronne de loüanges.

Or, pour entrer en vn si beau champ, comme ceux qui estallent en public les riches estoffes, où les pierres precieuses ont accoustumé de les encherir par le renom du lieu dont elles viennent : Ainsi les Orateurs du monde qui celebrent la memoire de quelque personnage illustre, pensent le rendre plus recommandable, s'ils vont prendre le discours de ses loüanges de la grandeur de son extraction. Si ie voulois obseruer cét ordre en loüant ce Bien-heureux, ie ne serois pas en peine de faire comme ces anciens, qui pour rehausser à credit la gloire de quelque incogneu, alloient forger son origine és fables des Poëtes, és cendres de la vieille Troye, ou au sepulchre d'Hercule, recherchant vainement les vents en leur cause, le Phœnix en son berceau, & le Nil en ses sources qu'on ne cogneust iamais. Ie ne ferois seulement que monstrer au doigt ceste Royale tige plus cogneuë sur la terre, que le Soleil au Ciel, tige qui deuant, & depuis ce grand Sainct, sa fleur & son ornement a tenu le timon de la France, l'œil & le cœur du monde, durant la reuolution de plus de six siecles entiers, & s'est prouignee si plantureusement, qu'elle a mis à l'ombre des fleurs de Lys la meilleure part de l'Vniuers, donnant des

Empereurs à Constantinople, des Roys à Hierusalem, à la Sicile, à Naples, à l'Hongrie, à l'Angleterre, à la Nauarre, à la Pologne, & ce qui est encore plus illustre, de seruiteurs à Dieu, de defenseurs à l'Eglise, de protecteurs à la Religion, de Soldats à Iesus-Christ, de martyrs au ciel combattans & mourans pour la Foy, contre les ennemis de la Foy. Mais parce que celuy que nous loüons à luy-mesme dequoy se recommander, & n'est pas comme la Lune, qui luit d'autre feu que du sien, ains plustost comme le Soleil qui brille de sa propre lumiere, ie veux cacher la gloire que sa tige luy donne pour celebrer celle que sa vertu merite. Car l'ouurier qui façonne & releue en bosse vne image de terre, & de boue est bien contrainct pour la vilité de la matiere, d'y aporter de l'enrichissement exterieur, & d'emprunter le plastre & la peinture, pour suppleer par la façon au deffaut de l'estoffe: mais celuy qui la taille sur le marbre, ou la fond en metail, n'y applique aucun ornement estranger, la matiere estant assez riche d'elle-mesme, & sans rien mandier d'ailleurs, paroissant assez par le propre esclat de sa naturelle beauté. Outre qu'il y a bien difference entre la façon de loüer vn Grand du monde, & la façon de loüer vn Sainct; la grandeur vient des predecesseurs, non pas la saincteté, l'vne se laisse par heritage, & l'autre s'acquiert par labeur, l'vne vient de la nature, l'autre de la volonté, l'vne de la fortune, ou pour mieux parler, de la prouidence, l'autre du propre trauail. Car il eſt bien permis aux peres de laiſſer à leurs enfans les biens qui ſont hors d'eux, non les biens qui ſont en eux, ce qui pare le corps, non ce qui orne l'ame, ce qui les rend riches & puiſſans deuant les hommes, non ce qui les fait iuſtes, & Saincts deuant Dieu, ce qui ſe paſſe auec leur vie briefue & momentanee, non ce qui les accompagne apres leur mort, & leur met ſur la teſte la couronne immortelle. Tels biens, qui ſont les vrays biens de l'homme ne peuuent deſcendre, ny par nature, ny par droict de teſtament, ny par donation, ny par ſucceſſion, ny par le bien fait du Preteur des Peres en leur poſterité: ils ne ſe peuuent ny leguer, ny donner, chacun les doit acquerir: la grace les offre, la volonté les accepte, le trauail les cultiue, le soing les conserue, & la perseuerance en maintient la possession. Et partant celuy qui loüe vn Grand du monde, lequel n'a d'autres biens que ceux que ses parens luy ont peu laisser, la grandeur & les richesses ne le peut loüer qu'en loüant ses ancestres, & qu'en le parant cóme la Corneille d'Horace, de plumes empruntees: mais celuy qui celebre la memoire d'vn sainct, ne le doibt loüer que de ses propres biens, puis qu'il trouue dans luy-mesme tout ce qui l'a rendu tel, veu mesmement que de seroit mal à propos de recommander les Saincts par les dignitez, & grandeurs du monde, du mespris desquelles leur saincteté tire sa gloire. Ils n'affeétent pas de si vaines loüanges, & prennent à iniure si l'on croit les honorer par les choses qu'ils ont pris à gloire de mespriser. C'est pourquoy ie ne pretends pas en ce discours alleguer les grandeurs temporelles du Roy S. Louys, sinon pour monstrer ce que la Foy Chrestienne peut faire mespriser aux ames magnanimes: ie ne pretends non plus mettre en auant la pieté de ses ancestres, parce qu'encore qu'il soit sorty de parens saincts & vertueux, & que son pere Louys huictiesme soit remarqué dans nos Annales comme vn miroir de chasteté, perle d'autant plus precieuse qu'elle est rare parmy les grands, si est-ce neantmoins que n'ayant pas la saincteté par heritage, mais par acquisition, il n'est pas raisonna-

DV ROI S. LOVIS.

ble qu'il partage sa loüange, & que le merite luy restant tout entier, sa gloire soit diuisée. Mais entrant dans le discours de sa saincte vie, pour ne le parer que de ses propres ornemens, i'y voy reluire d'abord vne si grande varieté de vertus infinies en nombre & esgales en beauté, que ie demeure en suspens, & les admirant toutes, ne sçay quelle cueillir. Si ie veux parler de toutes, il est impossible pour leur multitude: si ie veux choisir, qu'où tout est beau le choix est difficile: ainsi d'vne part leur nombre m'estonne, d'autre costé leur esclat m'esblouyt. I'iray doncques au hazard, & sans choisir le choix seroit inutile où le rencontre ne peut estre qu'heureux.

La premiere chose qui se presente à mon esprit en vne telle cōcurrence de merueilles, c'est la merueille qui comprend toutes les autres, de voir si bien assemblees en vn mesme subjet la grandeur mondaine, & l'humilité Chrestienne, la gloire de la terre, & la sapience du ciel, les richesses, & la saincteté, la puissance, & la iustice. Car quoy que Platon ait dit, que la puissance desire naturellement de se joindre à la sapience, comme l'vne estant inutile sans l'autre, la sapience sans la puissance seruant de jouet à la force, & la puissance sans la sapience d'armes à l'iniquité: c'est pourquoy, dit ce Philosophe, elles appetent de s'vnir l'vne à l'autre, afin que la puissance prestant main forte à la sapience, & la sapience dirigeant la puissance, leur mariage rende les Estats tranquilles,

quilles, & les Republiques heureuses: si est-ce neantmoins que ceste conionction si necessaire, est si rare sur la terre, que c'est vn miracle de la rencõtrer, & vn thresor de la posseder. Et principalement en ce qui touche la sapience chrestienne, qui estant tout du ciel, est presque mescognuë des puissances de la terre, & par consequent mesprisee. C'est le thresor de l'Euangile caché dãs le champ delaissé pour n'estre pas veu, c'est la margueritte abandonnee aux riues estrangeres pour n'estre pas cognuë, c'est la manne secrette de l'Apocalypse, rejettee pour n'estre pas goustee. *Goustez & voyez combien Dieu est doux & suaue?* dit l'Escriture: estant telle la nature des choses celestes, que le goust en doit preceder l'estime.

Kk

le sentiment la cognoissance & l'experience l'amour: d'où vient que le monde ne les sauourant pas les mécognoist, ne les esprouuant les mesprise, ne les goustant pas les abhorre. Il en desdaigne l'acquisition, en neglige la conseruation & n'en cognoist pas la perte pour en ignorer le prix. Et sur tous les riches & les grands à qui la presse des affaires de la terre, fait perdre le souuenir du ciel, & en qui les voluptez du monde preoccupent le sentiment des delices de Dieu. Car comme la rosee du ciel trouuant pleines les conques des Nacres de l'eau salee de la mer, se noye dans ceste ordure, & n'y peut faire germer les marguerites; ainsi la grace du sainct Esprit, qui comme vne rosee decoule sans cesse sur nous, & se communique abondamment à tout le monde, rencontrant les ames des riches de la terre preoccupées des plaisirs de la chair, s'estouffe dans ces eaux puantes, auant que d'y pouuoir former la precieuse perle d'vne vraye deuotion. La pieté meurt en elles, aussi tost qu'elle y est conceuë, & comme l'Ephemere en son berceau trouue sa sepulture. Tellement que comme en la nature les terres grasses & fecondes ne portent par les diamants ny les autres pierres precieuses qui ne se forment que parmy les roches arides & infertiles : c'est aussi le malheur ordinaire des riches & des grands, que les pierres precieuses des vertus chrestiennes ne se trouuét pas volontiers chez eux, & abondát és biens temporels, ils

Kk ij

defaillent és eternels. Les thresors de la nature ne naissent qu'és terres steriles, & les thresors de la grace sont le partage des pauures. *Il n'y a pas parmy vous plusieurs nobles ny plusieurs puissans*, disoit saint Paul, escriuát aux premiers Chrestiens de Corinthe, *mais Dieu a choisi pour soy ce qui est de plus vil & de plus contemptible au monde*, non pas que Dieu n'appelle à soy les grands aussi bien que les petits, mais le monde occupe tant les grands qu'ils n'ont loisir ny d'escouter sa voix ny de suiure sa vocation, ny de faire leur salut. Et de fait tout ainsi qu'entre les arbres les plus bas & les plus rampans, comme la vigne, sont les plus feconds & fructueux, les plus gráds & les plus hauts, comme les Cypres & les Sapins, dont la pointe voisine les nuës sont infertiles, & ne portent que fueilles: on peut remarquer le mesme entre les hommes, que les petits & les paures qui rampent incognus en la lie d'vne basse condition, semblent plus capables des vertus Chrestiennes, & sont d'ordinaire plus feconds en bonnes œuures, que ceux qui esleuez en grandeur & en richesses ne produisent bien souuent pour tout fruict de vertu que des fueilles d'vne trompeuse apparence battuës du vent de la vanité. Et cependant ils sont obligez à fructifier dauantage, & la hache tranchante du iugement de Dieu, qui menace la racine des arbres infructueux, renuersera les grands aussi bien que les petits, sans que leur grandeur leur donne d'autre aduantage, sinon qu'ils auront plus de prise pour le coup, plus de pesanteur pour la cheute & plus de matiere pour les flammes, *Les petits peuuent attendre misericorde*, dit l'Escriture, *mais les grands rien que rigueur & iustice.* Deuant Dieu l'obligation se mesure à la dignité, le conte à l'obligation, le iugement au conte, la peine au iugement. Car ce n'est pas en vain qu'on voit ceste difference de rangs entre les hommes, & que la nature les ayant tous faits esgaux, les ordres les distinguent; c'est afin qu'ils fructifient selon leur condition, comme les arbres selon leur genre, & que ceux qui ont plus d'authorité monstrant plus de vertu, contiennent les inferieurs par leur puissance, les gouuernent par leur sagesse, les reiglent par leur iustice, & les guident par leur exemple.

Dieu les a constituez nos conducteurs pour les obliger d'estre nos modelles, & les a exposez en veuë à tous, afin qu'ils se rendent dignes d'estre imitez de tous. Et certes si entre les liós, le plus fort entre les elephans le plus grand, entre les aigles le plus genereux conduit les autres, celuy qui est establi entre les hommes pour gouuerner les autres hómes, est-il pas obligé de se monstrer le plus genereux en zele, le plus grand en pieté, le plus fort en iustice, le plus exemplaire en vertu? Voyons-nous pas qu'en la nature l'operation suit l'estre, & qu'à mesure que chasque chose a vn estre plus noble elle opere plus noblement. La pierre qui n'a que l'estre simple n'a pas d'operatió, la plante qui est par dessus la pierre a vne operation d'accroissement, l'animal qui est par dessus la plante a vne operation de sentiment, l'homme qui est par dessus l'animal irraisonnable à vne operatió de raison, l'Ange qui est par dessus l'homme à vne operation de pure intelligence, & Dieu qui est par dessus tout à vne operation diuine & sureminente. La dignité en la police donne vn nouuel estre aux hommes, d'où ceux qui sont nouuellement esleuez aux charges sont dits creés: creer est tirer vne chose du non estre, & la produire en estre: les Roys creent les Magistrats, les tirant du non estre d'vne basse condition, & les produisant en l'estre de l'authorité. Dieu cree les Roys les esleuant comme Dauid du fumier & du non estre iusqu'à l'estre plus haut de la souueraineté. Si donc en l'ordre de la nature ce qui a l'estre plus eminent opere plus eminemment, & ce qui s'approche d'auantage de Dieu, imite plus parfaictement l'operation de Dieu, faut-il pas semblablement qu'en l'ordre de la police, & en l'ordre de la grace, ceux qui sont constituez en vn estre plus noble, en vn degré plus haut, en vn rang plus illustre, operent plus noblement, conuersent plus sainctement, viuent plus vertueusement, & se rendent cōme plus proches, aussi plus conformes à la Diuinité? La raison naturelle monstre assez ce deuoir aux grands, & Dieu qui a commandement sur eux leur parle en ces termes par la bouche du Sage, *A vous, ô Princes, s'adressent mes paroles, apprenez la sapiēce, et ne decheez pas de vostre rang*: Et par la bouche de Dauid, *Entēdez maintenant, ô Roys, instruisez vous, ô vous qui iugez la terre, seruez à Dieu en crainte.* Sainct Louys ouurant l'oreille à ces voix du ciel, pesant sa charge, voyant son obligation, se resoult en sa premiere enfance de releuer sa vie à l'esgal de sa dignité, conformer ses actions à son rang, se rendre le plus iuste, comme il est le plus grand, & pour regner en Roy Chrestien sur son peuple, faire regner Iesus-Christ en son cœur. Il establit en soy ceste saincte maxime pour principe de ses actions, & reigle de sa vie, d'aimer mieux mourir que commettre vn seul peché mortel. Digne resolution d'vn Roy de rendre à Dieu la fidelité comme il l'attend de ses sujets. Parole digne d'estre

DV ROY S LOVIS.   325

gravee dãs les cœurs, & bien plus Royale & magnanime que tous les dicts tant vantrez de ces anciés Roys, où il y a plus de pompe que de fruict, plus d'ostentation que d'vtilité, plus de son que de sens. Ceste parole qui semble si vile au monde enclost en soy tous les thresors de la Philosophie chrestienne, qui est la vraye & seule sapience: car toute la doctrine celeste se consomme en l'amour de Dieu, l'amour opere l'obeissance, l'obeyssance exclust l'offece. Mais quel courage & quelle force, de denoncer la guerre au peché parmy les appas du peché, le combattre en la Cour, l'assaillir en son regne, le tuer en son centre, l'estouffer en son element, & conseruer l'obeyssance parmy la licence, la mortification parmy les voluptés, la simplicité parmy les pompes, l'humilité parmy la gloire, le feu parmy l'eau, la sainteté parmy tant d'amorces du vice, suitte ordinaire des grandeurs de la terre? Si vaincre le peché dans vn Cloistre s'appelle perfection, le vaincre dás la Cour se doit appeller miracle. Car si on nomme miracle ce qui surpasse le cours ordinaire de la nature, estre dans les richesses & les mespriser, dans les dignitez, & s'humilier, dans les delices, & se mortifier, auoir toutes les occasiós de prendre ses plaisirs, & y renoncer pour l'amour de Dieu, sont-ce pas des actions miraculeuses, puis qu'elles se releuent par dessus le cours ordinaire du monde, par dessus le mouuement de nostre nature, par dessus nostre inclination, par dessus nos sens, par dessus la loy de nostre concupiscence? Où est celuy, qui a faict ce chef d'œuure? *Où est-il, & nous le loüerons*, dit l'Escriture, *Car il a fait en sa vie d'œuures miraculeuses*. La vie de S. Louys est toute pleine de ces miracles, si plustost elle-mesme n'est vn miracle continuel. Il est riche & pauure tout ensemble, riche par condition, pauure par affection, grãd & petit, grand en dignité, petit en humilité, Roy & seruiteur, Roy des hommes, & seruiteur de Dieu; la grace luy fait mespriser tout ce que la Nature, la fortune & la vertu luy ont donné de prerogatiues, & il se rend plus grand par le mespris de ses grandeurs que par la possession. Il est grand par son grade, plus grand par son humiliation, grand par le pouuoir qu'il a sur son peuple, plus grand que le commandemēt qu'il a sur soy-mesme, grand en son train, lors qu'il est enuironné de sa Cour, plus grand en sa chambrette lors que de ses mains propres il sert les pauures: grand par le sceptre qu'il porte, plus grand par la croix qu'il embrasse, bref il luy reste plus de gloire de sa bassesse chrestienne, que de sa grandeur Royale. Et certes sa grandeur est passee, la seule gloire de son humilité demeure.

Poussons ce discours plus auant, & pour appliquer les viues couleur à ceste Royale image qui n'est encore qu'esbauchee, descédós vn peu du general de ses sainctes resolutions au particulier de ses diuines actions. Voyons-le comme le fleuue Alphee conseruất parmy la mer du móde la douceur des sources viues de la grace, surnageát cóme l'huile sur les eaux des vanitez pour n'alterer pas sa pureté par le meslage, viuát comme la pyralide, s'epurát comme le diamant, luisant comme la pierre Asbestos, flairant comme l'encens dans le feu des tétations, entier & sans blessure cóme la rose parmy les espines des concupiscences, inuincible comme la palme souz le fais des aduersitez, mourant cóme le Phœnix dans les flammes du diuin amour, & renaissant d'vne plus heureuse & glorieuse vie en l'immortalité.

On dit que les Conques marines trouuent vne merueilleuse inuention pour ne se nourrir que de la rosee du Ciel au milieu des flots salez de la mer, elles tournent le dos à la mer, & la face au ciel, se ferment vers le bas & s'ouurent vers le haut, & par cest artifice ne donnent entree qu'aux celestes gouttes dont elles forment les perles. Ainsi ceste ame Royale ingenieuse, pour son salut, fermant son cœur & ses affections du costé des delices qui l'enuironnoient, & ne les ouurant que du costé du Ciel par vne continuelle conuersion vers son Createur à l'imitation du Roy Dauid qui s'escrioit, *Mes yeux sont tousiours vers le Seigneur*, elle a euadé par ce moyen le danger où l'exposoit sa condition, & au milieu de l'amertume du monde ne s'est nourrie que de la douce rosee de la grace diuine, dont elle a formé les belles perles des vertus & des merites, ornemens de sa Couronne. Elne. Elle commence de bóne heure sa conuersion vers le Ciel, & comme l'Heliotrope se tourne au poinct du matin vers le Soleil, & luy enuoyes ses premieres odeurs: ainsi cette saincte ame au premier instant de l'vsage de raison se conuertist vers son Dieu, & luy offre pour premices son premier acte d'amour. Elle multiplie ses actes, fait progrés en la vertu, & donne à Dieu ses premieres années que nous donnons à la vanité. Car, helas, c'est nostre malheur qu'au lieu que croissant en aage nous deurions croistre en pieté, & en marchant nous aduancer, nous reculons comme les escreuisses, & d'Anges que nous estions en nostre enfance, sortant des eaux du babptesme, nous deuenons bestes en nostre adolescence par nos brutales cupiditez. Aussi tost que nous auons l'vsage de raison, nous en abusons, & l'aage commençant de nous rendre raisonnables, le vice commence de nous rendre brutaux. C'est la coustume des enfans du monde, mais cest enfant du ciel donne ses premiers fruicts au ciel, & s'aduançant de iour en iour à peine son aage est au commençement, que sa vertu a ja fait vn grād progrez, ses ans sont en leur verneur, & ses meurs en leur maturité, c'est vn miracle du ciel en qui la grace deuançant la Nature, fait que les fruicts deuancent la saison. Et comment ne s'aduanceroit il ayant mis pour fondement, ceste resolution de ne perdre iamais Dieu de veuë, & mourir plutost que s'en diuertir ? Si le Soleil ne peut refuser ses lumieres à l'œil qui le regarde, Dieu Soleil volontaire, Soleil qui se communique non par necessité mais par amour, pourroit il ne donner pas les siennes à vn cœur qui s'ouure par amour deuers luy? Le Soleil seroit il plus liberal de ses rayons, que Dieu de ses graces? ou la nature seroit elle plus communicatiue que la diuine bonté? Dieu est tousiours prest, ses graces sont offertes, *son desir* (dit l'Escriture) *est nostre sanctification*, il nous y appelle tous, il nous en donne les moyés à tous, nous n'auons pas d'excuse, nous deuons & pouuōs au móde, aussi bien qu'en Religiō, & ce biéheureux qui parmy les richesses, les soings & les affaires acquiert vne telle sainctete, s'il ne nous instruit, nous confond par son exemple. Comme le feu monte toufiours, & les riuieres s'enflent à mefure qu'elles courent, auffi fait la grace, elle pouffe auant de plus en plus, & impatiente d'eftre oifeufe cherche de s'auancer par de nouueaux accroiffements: ou elle fait progrés, ou elle perift, ou elle croift, ou elle meurt: Elle ne fçauroit demeurer en mefme eftat, & c'eft fa nature, ou de monter ou de dechoir. Ce fainct ayant fi bien commencé pourfuit encore mieux, & apres s'eftre premierement reglé foy-mefme au niueau de la loy de Dieu, il regle au mefme modelle fa Cour & fon Royaume. C'eft la maxime du Philofophe que ce qui eft premier en chaque genre eft la mefure & la regle de tous fes dependans comme l'vnité de tous les nombres, & le premier mouuement de tous les mouuements: Ainsi le premier en vn estat est le niueau, le poinct & la reigle; où tout le reste s'aligne, se compasse, & se mesure; s'il cloche les autres sont boiteux, s'il marche droict, les autres courent, ce qu'il fait de bien ou de mal ne se termine pas en luy, mais passe plus auant, & de priué qu'il est par l'action, deuient public par l'exemple, commun par l'imitation.

Et partant c'est obseruer l'ordre, & de nature & de iustice, quand les Chefs & Superieurs commencent le reglement par eux-mesmes, comme nous voyós que Iesus-Christ mesme, la Sapience eternelle, estant venu pour regler le monde, a commencé de faire, & puis d'enseigner, & nous a proposé plustost son exemple pour imiter que sa loy pour o-beyr. Sainct Louys se conformât à ce diuin prototype & prenant ses mesures des reigles de l'eternelle verité, reforme la licence de son siecle par ses exēples plustost que par ses loix, & se proposant soy-mesme cōme vne loy viuante bannist de soy le vice, de sa Cour les dissolutions, de son Royaume les abus, regle soy-mesme par la vertu, sa Cour par le bon ordre, son Royaume par la Iustice, & fait comme le premier mobile qui donne le bransle par son mouuement aux Spheres inferieures. Ne gardant rien de sa dignité pour soy-mesme, que la peine, la charge, & le soucy, il consacre tout le reste à Dieu, & à son peuple, Richesses, plaisirs honneur, repos, &

sa vertu renonce à toute la licence que sa grandeur luy donne. Parmy la presse de tant d'affaires, qui occupent sans cesse son esprit infatigable, il est semblable à la palme, où les fruicts ne manquét iamais, où quand l'vn est meur, l'autre est formé, quand l'vn est formé l'autre est esclos, le bouton suiuant la fleur, atteignant le fruict, & en toute saison la maturité des vieux fruicts laissant en leur place la perfection des nouueaux. Et c'est pourquoy les Ægyptiens prenoiét la palme pour vn symbole de l'annee, en qui l'heure suit l'heure, le iour atteint le iour, le mois attrape le mois, & la vieille annee finissant la nouuelle prend sa place, par vn cercle du temps qui coulant demeure ferme, roulant tousiours, est tousiours en mesme estre, & en son mouuement qui reuient à soy-mesme represente, tout l'habile qu'il est, l'image stable de l'Eternité. Ainsi ce sainct Roy qui sçait que la principauté n'est que vne seruitude, & que celuy qui commande à tous, est seruiteur de tous, ne cesse iamais de trauailler pour son peuple, & tous les iours donnant ses fruicts sa fecondité demeure inespuisable; il voit succeder trauail à trauail, sollicitude à sollicitude, & chaque nouueau moment de sa vie rencontrant vn nouueau subject, porte son fruict nouueau, ore fruict de charité, tantost fruict de pieté, tantost fruict de clemence, tantost fruict de iustice, & à toute heure changeant d'action, sans iamais changer de volonté, il demeure tousiours stable parmy le flux de tāt d'affaires, semblable parmy la varieté, immuable parmy la vicissitude.

Mais la iustice, la pieté, la sainc̄teté, le zele & le bon reglement de tous les ordres du Royaume, ne sont pas toutes ses loüanges, le courage, la valeur & la force y entrent en partage. Car les vertus qui s'exercent en temps de paix, ne sont pas seulement propres aux Saincts, mais aussi les vertus que la guerre met en vsage. Ils ont la douceur d'aigneau pour pardonner leurs propres iniures, mais ils monstrent l'ardeur & le courage de lyon quād le iuste ressentiment des violences faictes à l'Estat, ou à l'Eglise leur met les armes en main. Le mesme Dieu qui s'appelle Dieu de paix, se nōme aussi Dieu des armees, veu qu'il les gouuerne & s'en réd protecteur quád la Iustice en est l'obiect, la necessité, le subiect, & le bien public la fin. Pour lors il les conduit, il les anime, il leur inspire l'ardeur, applanist les montagnes, ouure les destroits, tarit les fleuues, seiche les mers pour leur faire passage, fait combattre les vents, les foudres, les elemens, le Soleil, les Anges, la terre, & les cieux sous leurs enseignes, & iettant au cœur des aduersaires la terreur & l'espouuente, la poudre aux yeux, & le trouble en l'esprit, vn en chasse mille, deux en réuersent dix mille, vne esleuation de mains romp les Madianites, vne trompette abbat Hierico, vne machoire d'asne terrasse les Philistins, vne fonde les Goliaths, vn berger les Geás, la force tendát les armes au droit, & les hómes à Dieu.

S. Louys estoit à peine en l'aage de 11. ans, appellé nouuellement à la Couróne, denné de force, d'aage, & d'experience, mais non pas de courage & de valeur, quand l'enfer qui ne laisse iamais sans exercice les amis de Dieu, & oppose tousiours comme la chantaride à la rose, l'enuie à la vertu, Cain à Abel, Esau à Iacob, à Ioseph, ses freres, suscite contre luy les heretiques Albigeois, & plusieurs gráds de son Royaume. La necessité luy met en main les armes que l'aage ne luy permet encore, il s'arme, il combat, il vaint, il triómphe, le droit l'assiste, la Iustice l'enflame, le courage le pousse, le bon-heur le conduit, Dieu l'accompagne, la valeur le couronne.

Les rebelles sont domptez, son nom redouté, l'Estat asseuré, la paix establie, les loix commandent, la police fleurist, la discipline regne, la Iustice est en sa force, la Religion en son lustre, l'Eglise en sa splendeur, la richesse des villes, la fertilité des terres, les benedictions des cieux, toutes choses concourent pour representer en la France l'image d'vn bon-heur accomply soubs le regne d'vn si valeureux, si bon, & si sainct Roy, quand derechef le zele luy met en main les armes qu'autrefois la necessité luy auoit fait prendre, & la victoire quitter. Il les auoit prises en son premier aage pour la deffence de son Estat, il les prend en son aage viril pour la cause de Dieu. Il voit que les ennemis de la foy estendent de iour en iour leur vsurpation sur l'Empire de Iesus-Christ, que la terre saincte gemist soubs le ioug de leur tyrannie, perdant peu a peu par la lascheté des Chrestiens l'honneur & le fruict des conquestes du vaillāt Godefroy, que le croissant de Mahomet qui s'est leué en Orient môte par degrez au plein de sa grandeur, que sa lumiere menace tout l'Vniuers d'vn eclipse, que la foy perist, l'Euangile dechoit, l'Eglise perd son domaine, l'enfer agrandist le sien: Que c'est regret de le voir, honte de le souffrir, gloire de s'opposer: que la fortune peust bien empescher le fruict, mais non rauir le merite d'vn si genereux dessein: que le sang du fils de Dieu versé pour nostre salut, est bien digne que le nostre soit espanché pour sa querelle. Ces saincts moüuemens ayans pris racine dans son ame genereuse il faict vœu de s'armer, & prendre la Croix pour l'aller replanter où les infidelles ont planté leurs Mosquees, & pour monstrer que ceste inspiration venoit du ciel sur le point qu'il haste l'execution de son dessein, il est surpris d'vne maladie si dangereuse qu'il perd la force, la parole & l'esperance de la vie. Toute la Cour est en dueil, toute la ville en pleurs tout le monde en effroy ; on n'attend que sa mort que chacun estime la sienne propre, quád soudain outre l'attente, outre la Nature, outre les iugemens des Medecins, & cóme par grace & par miracle, il recouure la parole, & le premier mot qui sort de sa bouche, c'est *la Croix* que l'amour a imprimé dans son cœur. Il demáde la croix du sainct voyage voüé, & sur le poinct qu'on n'attend que de le voir mourir, l'ardant desir d'aller combattre pour la Croix le fait reuiure: Il reuist pour la Croix pour laquelle il veut mourir. L'Euesque de Paris la luy porta en mesme temps, il la prend, l'embrasse & son corps accablé du mal, tire la force d'où son ame a tiré la vie. Releué il se croise, s'arme, s'ébarque à Marseille auec ses freres, & les principaux Seigneurs de son Royaume, arriue à Cypre, reçoit l'Ambassade du Roy des Tartares, & la nouuelle de sa cóuersion à la foy. Il prend courage d'vn si heureux commencement, & croit desia ses trauaux bien payez d'auoir gaigné à Dieu ce Roy, & tout son peuple, car ses armes ont pour motif la charité, non l'auarice, le zele, non l'ambition. Il ne va pas à la conqueste des terres, mais à la conquestes des ames, & ne cherche pas de grandir son Empire, mais celuy de Iesus-Christ. Il va replanter la foy par armes, d'où les armes l'ont exterminee, & son espee victorieuse va reconquerir à l'Eglise, ce que la Predication luy auoit conquis, la possession acquis, & la violence rauy. Ainsi c'est vn second Apostre qui va restablir par son sang l'Euangile que les Apostres ont estably par leur parole, le mesme zele l'anime, le mesme S. Esprit l'enflamme, & s'il n'a pas receu comme eux vne langue de feu, il a receu comme le Cherubin vn glaiue de feu. Car il porte vn glaiue de zele pour chasser les ennemis

mis de la foy, non du Paradis terrestre, mais de la terre saincte, & les empescher non de toucher à l'arbre de vie, mais de prophaner ceste sacree terre qui a porté le vray fruict de vie: Que si l'effect ne suit pas l'entreprise, l'honneur pour le moins suiura le courage, & la couronne l'intention. Armé de ceste saincte resolution il part de Chypre, fait voyle auec sa flotte, arriue deuant Damiete, rencontre les ennemis errangez en bataille sur le riuage pour arrester, comme vne forte digue le torrét de son armee. Il les combat, les romp, les chasse, prend la Ville, & rend du premier coup sa valeur signalee, & son nom redoutable. Voyla son glorieux commencemét qui seroit suiuy d'vn meilleur progrés, & d'vne plus heureuse fin si Dieu ne se contentoit de couronner le merite de son zele, pour en reseruer le fruit à vn siecle plus fortuné, & à vn bras plus heureux destiné par sa prouidence. Mais ceux qui iugent de la valeur par le succez font vne grande iniure à la vertu de commettre son honneur à la fortune. Car s'ils prennent la fortune, à la façon des Philosophes, pour vn accident fortuit, & casuel, ont-ils quelque raison de desprifer la vertu, pour vne chose qui ne depend pas d'elle ? Que s'ils la prennét, comme il la faut prendre en Chrestien, pour vne prouidéce secrette de Dieu, qui dispose de nous & de nos desseins, outre nos iugements & nos conseils pour des raisons à luy cognuës, à nous souuent occultes, mais tousjours iustes, voire qui ne frustrent nos desirs que pour nostre vtilité, sont-ils pas iniustes de blasmer vne vertueuse & genereuse entreprise, parce que Dieu en a tiré des succez contraires à nos esperances, & non toutesfois inutiles à nostre bien & à sa gloire? Il faut prendre le iugement d'vne action du subject qui luy donne le mouuement, de l'object qui luy imprime la qualité, & de l'intention que luy acquiert le merite, & non de l'euenement qui ne dependant pas de nous, ne doit pas rendre deuant des Iuges equitables, ny le dessein moins loüable, ny l'acte moins glorieux, pour estre peu fortuné. Apres tout, c'est beaucoup d'auoir entrepris vne œuure si genereuse, auoir quitté le repos, s'estre porté si loin, auoir suby tant de trauaux,

Mm ij

n'ayant pour subject que l'iniure faicte à Dieu, pour objet que son seruice, pour intention que sa gloire. Cela surpasse tout ce qu'ōt faict les Alexandres, & les Cesars poussez seulement d'enuie, d'auarice, ou d'ambition, & si le bonheur paroist au succez, & la valeur en l'entreprise, on doit nommer ceux-là plus heureux, mais cestuy-cy plus valeureux. Et de faict les Legats des Scytes reprochoient à Alexandre dans Quinte Curce, qu'il estoit l'escumeur de tout le monde, dont il se nommoit le conquerant, les armes iniustes ne pouuant estre glorieuses, quoy qu'elles soient fortunees. Car si la vertu & le vice sont incompatibles, la vraye valeur & l'iniustice ne peuuét estre ensemble. Quand la violence est le subject des armes, vn faux honneur en est l'object, & partant quoy que le bonheur en soit l'issuë, vne vraye gloire n'ô peut estre la courône. Que si la fortune ne peut acquerir la vraye gloire à la fausse valeur, l'infortune de peut l'oster à la vraye, qui pour auoir moins de succez, ne doit auoir moins de loüange, puis qu'elle n'a pas moins de prix. Ce qui ne peut amoindrir le merite ne peut diminuer l'honneur. Mais ie voy que ce bien-heureux qui n'a pris les armes que pour la gloire de Dieu, ne veut pas estre deffendu par des raisons humaines. Recompensé de Dieu, il luy touche peu d'estre iugé des hommes. Ayant receu pour ses trauaux, & pour ses combats, au vray siege de la gloire, des mains du vray Iuge, la couronne de la vraye grandeur, il en laisse aux Alexandres les titres imaginaires. Qu'ils ayent les fueilles des palmes, pourueu qu'il en ait les fruicts, Il prefere à tous les vains lauriers de ces grands conquerans, les mesaises soufferts en son voyage, la faim, la soif, le froid, le chaud, les maladies, les pertes, les morts de ses pl⁹ prochoses, sa propre prison, tant & tant de trauerses, qui ont éprouué sa foy, sa patience, sa valeur, son courage inuincible, & luy ont acquis sinon la terre, où il combatoit, au moins le ciel pour lequel il combatoit. Il vouloit amplifier l'Empire de Iesus-Christ pour ses victoires, Dieu a voulu augmenter sa couronne par ses afflictions, & tant il ayme ceux qui l'ayment, il a mieux aymé perdre luy-mesme, que laisſer perdre à ſon eſleu. C'eſt vn grand ſecret du Chriſtianiſme, que l'affliction eſt le plus grand bien qui puiſſe arriuer aux Chreſtiens, & le plus riche preſent que Dieu leur puiſſe faire, veu qu'elle les rend conformes à l'image de Ieſus-Criſt crucifié, d'où l'Apoſtre tire la marque de leur predeſtination. C'eſt pourquoy l'Eſcriture compare les Eſleuz à l'or qui eſt eſpuré dans le feu, aux vaſes qui ſont cuits dans la fournaiſe, aux pierres qui ſouffrent le marteau, aux raiſins qu'on foule dans le preſſoüer, au froment qui paſſe par la faux, par le fleau, & par le vá à la vigne qui endure le couſteau, à la mere qui n'enfante ſon fruict qu'auec douleur. Car comme nos meres ne nous enfantét au móde qu'en endurant, nous ne pouuons

Mm iiij

qu'en souffrant estre enfantez au Paradis, la douleur enfante nos corps à la terre, & l'affliction nos ames au Ciel. Le fils de Dieu le premier predestiné a esté le plus affligé, le plus chery, a le plus paty, le plus aymé a le plus enduré, le premier du liure de la predestination, le premier en nature, le premier en grace, le premier en gloire, le premier en vertu, le premier en dignité, le premier en toute sortes de prerogatiues, s'est veu, ô merueille, le premier en afflictiō. La creiche a esté son berceau, la croix son reposoir, le roseau son sceptre, les espines sa couronne, les blasphemes ses honneurs, les playes ses ioyes, les douleurs ses plaisirs, la mort son but, la tribulation son partage *Par ce chemin si dur*, dit l'Escriture, *il a fallu qu'il mō tast à la gloire qui estoit siene,* & nous pensons monter par vn chemin de roses à la gloire qui n'est pas nostre! La croix a ouuert le Ciel, la croix seule y entre, l'affliction en a frayé le chemin, la volupté ny trouue pas de passage. S. Lovis y est entré par la croix, & pour le rendre plus conforme à Iesus-Christ, & augmenter sa Couronne, Dieu a voulu multiplier ses afflictions, & au lieu des victoires qu'il luy pouuoit donner, il a mieux aymé luy enuoyer des pertes, des trauerses, & des prisons, pour luy acquerir par sa patience de plus glorieux triomphes en l'Eternité, Si tout luy eust succedé, l'Empire de l'Eglise seroit amplifié, mais sa propre Couronne seroit diminuee, veu que rencontrant moins d'afflictions, il eust acquis moins de merites, mais Dieu l'a tant chery, qu'il a voulu perdre, afin que son esleu gaignast, & a mieux aymé que son Eglise eust moins, afin qu'il eust dauantage. Car, dit l'Apostre, *Tout ce qui se fait au monde se fait pour le bien des esleuz.*

Accōpagnons doncques auec chants de triomphe ce genereux soldat de la croix, qui laissant aux infideles l'espouuāte du nom Frāçois, & la terreur pour iamais emprainte du sainct nō de Louys, retourne en France couronné de la gloire de sa valeur, chargé des merites de ses trauaux, & portant les palmes de son inuincible courage. Les trauaux de la paix succedent à ceux de la guerre, il quitte les armes, mais il ne prend pas le repos qu'il refuse à soy-mesme, pour le donner à tous. Il reforme les abus, il reigle les ordres, il police les villes, il oste les concussions, il reprime les violences, il bannist les simonies, il chasse les dissolutions, il chastie les blaspheme, il punist les crimes, il abbaisse le vice, il esleue la vertu, il exprime en toutes les parties de son gouuernement, non ceste feinte harmonie Deesse tutrice des Thebains, non ceste vaine Musique, qui composa par ses accords l'Estat des Archadiens, non ceste imaginaire Symmetrie de la Republique de Platon, mais la vraye consonance, & l'entiere proportion d'vne Chrestienne & parfaicte iustice. Mais ce qu'il y a de mieux accordé dans tout son Estat, c'est luy mesme, qui estat la maistresse corde, nõ seulemét reigle, mais surpasse par son ton le ton de toutes les autres. Et comme toute la vigueur du Pin est en sa cime, comme toutes les perfections des choses inferieures reluisent auec eminéce és superieures, comme tous les biens espars, & diffus és creatures se trouuent par excez ramassez en Dieu; ainsi toutes les vertus de tous les ordres de son Royaume esclatent eminemment en luy; il il est le patron des Princes, le modele des noble, l'exemplaire des iuges, le miroir du peuple, la reigle du Clergé, l'image des Religieux, la mesure d'vn chacun, & le prototype de tous. Tairay-ie sa magnificence en la structure des temples, sa liberalité en la fondation des hospitaux, sa misericorde és visites des prisons, sa charité en la nourriture des pauures, son zele en la deffence des oppressez, sa compassion en la protection des affligez, son soing en l'institution de la ieunesse, so amour enuers tout son peuple? Diray-je comme il regle sa Cour, chasse les Basteleurs bannit l'impudicité, exile le vice, instruit ses enfans, leur presche la crainte de Dieu, frequéte les Sacremens, se confesse tous les Vendredis, communie toutes les Festes, s'afflige par haires, se chastie par disciplines, se matte par ieusnes, s'éleue par oraisons, & faisant violence à sa fragilité surmóte sa chair par les austeritez, ses sés par la mortification, ses affectiós par le desnuëment, son cœur par l'humiliation, sa volonté par l'obeyssance, & nous propose en toutes les parties de sa vie parfaicte vn riche champ de loüange & vn beau subject d'imitation? Toutes choses sont icy dignes de remarque, mais ce que i'y admire par dessus tout, c'est que tant d'occupations, & distractions d'vne si grande charge l'occupant sans cesse au monde, ne le distraisent vn seul moment de Dieu. Mais c'est qu'il fait tout pour Dieu, il reigle tout par sa verité, il mesure tout à sa loy, il refere tout à sa gloire, tout l'y meine, rien ne l'en peust diuertir. Il s'y vnist par les mesmes objects qui en separent les autres.

Mais l'Euangile de mon Dieu m'aduertist d'admirer sur tout en ce grand Roy la petitesse & l'humilité chrestienne, vertu que le monde ignore, & que Dieu honore par dessus toutes. C'est la vertu propre du Christianisme, la Philosophie ne l'a pas trouuee Aristote l'a ignoree, le siecle ne l'a pas cogneuë, l'Euangile l'a reuelee. Vn Dieu hôme, le tout aneanty, vne croix instrument du salut, le Royaume du ciel proposé aux petits, l'exaltation promise aux humbles, que nous presche tout cela, qu'humilité? Ce sainct Roy parfait imitateur de Iesus Christ & qui prefere le titre de Chrestié au titre de Roy, disant souuent qu'il n'a iamais receu si grand honneur que le iour de son baptesme, pratique si parfaictement l'humilité Chrestiéne, que de ses mains propres il sert les pauures, visite les hospitaux, s'adresse aux pl° vlcerés leur met de ses mains propres les viades en la bouche, & flechit les genoux deuant eux, honorant és pauures le Fils de Dieu fait pauure pour nous. Aussi est il, non seulement tres-humble en sa grãdeur, mais encore tres pauure en ses richesses, ne dónant son cœur qu'à Dieu, ses pensees qu'au ciel, ses desirs qu'aux biens futurs, & mesprisant tout ce qu'il possede, pour n'aymer que ce qu'il attẽd. Si bien que denué de tout il dit en soy-mesme s'adressant à Dieu cõme le Prophete Dauid, *Qu'est-ce que ie demande, ou au ciel, ou en la terre sinon vous ô Seigneur?* Mes richesses ie les mesprise, mes honneurs i'y renonce, mes plaisirs ie les quitte, mon corps ie le chastie, mon cœur ie vous le donne, mon ame ie la resigne, ma volonté ie la sousmets, ie me despoüille de tout pour n'auoir que vous seul, vostre gloire mesme, si ie la desire,

desire, ce n'est que pour vous posseder. Ayant renoncé à tout, ie re-
noncerois encore à ma beatitude,
si pour vous auoir parfaictement
il y falloit renoncer, & si ma felicité, & la possession de vostre Diuinité n'estoient inseparables.

Dieu voyant la saincte impa-
tience de son cœur ardent qu'a-
mour destache de tout pour l'v-
nir au vray Tout, le veut en fin
appeller de cest exil à sa vraye patrie. Sur le poinct qu'il se dispose
à de nouueaux trauaux par vn second voyage contre les infidelles, quoy qu'accablé d'aage, de
foiblesse, & de maladies, sur le
poinct qu'il a desia fait voile, qu'il
a souffert de furieuses tempestes
sur mer, qu'il a pris Carthage,
qu'il a deffaict vne armee de dix
mille Aphricains, & que poursui-

Nn

uant la pointe de ses armes victorieuses, il a planté le siege deuant Tunes, la mort finist ses combats sur la terre, & Dieu couronne ses victoires au ciel. La mort separe l'ame de son corps, & l'amour l'vnist à son Dieu, la Nature la destache de la matiere, & la charité la reioint à son principe.

L'amour qu'il porte à Dieu est si puissant qu'il vainct la mort, & si heureux qu'il y rencontre la vie. O quels rauissemens de ioye! O quelles extases d'amour ressent ceste ame pure en la derniere separation de sa chair, & aux premiers embrassemens de son Dieu! Elle sort de son corps parée de ses vertus, ornee de sa pureté, luisante de sa charité, illustree de sa constance, marquee de sa perseuerance, glorieuse de sa fidelité, triomphante de ses victoires. La foy la porte, l'esperance l'esleue, l'amour l'introduit, les Anges la conduisent, les bien-heureux la saluënt, Iesus-Christ la couronne, toute la Trinité l'embrasse.

Ainsi a commencé, ainsi a poursuiuy, ainsi a finy sa course ce diuin coureur, non pas du circe Olympique, mais de la lice Euangelique, où il a couru non pas vn iour, mais toute sa vie, où il a versé nõ pas sa sueur, mais son sang, où il a vaincu non pas les hommes, mais les Demons, où il a cueilly la couronne non pas de fueilles caduques, mais de fleurs immarcessibles. Il a commenceé en Confesseur conformãt sa vie à Iesus-C. il a continué en Apostre courãt le monde pour amplifier l'Empire de Iesus-C. il a fini en Martyr

Nn ij

mourant en la guerre entreprise pour Iesus-Christ. Heureux commencement, plus heureux progrez, tres-heureuse consommation! C'a esté vn Soleil lumineux en son matin, ardant en son midy, rouge en son occident, luisant en sa ieunesse par l'innocence, ardant en sa virilité par le zele, rouge en sa fin par la charité qui l'a fait mourir comme martir en combatant pour la Foy.

Quoy qu'il soit ore colloqué là haut au seiour du repos eternel, si est ce qu'il iette les yeux sur nos miseres, sa beatitude luy oste le sentiment de nos maux, mais non pas la compassion, il est desia pour son salut en asseurance, mais pour le nostre en sollicitude, & quoy que sa felicité le separe de nous, son amour encore le rappelle vers nous. Et si les Anges qui sōt commis à la garde de chaque Prouince, & de chaque ville, comme en l'Apocalypse l'Ange d'Ephese, & l'Ange de Smyrne, la gardent & la deffendent auec vn soin special, ce que nous voyons en Daniel, où l'Ange de la Perse combat vingt & vn iour pour deffendre ce Royaume là commis à sa tutelle du rauage des ennemis, aussi deuons-nous penser que ce bien-heureux autrefois Roy, ore patron & tutelaire de ceste Monarchie, veille particulierement pour la protection de la France autrefois son domaine, des François autre fois ses subjets, & de nostre Roy tres-Chrestien sacré Rameau de sa tige, digne successeur de sa Couronne fidelle imitateur de ses vertus, & deuot zelateur de son nom & de sa gloire. Tant de miracles visibles que le Ciel a fait paroistre aux yeux de tout l'Vniuers, pour defendre l'innocence de sa minorité, les orages dissipez, ses ennemis renuersez, sa majesté respectee, ses loix reuerees, sa Iustice crainte, son nom redouté, le bon-heur de son mariage, les abus reglez, les crimes punis, l'iniquité bannie, l'Estat policé, l'Eglise fleurissante, le siecle qui commence à móstrer vne face d'or, sont-ce pas les marques immortelles de l'assistance de ce Sainct, qui veille sur luy? Aussi voyez-vous, ô François, & toy, ô Rome, & vous tous les peuples du monde, que les actions de graces respondent aux biens faicts, & l'honneur aux obligations, & que nostre Prince obligé par tant de faueurs remarquables à la protection de ce sien Pere & tuteur, luy rend maintenant par la celebration de sa feste, & recommandation de sa memoire, ce tesmoignage public de sa recognoissance, & cét humble hommage de sa deuotion. Et voyant que la France auoit tant differé à luy payer cet honneur si iustement acquis, il a cogneu que le ciel luy en reseruoit la gloire sur tous ses deuanciers, comme aussi sur tous les autres les faueurs du Sainct luy en imposoient le deuoir, & l'affection enuers son nom, & ses vertus luy en donnoient le desir. Diray-ie l'affection, ou pluftost l'imitation? Car sa douceur, sa pieté, sa iustice, sa ferueur enuers Dieu, son zele pour la Religion, le vice banny de sa Cour, sa valeur, son courage, mille & mille vertus royales qui croissent tous les jours, font renaistre si viuement en sa Maiesté l'image de sainct Louys; que ie ne m'estonne plus s'il honore celuy qu'il suit, & s'il celebre celuy qu'il imite. Marche heureusement par ce sentier qui conduit à l'immortalité, ô petit fils de sainct Louys, voy la couronne qu'il possede, & qu'il te prepare, mesure toy par ses vertus, que la naissance te rend hereditaires, & l'imitation acquises, remonte comme l'eau aussi haut que ta source, & remplis comme luy, l'histoire de tes faicts, l'Vniuers de ton nom, l'eternité de ta gloire.

Et nous, ô François, qui sommes tant obligez à nostre Prince, & par le deuoir de subiets, & par

la reuerence deuë à ses vertus, &
par les biens de la paix qu'il nous
fait gouster, & par le bon-heur
que son regne nous appreste, &
ce qui sonne plus haut que tout,
par le commandement de Dieu,
ioignons tous ensemble, & ren-
forçons nos vœux nos prieres
pour sa prosperité, afin que sainct
Louys, duquel il rehausse le nom
& la gloire, augmente de plus en
plus enuers luy son assistance, &
Dieu ses benedictions.

*Oraison au Roy S. Louys pour la
prosperité du Roy.*

STANCES.

O Sainct qui mesprisant la gloire temporelle,
   T'es rendu glorieux,
Esfoulant tes grandeurs en as fait vne eschelle,
   Pour t'esleuer aux cieux.

PANEGIRIQVE

Ta naissance auoit mis le riche Diademe
    Des François sous ta loy,
Ta vertu te faisant regner dessus toy-mesme
    T'a fait doublement Roy.
L'amour de Dieu t'a fait d'vne heureuse côqueste,
    De toy-mesme vainqueur,
Portant en mesme temps la couronne en la teste,
    Et Iesus-Christ au cœur.
Regnant tu n'as iamais anchré ton esperance
    En ce terrestre lieu,
Et t'ésmoins honoré de regner sur la France,
    Que de seruir à Dieu.
Le monde qui là bas fait tant d'ames descendre
    Ne t'a peu violer.
Heureux qui a touché comme la Salemandre
    Le feu sans te brusler!
Les ardeurs de la chair qui consumēt tant d'ames
    Ne te font aucun mal,
Tout ainsi que le foin se brusle dans les flammes,
    Mais non pas le metal.
Tu as foulé Satan aucque ses machines
    A tes pieds abbatu,
Tu as dans les dangers manié les espines
    Sans besser ta vertu.
Comme Alphee gardant la douceur de son onde
    Dans les flots de la mer,
Ton cœur a trauersé l'amertume du monde
    Sans deuenir amer.
Bref, tu feus dans ta Cour par la celeste grace
    vn miracle nouueau,
Vn buisson dãs la flamme, vn feu dedãs la glace,
    Vn or dedans le fourneau.

DV ROY S. LOVIS.

Mais quel Cesar esgale au milieu des alarmes
  Ton courage diuin?
Qui n'eus que Iesus Christ pour sujet de tes armes
  Et sa gloire pour fin.
L'Orient qui captif sous la chaisne souspire
  T'a veu marcher deux fois
Bruslant, non d'eslargir les fins de ton Empire,
  Mais celles de la Croix.
Tu as par tes combats fait trembler l'infidelle
  Au bruit du nom Chrestien,
Et, si l'arrest du ciel eust secondé son zele,
  L'Orient estoit tien.
Mais au moins ta valeur y demeura dépeinte
  Par d'exploits inoüis,
Et te fier ennemy garde encore la crainte
  Du sainct nom de LOVIS.
Que si d'un tel effort, qui portoit le rauage,
  N'a resté que l'effroy,
C'est que la mort rauit la palme à ton courage
  Pour couronner ta foy.
La mort qui termina tes trauaux, & tes guerres
  T'emporta de nos yeux,
Quãd cherchãt I. Christ és plº loingtaines terres
  Tu le trouuas aux cieux.
Tu possedes heureux pour fruict de ta victoire
  Vn Royaume plus beau,
Nõ plus les lys de Frãce, ains les lys de la gloire
  Qui repaissent l'Agneau.
Mais quoy qu'absẽt de noº, quãd la Frãce t'apelle
  Ton secours n'est pas loing,
Et quoy que ton bon-heur t'ait ia separé d'elle,
  Ton amour en a soing.

O Roy dont nous grauôs au milieu de nos têples
 Le celebre renom,
Fais que nostre Monarque imite tes exemples,
 Comme il porte ton nom.
Côme il a tes grâdeurs, ton sceptre, & ta couronne
 Par la succession,
Qu'il acquierre le los, que la vertu te donne,
 Par l'imitation.
Qu'il se face paroistre, en pressant le vestige
 De ta rare bonté,
Vn ruisseau de ta source, vn rameau de ta tige,
 Vn ray de ta clairté.
Que Dieu l'accompagnant de faueurs eternelles
 Benisse ses proiets,
Et donne en sa faueur l'espouuäte aux rebelles,
 Et l'amour aux subiets.
Que son regne paisible ait la faueur entiere
 D'vn accomply bon-heur,
Et ne luy manque rien, si ce n'est la matiere
 D'exercer sa valeur.
Ou bien s'il est ietté par quelque violence
 A la necessité,
Qu'il ne rencontre rien d'esgal à sa vaillance,
 Que sa prosperité.
Qu'on celebre à iamais la durable memoire
 De ses faits triomphans,
Et qu'il viue immortel, là haut dedans la gloire,
 Çà bas en ses enfans.
O l'Astre des Fraçois, l'hôneur de nos Prouinces
 Seconde ses desseins,
Fauorise nos vœux, ô saint entre les Princes,
 O Prince entre les Saincts.

TABLE DES CHAPITRES.

Liure Premier.

Des vertus qui forment la suffisance Politique.

PReface & diuision de tout le subiet en trois membres & parties. Chapitre 1
De la sapience politique. chap. 2
Que la sapiéce politique est rare, & quelles parties sont requises pour la former. c. 3
Que la vraye sapience politique doit estre prise du Ciel, & de Dieu, contre les Machiauelistes. chap. 4
Raisons pour preuuer le mesme. chap. 5.
Suite du mesme discours. ch. 6
Des moyens de conseruer & augmenter en l'ame ceste vraye sapience. ch. 7
Des autres vertus qui formét la sapiéce politique & principalemét de la prudéce. c. 8
De la necessité, excellence & offices de la prudence politique. chap. 9
Que la prudence politique est rare, & comment elle s'acquiert. chap. 10
Que la vraye prudéce politique doit estre prise de la loy de Dieu, côtre les Machiauelistes. chap. 11
Comment la loy de Dieu sert pour acquerir la vraye prudence politique. c. 12

LIVRE SECOND.

Des vertus qui forment la probité & l'integrité, pour bien employer la suffisance.

DE la Iustice politique en general. ch. 1

Qu'vne action iniuste ne peut estre profitable aux Estats, contre les Machiauelistes. ch. 2

Que mesme l'iniustice contre les estrangers ne peut profiter aux Estats, contre les Machiauelistes. ch. 3

Digression de ce discours de la Iustice, sur le tiltre de Iuste, dont nostre Roy releue son nom, & son regne, & de l'acte signalé de iustice, de valeur, & de pieté, qu'il a fait n'a guere en Bearn. cha. 4

Diuision de la Iustice Politique en trois membres & parties, ce que le Politique doit à Dieu, ce qu'il doit à soy-mesme, ce qu'il doit au public. ch. 5

De la Religion & pieté, premier deuoir de la Iustice politique qui regarde Dieu. ch. 6

Des deuoirs ou fruicts particuliers de la Religion & pieté du Politique. ch. 7

De la droicture de l'intention és conseils & actions, qui est l'autre deuoir de la Iustice politique qui regarde Dieu. ch. 8

Du soing de la bonne renommee qui est le premier deuoir de la Iustice politique enuers soy-mesme. chap. 9

De l'obligation de conseruer la bonne renommee, pour profiter au public. ch. 10

Des moyens d'acquerir, & conseruer la bonne renommee. ch. 11

Du reglement de sa vie, & de ses mœurs qui est l'autre chef de la Iustice politique enuers soy-mesme.
Du bon exemple qui est le premier deuoir de la Iustice politique enuers le public. c.13
De la vigilance & solicitude, secōd deuoir de la Iustice politique envers le public. ch.14
De l'integrité, troisiesme deuoir de la Iustice du Magistrat enuers le public. ch. 15
Des maux qu'enfante le respect de l'vtilité priuee. chap.16
De l'amour du biē public, dernier deuoir de la iustice politique enuers le public. ch.17
Epilogue de tout ce discours de la iustice, par forme d'Epiphonéme. chap. 18

LIVRE TROISIESME.

Des vertus & qualitez qui donnent la vigueur, & la grace pour executer.

Proposition & diuision des matieres deduites en ce dernier liure. chap. 1
De l'authorité, & combien elle est necessaire pour faire voir les bons & iustes desseins, chap. 2
D'ou vient ceste authorité. chap. 3
Suite du mesme discours. chap. 4
Suite de mesme discours, & comment il faut bien employer les belles parties dōt on est doüé pour s'authoriser. ch. 5
Suite du mesme discours. chap. 6
Du bon-heur, & d'ou viēt ce bon-heur. ch.7

Comment ce bon-heur accompagne quelques-vns, & les moyens de le bien menager. ch. 8
De la force & magnanimité, vertu necessaire pour executer les grands desseins. ch. 9
De la necessité de ceste force pour l'execution. ch. 10
Que les mols & les lasches ne sont propres à rien de grand. ch. 11
Quelles parties requises pour acquerir, & conseruer la grandeur de courage. ch. 12
Suite du mesme discours. ch. 13
De l'Eloquence qui est comme l'ornement des vertus Politiques, & donne la vigueur & la grace pour les faire valoir. chap. 14
De l'efficace de l'eloquence. ch. 15
Que l'eloquence paroist principalement és Estats populaires, mais qu'elle peut seruir aussi beaucoup és Estats Monarchiques. chap. 16
De la fausse eloquence de ce siecle. chap. 17
De l'eloquence propre au Politique. ch. 18
Panegirique du Roy S. Louys, & conclusion de toute ceste œuure.

FIN.

www.ingramcontent.com/pod-product-compliance
Lightning Source LLC
Chambersburg PA
CBHW060308230426
43663CB00009B/1630